독해 안내하기

초·중등(3-8학년) 독해 안내 모형

광주교육대학교 독서교육센터 연구총서 2

독해 안내하기

초·중등(3-8학년) 독해 안내 모형

Guided Comprehension: A Teaching Model for Grades 3-8

모린 맥러플린(Maureen McLaughlin), 메리 베스 앨런(Mary Beth Allen) 지음

천경록, 조용구, 고원 옮김

역락

이 책은 초등학교와 중학교의 국어과 읽기 시간에 독해(reading comprehension)를 가르치는 교사들에게 도움을 주고자 번역하였다. 원서는 Maureen McLaughlin 교수와 Mary Beth Allen 교수가 공저한 Guided Comprehension: A Teaching Model for Grades 3-8 이었고, 2002년에 국제독서협회(International Reading Association)에서 출판되었다.

이 책은 교수학습론 분야에 속한 책으로 여러 명의 학생을 대상으로 읽기 수업을 할 때 교사가 수업을 어떻게 설계하고 실행하면 좋을지를 그려내고 있다. 최근의 읽기 연구에서 강조하는 읽기 수업의 특징이 무엇인지, 어떻게 하면 읽는 방법을 학생들에 직접적으로 가르칠 수 있을지, 어떻게 하면 학생들의 의미 구성을 촉진할 수 있는지, 학생의 수준에 맞는 텍스트는 어떻게 선정해야 하는지, 수업에서 읽기 평가를 어떻게 활용해야 하는지, 자신의 읽기 수업을 어떻게 성찰해야 하는지 등을 보여주고 우리나라의 국어과 읽기 수업을 개선하는 데 시사점이 많아서 번역하게 되었다.

이 책에서 '안내하기(Guiding)'는 '비계(Scaffolding)'를 뜻한다. 비계는 비고츠키의 사회구성주의 이론에서 등장한 개념으로 오늘날 교수학습론에서 핵심 개념이 되었다. 각 교과마다, 각 영역마다 교수학습을 다루는 거의 모든 책에서는 교사가 그 과목이나 영역의 지도에서 사용할 수 있는 수업 방법을 제시하고 있는데 이는 곧 비계에 해당한다. 이 책은 3~8학년을 대상으로 국어과 읽기 수업을 할 때 적합한 비계를 제시하고 있다.

저자들은 읽기의 비계 활동뿐만 아니라 읽기 수업의 모형도 함께 제시하고 있다. 읽기 능력을 길러주는 비계 활동을 종합한 후, 이들을 [독해 안내 모형](Guided Comprehension Model)으로 통합하여 설명하고 있다. 이 모형은 크게 세 단계로 구성되는데 교사 주도 전체 집단 지도 단계, 교사와 학생이 주도하는 소집단 활동 단계, 교사 주도 전체 집단 성찰 단계로 구성된다. 두 번째 단계는 다시 학생의 수준을 고려하여 '교사 안내 소집단 지도, 학생 주도 독해 루틴, 학생 주도 독해 센터' 등으로 구성된다.

이 책에서는 읽기 수업에 참여하는 교사와 학생의 주도성(agency)을 강조하고 있다. 주도성은 OECD의 교육2030(Education 2030)에서도 사용되는 개념이다. OECD는 불확실한 미래 사회에서 살아가는 데 필요한 역량으로 '변혁적 역량(transformative competency)'을 강조하였고, 이를 교수학습 하기 위해서는 교사와 학습자의 '행위자 주도성'이 필요하다고 하였다. 이 책에서는 읽기 수업에서 교사와 학생이 수업의 각 단계에서 협력적 행위자 주도성을 발휘하여 수업에 참여할 수 있도록 [독해 안내 모형]을 설계하고 있다.

정리하면, 이 책에서 설명하는 읽기 교수학습의 내용, 방법, 배경 철학은 모두 현대의 읽기 이론과 잘 연결되고 있다. 이 책에서 중시하는 안내하기, 비계, 읽기 전략, 직접 교수법, 독자와 텍스트 매칭, 행위자 주도성, 학습 집단 운영(전체 집단 → 소집단 → 전체 집단), 비형식적 평가 등은 현대의 읽기 수업을 설명하는 이론에서 강조하는 개념이다. 뿐만 아니라 이 책은 그러한 개념을 추상적 수준에서 설명하는 데 그치지 않고, 현장의 교사가 구체적으로 따라 할 수 있도록 다양한 학습지, 평가 도구, 수업 모형, 지도안 등을 함께 제시하고 있다. 특히, 부록의 다양한 양식들에서 교사들이 통찰력(insight)을 얻기를 기대한다.

이 책이 초등학교와 중학교의 국어 시간에 읽기를 지도하는 현장의 교사들, 교원 양성대학에서 공부하는 예비교사들에게 읽기 수업에 대한 이해를 돕고, 읽기 수업의 실천적 지식을 형성하는 데 도움이 되기를 기대한다. 오늘날 독서 지도는 학교뿐만 아니라 가정, 지역아동센터, 독서교육센터, 도서관, 종교기관, 학원 등 학교 밖에서도 진행된다. 이 책이 사회교육 기관의 독서교사들에게도 도움이 될 수 있기를 기대한다.

어려운 시기에 출판을 결정해 주신 역락출판사에 깊이 감사드린다. 출판사의 여러 선생님들로부터 저작권 협의, 디자인, 편집, 교정, 홍보 등 실로 많은 도움을 받았다. 아울러 2022년 여름 학기에 광주교대 교육대학원 독서토론논술교육 전공에서 이 책의 번역 초고를 함께 읽으면서 좋은 의견을 들려준 선생님들께도 이 자리를 빌어 감사 말씀을 드린다.

2023년 7월
역자 씀

문식성(文識性: literacy) 전문가에게 독해(讀解: reading comprehension)는 자연스러운 호기심뿐만 아니라 지속적 흥미를 불러일으킨다. 독해를 더 깊게 이해할 뿐만 아니라 독해의 실천 지식을 구하는 것은 연구자의 공통 목표이다. 그 결과, 독해는 교실에서의 지도, 연구, 전문성 계발의 주요 대상이 되었다.

독해에 대해 자주 제기되는 질문은 다음과 같다.

- 독해란 무엇인가?
- 연구자들이 가장 좋은 독해 지도 방법으로 믿는 것은 무엇인가?
- 독해 전략과 기능을 어떻게 가르칠 수 있는가?
- 맥락은 어떤 역할을 하는가?
- 독해를 촉진하기 위해 교실을 어떻게 조직하고 운영할 수 있는가?
- 독해를 어떻게 평가할 수 있는가?

우리 저자들이 대학에서 강의하고, 문식성에 대해 연구하며, 교사의 전문성 계발 연수를 할 때, 우리는 이러한 질문에 답하고자 노력하였다. 독해의 이론과 실천은 우리의 현재 사고에 영향을 주었다. 이 책에서 우리는 그것을 자세히 다루어 보고자 한다.

우리는 가장 좋은 독해 지도 방법에 관한 기존의 연구 성과물을 검토함으로써, 독해에 대한 연구를 시작했다. 그 결과, 학생들의 독해를 강화하는 요소는 독해 전략에 대한 직접교수법, 다양한 장르의 실제적 텍스트와 몰입하는 기회, 역동적 평가, 읽기·쓰기·토의의 통합, 실천을 위한 지속적 기회 제공, 다양한 상황에서 학습의 전이(轉移) 등이었다.

다음으로, 우리는 문식성 교실에서 어떤 일이 일어나고 있는지 관찰하였다. 우리는 독해 전략이 학생들과 '공유되고' 있거나 '검토되고' 있었지만, '현시적으로'(explicitly) 가르쳐지지 않고 있었다는 것을 확인하였다. 우리는 또한 가장 빈번히 사용되는 지도 상황이 '전체 학급'이었고, 많은 학생이 다양한 수준의 텍스트와 '교섭'(transaction)할 기회를 얻지 못하고 있었다는 것을 확인하였다. 전략의 지도는 좀처럼 비계가 설정되지 않고 있었다. 그리고 학생이 학습을 적용하고 전이(轉移)하는 기회가 별로 없었다. 사용된 평가는 대부분 '형식 평가'(formal assessment)였고, 학습 경험의 끝 부분에서 사용되었다.

가장 좋은 독해 지도 방법으로 알려진 것과 우리가 문식성 교실에서 본 것 사이에 불일치 때문에 이 책을 집필하게 되었다. 그리하여 연구에서 밝혀진 가장 좋은 독해 지도 방법이 교실에서 쉽게 자리 잡도록 하고자 하였다. 우리는 또한 이것이 효과를 발휘하려면, 실행 가능한 단계별 지도 틀을 가질 필요가 있다는 것을 알았다. 그리하여 [독해 안내 모형](Guided Comprehension Model)을 개발하였다. 이는 학생과 교사가 읽기를 사고 과정으로서 경험하도록 돕기 위해 설계된 틀이다. 이 모형은 가장 좋은 독해 지도 방법에 대한 현재의 연구에 토대를 두고 있다. 그리고 독해 기반의 읽기 지도를 위해 교실에서 검증된 과정을 제공한다. 이 모형은 전략의 직접 지도, 몰입을 위한 많은 기회, 다양한 텍스트와 지도 상황을 제공함으로써, 학생들이 능동적이고 전략적 독자가 되는 것을 가능하게 할 것이다.

이 책에서는 [독해 안내 모형]에 대한 자세한 설명과 초·중등(3-8학년)에서 실행하기 위한 제안 사항을 제시한다. 이 책은 교사, 읽기 전문가, 교사 교육자를 위한 실용적이며 쉬운 안내서가 될 것이다.

1장은 [독해 안내하기](Guided Comprehension)를 정의함으로써 시작한다. 그러고 나서 [독해 안내 모형]을 소개하고, 그것을 지지하는 연구에 기반한 10가지 원리를 살펴본다.

다음 3개의 장은 모형의 단계에 초점을 둔다. 2장은 교사가 전체 학급을 대상으로 직접 지도하는 것을 기술한다. 3장은 교사가 소집단을 안내하는 것과 학생이 주도하는 독해 활동을 다룬다. 4장은 교사가 주도하는 전체 학급에서의 성찰과 목표 설정이 초점이 된다. 이러한 장은 부록 A, B, C에 있는 정보와 서로 연결된다.

5장은 수준별 텍스트를 사용하는 것에 대한 합리적 근거와 서사체 및 설명체 텍스트의 수준 구분 방법을 제시한다. 이 장에는 또한 상업용으로 출판된 수준별 텍스트에 대한 기술이 포함되어 있다. 그리고 부록 D와 연결되는데, 이는 수준별 텍스트에 대한 예시를 다루고 있다.

6장은 [독해 안내하기]에서 평가의 다양한 역할을 논의함으로써 시작한다. 그러고 나서 학생의 사고와 수행에 대한 통찰을 주는 다양한 실용적 평가를 기술한다. 다음으로, 우리는 역동적 집단 편성과 학생-텍스트 짝짓기(매칭하기) 방법을 제시한다. 이 장은 부록 E에 포함된 다양한 평가 양식과 연결된다.

7장은 초·중등(3-8학년) 교실에 [독해 안내하기]를 적용한다. 이 장에서 우리는 지도 계획(지도안)과 학생 반응을 제공함으로써, 그 과정을 보여 주고자 한다. 이러한 지도 계획과 학생 반응은 [독해 안내 모형]이 읽기 지도의 초점으로 사용된 교실로부터 나온 것이다. 이 장은 부록 F와 연결되는데, 여기에는 [독해 안내하기]의 지도안이 제시된다.

8장에서 우리는 [독해 안내하기]에 관한 성찰을 공유한다. 성찰은 모형의 다양한 측면을 다룬다. 이는 모형의 구조, 실행 가능성, 실천적 적용 등을 포함한다.

학생 활동의 예시가 책에 나와 있다. 그리고 부록에는 양식이 제시된다. 지도 아이디어와 활동지, 독해 센터와 루틴을 조직하고 운영하기 위한 양식, 독서 반응 질문(프롬프트), 수준별 도서 목록, 평가 양식, 지도 계획(지도안) 등이 그것이다.

우리는 이 책이 [독해 안내하기]를 실행하기 위해 필요한 자료가 되도록 설계하였다. 여러분의 교실에서 평가, 조직, 운영을 촉진하기 위한 기법이 모형의 각 단계에서 어떻게 작용하는지 살펴보기 바란다.

Maureen McLaughlin
Mary Beth Allen

차례

3장. 단계 2: 교사 안내 소집단과 학생 주도 독립적 실천 — 69

4장. 단계 3: 교사 주도 전체집단 성찰과 목표 설정 — 99

5장. 수준별 텍스트 — 113

8장. [독해 안내하기]에 관한 성찰 — 173

부록 A 지도 아이디어(기법)와 활동 자료 — 185

부록 B 독해 센터와 루틴의 조직·운영을 위한 학습지 양식 — 277

부록 C 독서 반응 프롬프트(질문과 지시) — 305

부록 D 수준별 책 자료 — 317

부록 E 평가 양식 — 329

부록 F [독해 안내하기] 수업 지도안 사례 — 375

1장

[독해 안내하기]의 개념과 원리

학생이 텍스트와 교섭하도록 돕기

만약 읽고 있는 것을 독해하였다면,
그것은 여러분의 머릿속에 남을 것입니다.
그러나 만약 읽고 있는 것을 독해하지 못한다면,
그것은 여러분의 머리 한쪽으로 들어와서
정말로 빠르게 쉭 하고 다른 쪽으로 지나갈 것입니다.

Jake Scheffler, 7학년 학생

문식성(literacy) 전문가로서 우리의 궁극적 지도 목표는 다양한 문식성 과제에 참여할 수 있는 독립적이며 전략적인 독자를 길러내는 것이다. Keene & Zimmermann (1997)은 이것을 여행자가 혼자 여행하기 위해 필요한 장비를 갖추는 것에 비유한 적이 있다. 교사의 역할은 학습자들에게 적절한 도구를 갖추게 하고, 정해진 목적지에 도달하도록 도구를 사용하는 능력을 갖추게 하는 것이다. 학습자가 길에서 홀로 마주칠 모든 읽기 상황을 예측하는 것이 어렵기 때문에, 독자는 다양한 맥락에서 다양한 도구를 사용하는 것을 학습해야 한다. 따라서 전략의 레퍼토리를 발달시켜 두어야 한다.

현재의 문식성 실천에서, 목적지 또는 목표는 독자가 독해하기 위해 텍스트 및 맥락과 교섭하는 것이다(Rosenblatt, 1978). '교섭'(transaction)은 반응이 개인적이고 다양할 수 있다는 것을 나타내면서, 독자의 개인적 경험이 '서사체 텍스트'(narrative text) 및 '설명체 텍스트'(expository text)에 대한 이해를 정교화한다는 것을 뜻한다.

Durkin(1978/1979)은 읽기(reading)를 독해(comprehension)로 정의한다. 이는 읽기 지도의 초점이 독자가 텍스트의 의미를 구성하기 위해 사용하는 전략에 맞추어져야 한다는 것을 의미한다. Smith(1997)는 읽기를 사고 과정으로 정의함으로써, 이러한 아이디어를 확장하였다. 읽기가 인지(cognition)에 대한 것이라고 제안하는 것은 지도의 초점이 인쇄물에 있지 않고, 그보다는 독자가 어떻게 텍스트와 연결하는지에 있어야 한다는 것을 나타낸다. Hiebert, Pearson, Taylor, Richardson, & Paris(1998)는 이러한 생각을 지지한다. 그들은 다음과 같이 말하였다. "교사는 학생이 읽는 동안 사고하는 방법에 현시적으로(explicitly) 주의를 기울이는 수업을 통하여 학생의 전략적 읽기를 지원할 수 있다."(p. 4)

우리가 텍스트와 독자의 교섭을 검토한다면, 읽기를 사고 과정으로 기술하는 것은 꽤 논리적이고 자연스러워 보인다. 읽기 전에, 학생은 선정한 텍스트를 심사숙고하고 배경지식과 연결하기 위해 다양한 전략을 사용한다. 독자는 배경지식을 활성화하고, 내용에 대해 예측하고, 연결하며, 읽기 목적을 설정함으로써, 텍스트를 미리 본다. 읽는 동안에, 학생은 스스로 질문하고, 시각화하고, 점검하고, 단어에 대해 생각하며, 자신·텍스트·세상과 연결한다. 읽은 후에, 학습자는 다시 인지적 과정에 참여하면서, 요약하고, 평가하고, 자신·텍스트·세상과 연결한다. 텍스트와 성공적으로 교섭하기 위해, 학생은 사고할 수 있어야 한다. 읽기 과정을 통해 효과적으로 사고하고 다양한 텍스트와 교섭하기 위해, 학생들은 독해 전략을 사용하는 방법을 알아야 한다. 독해 전략에는 '미리 보기'(previewing), '자기 질문하기'(self-questioning), '연결하기'(making connections), '시각화하기'(visualizing), '단어가 어떻게 작용하는지 알기'(knowing how words work), '점검하기'(monitoring), '요약하기'(summarizing), '평가하기'(evaluating) 등이 있다.

이 장에서는 먼저 [독해 안내하기](Guided Comprehension)를 소개하고자 한다. 이는 학생과 교사가 '전략 기반 사고 과정'(strategy-based thinking process)으로서의 읽기에 참여하는 맥락이다. 그리고 나서 [독해 안내 모형](Guided Comprehension Model)을 제시하고자 한다. 이는 교사와 학생이 사고 과정으로서의 읽기에 참여하도록 돕기 위해 설계된 틀이다. 끝으로, 독해에 대한 10가지 원리를 논의하고, 이들과 모형의 연결에 대해 설명할 것이다.

1. [독해 안내하기]의 개념

[독해 안내하기](Guided Comprehension)는 학생이 다양한 수준과 유형의 텍스트를 사용하면서, 다양한 상황에서 독해 전략을 학습하는 '맥락'(context)을 말한다. [독해 안내하기]는 '직접교수법, 적용, 성찰'에 초점을 둔 세 단계의 과정이다. 단계 1에서, 교사는 다섯 가지 과정을 통하여 학생을 직접 지도한다. 단계 2에서, 학생은 세 가지 상황에서 전략을 적용한다. <교사 안내 소집단 지도>, <학생 주도 독해 센터>, <학생 주도 독해 루틴> 등이 그것이다. 단계 3에서, 교사와 학생은 <성찰과 목표 설정>에 참여한다. 학생의 독서 능력이 향상됨에 따라, 수준별 텍스트와 소집단 배치는 달라질 수 있다.

[독해 안내 모형]

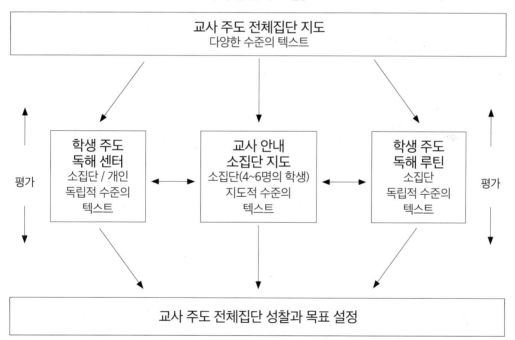

[독해 안내 모형]은 교사와 학생이 전략 기반 과정으로서의 읽기를 통해 사고하도록 돕기 위해 설계된 틀이다. 초·중등(3-8학년)용으로 설계되었고, 기존의 독서 연

구, 가장 좋은 독해 지도 방법에 대한 지식, 개인적 경험 등으로부터 도출되었다. 이 모형은 다음과 같은 사항을 통합적으로 반영하여 설계되었다.

- 독해 전략에 대한 직접교수법
- 독립적 수준, 지도적 수준, 도전적 수준으로 구분되는 수준별 텍스트
- 역동적 평가
- 비계 설정 지도 (학생들에게 궁극적으로 독서의 통제권을 넘겨 주면서, 교사의 지원 (support) 정도를 다양화하기)
- 다양한 장르와 텍스트 유형
- 읽기·쓰기·토의의 통합
- 다양한 상황에서 전략의 지도 및 적용
- 다양한 상황에서 독립적 실천과 학습의 전의
- 성찰과 목표 설정

구조적으로, 모형은 다음과 같은 순서로 진행되는 3가지 단계를 가진다.

단계 1: <교사 주도 전체집단 지도>
단계 2: <교사 안내 소집단 지도>, <학생 주도 독립적 실천>
단계 3: <교사 주도 전체집단 성찰 및 목표 설정>

균형적 문식성의 맥락 안에 자연스럽게 자리 잡게 되면, [독해 안내 모형]에서 교사와 학생은 모두 능동적이다. 예를 들어, 교사는 직접교수법에 참여하고, 지속적으로 평가되는 학생의 요구 사항에 기초하여 텍스트와 전략을 선택한다. 교사는 또한 학생들의 읽기, 쓰기, 토의를 촉진함으로써 참여한다. 학생은 읽기 과정을 통해 능동적으로 사고하고, 다양한 상황에서 텍스트와 교섭하고, 전략을 사용하며, 다양한 방식으로 반응한다.

[독해 안내 모형]은 전체집단, 소집단, 짝, 개인별로 읽는 경험을 제공한다. 학생은 다양한 수준의 텍스트와 매일 교섭한다. 교사는 전체집단을 직접 지도하고, 전략과 기능을 현시적으로 가르치며, 매일 독해를 안내하며 소집단과 활동한다. 학생들이 독립적 독해 활동에 참여할 때, 교사는 또한 그들을 관찰하고 평가한다.

모형은 현시적 교수로부터 독립적 실천 및 전이까지 진행된다(아래 그림 1 참조). 모형의 모든 단계는 학생이 다양한 상황에서 독해 전략을 독립적으로 적용할 수 있다는 것을 보증하기 위해 필요하다. 평가는 학생의 성취도에 대한 정보를 수집하면서, 모형의 모든 단계에 스며든다. 이는 교수·학습에 지속적으로 정보를 제공한다.

우리는 초·중등(3-8학년) 학생과 사용하기 위해 이 모형을 설계했다. 이는 '초기 문식성'(early literacy)에서 독해의 중요성을 약화시키려는 것이 아니다. 그보다는 더 능숙한 독자가 요구하는 좀 더 복잡한 지도에 초점을 두기 위해서이다. 학생들이 좀 더 어려운 '내용 기반의 문식성'(content-based literacy)을 경험함에 따라, 3-8학년에는 효과적 지도 모형에 대한 요구가 분명히 존재한다.

다음 절에서는 [독해 안내하기]가 가장 좋은 독해 지도 방법에 관한 현재까지의 연구 결과로부터 도출되었다는 것을 설명한다. 이를 위해 연구에 기반한 독해 원리(tenets)를 먼저 논의하고, 이들이 어떻게 모형에 관련되는지를 기술하고자 한다.

그림 1. [독해 안내하기]의 단계에 대한 개관

단계 1

<교사 주도 전체집단 지도> – 독립적 수준(쉬운 수준), 지도적 수준(중간 수준), 도전적 수준(어려운 수준)의 텍스트를 사용하면서, 독해 전략을 가르치기

설명하기: 오늘 배울 전략과 그것이 어떻게 학급 목표와 관련되는지 설명한다.

시범보이기: 사고구술(think-aloud)과 읽어 주기(read-aloud)를 사용하면서, 그 전략을 시범보인다.

안내하기: 텍스트의 추가적인 부분을 읽어 주고 학생이 전략을 적용하게 함으로써, 학생이 실행해야 할 것을 안내한다.

실천하기: 최소한의 지원을 제공하면서, 교사가 읽어 주었던 텍스트의 또 다른 부분에 학생이 전략을 적용하게 함으로써 실천한다.

성찰하기: 학생이 스스로 읽고 있는 텍스트에 이 전략을 어떻게 사용할 수 있을지 생각하게 함으로써 성찰한다.

단계 2

학생은 <교사 안내 소집단 지도>와 <학생 주도 독해 센터 및 루틴>에서 독해 전략을 적용한다. 이러한 상황에서, 학생은 다양한 정도의 지원을 받으며 활동하고, 지도적 수준과 독립적 수준의 텍스트를 사용한다.

<교사 안내 소집단 지도> - 지도적 수준의 텍스트와 역동적 집단 편성(4-6명의 학생)을 사용하는 교사의 안내와 함께 독해 전략을 적용하기

회상하기: 이전에 가르친 전략을 검토하고, 오늘의 전략에 초점을 둔다.

안내하기: 학생이 지도적 수준의 텍스트의 한 부분을 읽을 때, 이미 가르친 전략뿐만 아니라 오늘의 전략을 적용하도록 안내한다. 학생이 개인적 의미를 구성하는 것을 촉진한다. 학생이 점점 능숙해짐에 따라, 교사의 지원을 점차적으로 줄인다. 필요하다면 비계를 설정한다. 토의를 북돋우고, 텍스트의 다른 부분을 가지고 반복한다.

실천하기: 학생이 그 전략을 적용하기 위해 짝 또는 개인별로 활동하게 함으

써 실천한다. 학생이 적용한 내용을 [독해 안내 일지]에 기록하게 하고, 소집단이나 전체집단 성찰 동안 이를 공유하게 한다.

성찰하기 및 확장하기: 텍스트를 이해하도록 도왔던 전략을 학생이 공유하게 함으로써, 성찰하고 확장한다. 학생이 독해 센터 및 루틴에서 전략을 적용할 수 있는 방식에 대해 이야기한다.

<학생 주도 독해 센터 및 루틴> - 독립적 수준의 텍스트를 가지고 개인별로, 짝과, 또는 소집단에서 독해 전략을 적용하기

독해 센터: 전략을 적용하고 이해를 확장하는 독립적 활동이다.

독해 루틴[1]: 텍스트에 대한 독해를 촉진하는 사고의 습관을 형성하는 절차이다.

단계 3

<교사 주도 전체집단 성찰과 목표 설정> – 수행에 관해 성찰하기, 경험을 공유하기, 새로운 목표를 설정하기

평가 선택사항

모든 단계에서 실제적 평가를 사용한다.

2. 독해에 대한 원리

선행 연구는 성공적 독해에 영향을 주는 다양한 요인을 보여 주었다. 다음과 같은 연구 기반 원리(tenet)는 우리가 가장 영향력이 있다고 믿는 것이다.

• 독해는 사회구성적 과정이다.

---

[1] 독해 루틴(comprehension routines)은 독해 활동이라고 생각하면 된다. KWL, 작가에게 질문하기, 상보적 교수법 등이 그 사례이다.

- 균형적 문식성은 독해를 교육하는 틀이다.

- 유능한 읽기 교사는 학생의 학습에 영향을 준다.

- 능숙한 독자는 전략적이며, 읽기 과정에서 능동적 역할을 한다.

- 읽기는 유의미한 맥락에서 일어나야 한다.

- 학생은 다양한 수준의 다양한 텍스트와 교섭하는 것이 좋다.

- 어휘 발달과 지도는 독해에 영향을 준다.

- 몰입은 독해 과정에서 핵심 요인이다.

- 독해 전략과 기능은 가르칠 수 있다.

- 역동적 평가는 독해 지도에 정보를 제공한다.

이러한 원리들은 강력한 이론적 기반을 가지고, 독해 지도 설계에 사용된다. 다음 절에서, 이론과 실천 사이의 연결을 설명한다.

1) 독해는 사회구성적 과정이다

Brooks & Brooks(1993)는 지식과 학습에 대한 이론으로서 구성주의(constructivism)를 정의한다. 구성주의 관점에서 학습은 "구체적 경험, 협동적 대화, 성찰을 통하여 점진적으로 드러나는 인지적 갈등을 해결하는 자기 통제 과정"으로 설명된다(p. vii). 구성주의자는 학습자가 지식과 경험을 학습하고 있는 것과 연결함으로써, 세상에 대한 의미를 구성한다고 믿는다. 교사가 적절한 문제를 제기하고, 주요 개념 중심으로 학습을 구조화하고, 학생의 생각을 가치 있게 여기며, 맥락 속에서 학생의 학습을 평가할 때, 학생은 이러한 연결을 통하여 의미를 구성한다(Brooks & Brooks, 1993).

Short & Burke(1996)의 설명에 의하면, 구성주의는 학생이 '사실 기반 교육과정'(fact-driven curricula)을 버리게 하고, 폭넓은 아이디어에 초점을 맞추도록 격려한다. 학생이 독특한 결론에 이르고, 아이디어를 재구성하는 것을 권장한다. 학생이 다양한 관점에서 복잡한 장소인 세상을 바라보도록 북돋운다. 또한 학생이 자신의 학습에 책임감을 가지며, 질문을 통해 주위 세상과 학습한 정보를 연결하려고 시도해야 한다는 점을 강조한다.

구성주의는 학생이 생성한 아이디어, 학생의 자기 선택, 창조성, 상호작용, 비판적 사고, 개인적 의미 구성을 특징으로 하는 교실에서 분명하게 나타난다(McLaughlin, 2000b). 그러한 맥락에서, '실제적 문식성 과제'(authentic literacy tasks)는 실제 세계의 경험을 동화시키고, 학습의 목적을 제공하며, 학생들이 학습에 대한 소유권을 가지도록 격려한다(Hiebert, 1994; Newmann & Wehlage, 1993).

구성주의자는 학생이 이미 아는 것과 새로운 것을 연결함으로써, 지식을 구성한다고 믿는다. 읽기에서 이러한 개념은 스키마 기반 학습 발달에 반영된다. 이는 새로운 정보가 이미 아는 것과 통합될 때, 학습이 일어난다는 것이다. 학습자들이 특정한 화제에 대해 더 많은 경험을 가질수록, 그들이 아는 것과 학습하고 있는 것을 연결하는 것이 더 쉬워진다(Anderson, 1994; Anderson & Pearson, 1984). 독해는 다음과 같이 설명할 수 있다.

> 특정한 의사소통의 맥락에서 해석자와 메시지 사이에 상보적이고 총체적인 아이디어의 교환을 통해 문자 또는 구두 의사소통에 대한 의미의 구성. 참고: 여기에서의 가정(假定)은 의미가 그러한 교환 동안 해석자의 의도적 문제 해결 및 사고 과정에 있다는 점이다. 그리고 의미의 내용이 그 사람의 선행 지식과 경험에 의해 영향을 받는다는 점이다. 또한 해석자가 구성한 메시지는 전달된 메시지와 부합할 수도 있고, 그렇지 않을 수도 있다(Harris & Hodges, 1993, p. 39).

Vygotsky의 원리는 학습의 사회적 맥락에 몰두함으로써, 구성주의 관점을 강화한다(Dixon-Krauss, 1996). Vygotsky에 따르면, 학생들은 근접발달영역 내에서 지도받아야 한다(Forman & Cazden, 1994; Vygotsky, 1978). 그 영역 내에서의 지도는 비계 설정과 사회적 중재를 포함해야 한다. 이러한 Vygotsky의 원리를 설명할 때, Dixon-

Krauss는 "언어 개념이 학습되는 것은 어른이나 더 유능한 동료와의 사회적 대화를 통해서이다"(1996, p. 155)라고 설명한다. 이런 사회적 상호작용은 학생이 아이디어를 떠올리고 공유하도록 북돋운다.

[독해 안내하기]와 연결 · · ·

> [독해 안내 모형]은 사회구성적 과정으로서 독해라는 관점에 기초한다. 이는 여러 가지로 모형에서 분명히 나타난다. 텍스트와 학생의 교섭을 궁극적 목표로 설정한다는 점과 다양한 사회적 상황에서의 학습을 중시한다는 점 등이 그러하다.

2) 균형적 문식성은 독해를 교육하는 틀이다

'균형적 문식성'(balanced literacy)은 다음과 같은 교육과정 틀이다.

> 읽기와 쓰기에 동등한 지위를 부여하고, 문식성의 인지적 및 정의적 차원 모두의 중요성을 인식한다. 그것은 능숙한 독자와 필자가 사용하는 전략과 기능의 중요성을 인식하고, 읽기와 쓰기의 과정에 수반되는 의미 구성을 인정한다(Au, Carroll, & Scheu, 1997, p.4).

균형적 문식성 교실의 특징은 실제적 텍스트, 인쇄물이 풍부한 환경, 학습에 대한 학생의 주도권, 다양한 목적으로 읽고 쓰고 토의하는 빈번한 기회의 제공 등으로 나타낼 수 있다. Pearson(2001)은 현재의 연구가 뒷받침하는 독해 지도 모형은 실제로 이러한 학습 기회가 균형을 잡는 것 이상이라고 설명한다. 그는 이러한 학습 기회가 연결되고 통합되어야 한다고 하였다.

의미 구성에 초점을 둔 모든 사고 과정은 이러한 통합된 보기, 읽기, 쓰기, 토의에 있다. 이들은 반응에 관련되고, 텍스트 및 다른 사람과 학생의 교섭을 촉진한다. 직접교수법(direct instruction)과 간접교수법(indirect instruction) 모두 균형적 문식성의 가치 있는 구성 요소이다. 이러한 맥락에서, 직접교수법은 학생과 유목적적으로 상호

작용하는 교사가 특징이다. 그리고 학생의 전략 및 기능의 습득에서 설명하기, 시범 보이기, 안내하기로 능동적 역할을 하는 교사가 특징이다(Almasi, 1996; Dahl & Farnan, 1998; Duffy et al., 1987; Roehler & Duffy, 1984). 간접교수법은 학생에게 교사의 안내 없이 발견하는 기회를 준다(Au, Carroll, & Scheu, 1997).

균형적 문식성은 인지적, 사회적, 정의적 차원을 가진다. 그것은 고등 수준의 사고, 상호작용, 개인적 반응, 독해를 촉진한다. 이러한 교육과정 틀 안에서 교수·학습을 하면, 학생이 몰입할 기회를 만들 수 있다.

[독해 안내하기]와 연결 · · ·

> [독해 안내하기]는 수많은 이유로 균형적 문식성의 틀 안에 자연스럽게 놓인다. 이들은 다음과 같은 공유된 신념을 포함한다. 읽기는 의미 구성 과정이다. 읽기·쓰기·토의는 통합된다. 문식성의 인지적 및 정의적 측면 모두 가치 있다. 학습에 대한 학생의 주도권(ownership)이 중요하다. 독해 전략과 기능에 대한 현시적(explicit) 지도가 필수적이다.

3) 유능한 읽기 교사는 학생의 학습에 영향을 준다

유능한 읽기 교사는 학습 과정에 가치 있는 참여자이다. 보고서 National Commission on Teaching and America's Future(1997)에서 제시한 것처럼, 미국의 교육 목표를 달성하기 위해 가장 중요한 하나의 전략은 모든 학교에 유능한 교사를 모집하고, 준비시키며, 지원하는 것이다.

박식한 교사는 무엇이 잘 작용하고 있는지, 각각의 학생이 성공하기 위해 무엇을 필요로 하는지에 대해 알아차린다. 박식한 교사는 모든 학생이 성공적 문식성 경험을 가지는 것의 중요성을 알며, 학생의 성공에서 차이를 만드는 것은 교사의 지식이다(International Reading Association, 1999).

읽기 과정에서 교사의 역할은 학생이 텍스트와 몰입하도록 유도하고, 육성하며, 확장하는 경험과 환경을 조성하는 것이다. 이를 위해 교사의 현시적 지도, 시범보이기, 비계 설정하기, 촉진하기, 참여하기 등이 요구된다(Au & Raphael, 1998).

읽기 연구자와 전문 기관 모두 유능한 읽기 교사의 특징을 서술했다(Fountas & Pinnell, 1996; International Reading Association, 2000; Ruddell, 1995). 그러한 읽기 교사의 특징은 다음과 같다.

유능한 읽기 교사들은 모든 어린이가 학습할 수 있다고 믿는다. 그들은 개별 학습자의 요구 사항에 기초하여 지도한다. 그들은 읽기 동기와 다양한 종류의 텍스트가 교수·학습의 필수 요소라는 것을 안다. 그들은 읽기가 실제적 상황에서 가장 잘 작용하는 사회구성적 과정이라는 것을 이해한다. 그들은 인쇄물이 풍부한 환경과 개념이 풍부한 환경을 조성한다.

그러한 교사들은 읽기와 쓰기를 포함하여, 문식성의 다양한 측면에 대해 깊이 있는 지식을 가진다. 그들은 다양한 목적으로 가르친다. 이때 학생의 개인별 요구 사항, 흥미, 학습 스타일에 초점을 두기 위해 다양한 방법, 자료, 집단 편성 패턴을 사용한다. 그들은 또한 능숙한 독자가 사용하는 전략을 알고, 학생에게 이를 사용하는 방법을 가르칠 수 있다.

유능한 읽기 교사는 자신의 지도를 다면적인 것으로 바라보고, 스스로를 학습 과정에서의 참여자로 바라본다. 그들은 학습 주기, 학습 스타일, 다중지능 등에 대한 지식을 자신의 지도에 통합한다.

유능한 교사는 평가와 지도 사이의 자연스러운 관계를 이해한다. 그리고 다양한 목적을 위해 다양한 방식으로 평가한다. 그들은 지도와 학생의 수행에 대한 효과성을 점검하기 위해 형성적 피드백을 제공하는 지도 전략을 사용한다. 또한 평가가 학습뿐만 아니라 지도에도 정보를 제공한다는 것을 안다.

[독해 안내하기]와 연결 · · ·

[독해 안내하기]에 참여하는 교사는 그것의 개념뿐만 아니라 자신의 학생에 대해서도 박식하다. 교사는 학생이 서로 다른 수준에서 읽는다는 것을 안다. 그리고 교사는 개별 독자의 요구 사항을 수용하기 위해 [독해 안내 모형]을 사용하는 방법을 안다. 이러한 교사는 읽기 과정에서 참여자이다. 교사는 다양한 상황에서 다양한 방식으로 다양한 자료를 사용하는 방법을 안다. [독해 안내하기]는 그러한 교육을 위한 맥락을 제공한다.

4) 능숙한 독자는 전략적이며, 읽기 과정에서 능동적 역할을 한다

많은 연구자는 독해에 대해 우리가 아는 것의 대부분이 능숙한 독자에 대한 연구에 기초한다고 보고했다(Askew & Fountas, 1998; Keene & Zimmermann, 1997; Pearson, 2001). 그들은 능숙한 독자를 읽기 과정에서의 능동적 참여자로 기술한다. 능동적 참여자는 분명한 목표를 가지며, 설정한 목표와 읽고 있는 것 사이의 관계를 지속적으로 점검한다. 능숙한 독자는 의미 구성을 촉진하기 위해 독해 전략을 사용한다. 이러한 전략은 미리 보기, 자기 질문하기, 연결하기, 시각화하기, 단어가 어떻게 작용하는지 알기, 점검하기, 요약하기, 평가하기를 포함한다. 연구자는 이런 전략을 사용하는 것이 학생이 메타인지적(metacognitive) 독자가 되도록 돕는다고 믿는다(Keene & Zimmermann, 1997; Palincsar & Brown, 1984; Roehler & Duffy, 1984).

능숙한 독자는 '심미적 자세'(aesthetic stance) 또는 '정보수집적 자세'(efferent stance)로 읽으며, 저자의 문제와 목적에 대해 자각한다. 심미적 자세로 읽는 것은 정서적으로 생생한 경험을 하기 위해서이고, 정보수집적 자세로 읽는 것은 사실적 정보를 추출하기 위해서이다(Rosenblatt, 1978). 능숙한 독자는 서사체 및 설명체 텍스트 모두를 읽고, 낯선 단어를 이해하는 방법을 안다. 그들은 텍스트를 효율적이며 전략적으로 처리하기 위해 텍스트 구조에 대한 지식을 사용한다. 이러한 지식은 여러 가지 장르에 대한 경험으로부터 발달하고, 나이와 학교를 다닌 시간과 관련된다(Goldman & Rakestraw, 2000).

능숙한 독자는 다음과 같은 텍스트를 폭넓게 읽는다. 다양한 장르 및 형식의 텍스트, 전략 사용의 기회를 제공하는 텍스트, 단어가 어떻게 작용하는지에 대한 이해를 증가시키는 텍스트, 토의와 의미 협상을 할 수 있는 텍스트, 학생의 흥미를 수용하는 텍스트 등이다.

이러한 독자는 자신의 독해를 점검하고, 의미를 구성하고 있을 때와 그렇지 못할 때를 안다. 배경 정보의 결핍, 단어의 어려움, 낯선 텍스트 구조 때문에 독해가 이루어지지 않을 때, 능숙한 독자는 다양한 '교정 전략'(fix-up strategies)을 사용한다. 교정 전략에는 다시 읽기, 읽기 속도를 바꾸기, 문맥 단서를 사용하기, 단서 체계를 교차 점검하기, 도움을 요청하기 등이 있다. 가장 중요한 것은 다음과 같다. 능숙한 독자는 적절한 전략을 선택할 수 있고, 텍스트의 의미를 구성하는 것과 새로운 지식을 얻는 것에 지속적으로 초점을 맞출 수 있다.

[독해 안내하기]와 연결 · · ·

> 성공적이며 전략적 독자를 만드는 것은 [독해 안내하기]의 궁극적 목표이다. 그리고 학생은 그 과정에 충분히 참여한다. 학생의 역할은 광범위하다. 학생은 사고 과정으로서의 독해에 참여하며, 다양한 상황에서 다양한 수준의 텍스트와 교섭해야 한다.

5) 읽기는 유의미한 맥락에서 일어나야 한다

Lipson & Wixson(1997)은 맥락(context)이 지도(指導) 상황, 자료, 접근법, 과제를 둘러싸는 폭넓은 개념이라고 제안한다. 지도 상황은 교사의 신념, 문식성 환경, 교실 조직, 교실 상호작용, 집단 편성 등을 포함한다. 지도 자료는 텍스트의 유형 및 구조와 같은 요소로 구성된다. 지도 접근법은 교육과정, 지도 방법, 평가 방법을 포함한다. 지도 과제는 과제의 유형, 형식, 실행 등으로 구성된다.

보다 구체적으로, Gambrell(1996a), Hiebert(1994), Pearson(2001) 등은 문식성에서 맥락에 대한 아이디어를 제공하였다. 그들은 교실 맥락이 다양한 요인으로 구성된다고 제안한다. 이러한 요인에는 교실 조직과 읽기·쓰기·토의의 실제적 기회 등이 포함된다. 나아가 기능과 전략에 대한 지도, 개념 기반 어휘의 통합, 다양한 장르의 사용, 다양한 텍스트 구조에 대한 지식 등도 맥락의 구성 요소라고 언급한다.

[독해 안내하기]와 연결 · · ·

> [독해 안내하기]는 학습을 위한 맥락이다. 그것의 세 단계는 다양한 상황, 자료, 접근법, 과제를 통합한다.

6) 학생은 다양한 수준의 다양한 텍스트와 교섭하는 것이 좋다

학생은 매일 다양한 수준의 텍스트와 몰입하는 것을 필요로 한다. 다양한 수준의 텍스트가 사용되고 있을 때, 교사는 학습 경험을 비계 설정한다. 그리고 학생은 목적과 지도 상황에 의존하면서, 다양한 정도의 교사의 지원을 받는다. 예를 들어, 텍스트가 도전적일 때(즉, 어려울 때), 교사는 학생에게 충분한 지원을 제공하기 위해 읽어 주기(read-aloud)를 사용할 수 있다. 텍스트가 지도에 딱 알맞을 때(즉, 적절한 난이도일 때), 학생은 필요에 따라 지원을 받는다. 교사는 필요할 때, 촉진하거나 반응한다. 끝으로, 텍스트가 독립적 읽기에 딱 알맞을 때(즉, 다소 쉬울 때), 교사의 지원은 거의 혹은 전혀 요구되지 않는다.

다양한 장르와 교섭하는 것은 학생의 이해를 강화한다. 다양한 장르를 읽는 경험은 학생에게 수많은 텍스트 구조에 대한 지식을 제공하고, 학생의 텍스트 기반 처리하기를 향상시킨다(Goldman & Rakestraw, 2000). Gambrell(2001)은 다양한 장르와 교섭하는 것이 학생의 읽기 수행을 향상시킨다고 말하였다. 이런 장르에는 전기문, 역사 픽션, 전설, 시, 브로슈어 등이 포함된다.

[독해 안내하기]와 연결 · · ·

> [독해 안내하기]에서 학생은 매일 독립적, 지도적, 도전적 수준에 있는 다양한 장르와 교섭할 기회를 가진다.

7) 어휘 발달과 지도는 독해에 영향을 준다

균형적 문식성의 또 다른 가치 있는 구성 요소인 어휘 지도는 독해와 강력한 관계를 가진다. National Reading Panel(2000) 보고서는 다음과 같이 언급하였다. "텍스트를 이해하는 데에 어휘 발달과 지도가 하는 역할에 대한 분명한 설명이 없다면, 독해는 이해할 수 없는 복잡한 인지적 과정이다"(p. 13). Snow, Burns, & Griffin(1998)은 "새로운 개념과 이를 부호화하는 단어를 학습하는 것은 독해에서 필수적이다"(p. 217)라고 하면서, 이 관점을 뒷받침하였다.

기존 연구물에 대한 검토에서, Blachowicz & Fisher(2000)는 어휘 지도를 위한 4 가지 가이드라인을 확인한다. ⑴ 학생은 단어와 관련된 전략을 이해하는 데에 능동적으로 참여해야 한다. ⑵ 학생은 어휘 학습을 개별화해야 한다. ⑶ 학생은 단어에 몰입해야 한다. ⑷ 학생은 다양한 출처의 정보로부터 반복된 노출을 통하여 어휘를 발달시켜야 한다.

Baumann & Kameenui(1991)는 어휘에 대한 직접교수법과 문맥으로부터의 학습이 균형을 이루어야 한다고 제안한다. 지도는 학생에게 유의미해야 하고, 학생이 읽은 단어를 포함해야 하며, 낯선 단어의 의미를 결정하기 위한 다양한 전략에 초점을 두어야 한다(Blachowicz & Lee, 1991). 그러한 지도의 또 다른 중요한 측면은 어휘와 학생의 배경지식을 연결하는 것이다.

어휘 발달은 또한 학생이 읽은 텍스트의 양과 다양성에 의해 영향을 받는다(Baumann & Kameenui, 1991; Beck & McKeown, 1991; Snow, Burns, & Griffin, 1998). 교사의 '읽어 주기'(read-aloud)는 어휘 발달에 기여한다(Hiebert et al., 1998). 읽어 주기는 학생이 다양한 수준의 텍스트에 접근할 수 있도록 하기 때문이다.

[독해 안내하기]와 연결 · · ·

> [독해 안내하기]에서 학생은 단어에 몰입한다. 학생은 매일 다양한 상황에서 다양한 수준의 텍스트에 몰입한다. 그리고 학생은 직접교수법과 문맥의 사용 모두를 통하여 단어를 학습한다. 학생은 실천 및 적용을 위한 수많은 비계 설정된 상황, 짝 및 모둠 읽기, 교사의 읽어 주기에서 어휘 전략을 학습한다.

8) 몰입은 독해 과정에서 핵심 요인이다

읽기에 관한 몰입(engagement)의 관점은 읽기에 대한 인지적, 동기적(motivational), 사회적 측면을 통합한다(Baker, Afflerbach, & Reinking, 1996; Baker & Wigfield, 1999; Guthrie & Alvermann, 1999). 몰입한 학습자는 성취를 이룬다. 그들은 이해하고 싶어하고, 텍스트와 상호작용하는 것에 대한 내적 동기를 소유하고, 이해하기 위해 인지적 기능을 사용하며, 교사 및 동료와 대화함으로써 지식을 공유하기 때문이다(Guthrie & Wigfield, 1997).

몰입한 독자는 인쇄물과 교섭하고, 배경지식과 새로운 정보 사이의 연결에 기초하여 이해를 구성한다. Tierney(1990)는 '마음의 눈'(mind's eye)의 과정을 기술하고, 독자가 마음속에서 이야기의 일부가 된다고 제안하였다. 교사는 다음과 같은 방법으로 이를 지도한다. 교사는 학생이 실제적 목적을 위해 읽고, 유의미한 방식으로 반응하도록 북돋운다. 이때 학생은 독해, 개인적 연결, 독자의 반응에 초점을 둔다. Baker & Wigfield(1999)는 "몰입한 독자는 다양한 목적으로 읽는 것에 동기를 부여받고, 새로운 이해를 생성하기 위해 이전 경험으로부터 얻은 지식을 이용하며, 읽기에서 의미 있는 사회적 상호작용에 참여한다"(p. 453)고 하였다.

Gambrell(1996a)은 "읽기 동기를 높이는 교실 문화의 특징은 읽기 모델인 교사, 책이 풍부한 교실 환경, 선택의 기회, 책과 친숙하기, 읽기의 가치를 반영하는 읽기 관련 인센티브 등이다."(p. 20)라고 하였다. Gambrell, Palmer, Codling, & Mazzoni(1996)는 동기가 높은 독자는 다양한 이유로 읽는다고 하였다. 이는 호기심, 참여, 사회적 교환, 정서적 만족감 등을 포함한다.

동기는 역량 및 효능감에 대한 신념, 읽기 목적, 읽기의 사회적 목적 등과 같은 용어로 기술된다(Baker & Wigfield, 1999). 동기화된 독자는 자신이 성공할 수 있다고 믿고, 어려운 읽기 자료에 기꺼이 도전한다. 이들은 또한 화제에 대한 새로운 지식을 얻기 또는 읽기 경험을 즐기기와 같은 읽기에 대한 내재적(intrinsic) 이유를 가진다. 동기화된 독자는 읽기로부터 얻은 새로운 의미를 다른 사람과 공유하는 것의 사회적 측면을 즐긴다.

[독해 안내하기]와 연결 ···

[독해 안내 모형]은 학생의 능동적 참여에 기초한다. [독해 안내하기]는 인지적 경험이다. 왜냐하면 학생이 읽기 과정을 통해 사고하기 때문이다. [독해 안내하기]는 동기적이다. 왜냐하면 학생의 흥미와 성공의 기회가 그 모형에 포함되기 때문이다. 그리고 [독해 안내하기]는 사회적이다. 왜냐하면 학생이 매일 교사 및 동료와 상호작용하기 때문이다.

9) 독해 전략과 기능은 가르칠 수 있다

1970년대 후반 Durkin의 연구는 교실에서 독해 지도가 거의 이루어지지 않았다고 보고했다. 대신, 교사는 학생에게 사실적(literal) 수준의 독해 질문을 자주 부여했다. 교사가 독해를 평가하기는 했지만, 가르치지는 않았다. 현재의 연구는 학생이 독해 전략에 대한 현시적 지도를 받을 때, 그것이 새로운 텍스트 및 화제에 대한 독해를 향상시킨다는 것을 입증한다(Hiebert, 1998). '독해 전략'(comprehension strategies)은 일반적으로 다음과 같은 것을 포함한다.

- 미리 보기(previewing) – 배경지식 활성화하기, 예측하기, 목적 설정하기
- 자기 질문하기(self-questioning) – 읽기를 안내하는 질문을 생성하기
- 연결하기(making connections) – 읽기를 자신·텍스트·세상과 관련짓기
- 시각화하기(visualizing) – 읽는 동안 마음속 그림을 그리기
- 단어가 어떻게 작용하는지 알기(knowing how words work) – 전략적 어휘 계발을 통해 단어를 이해하기(이는 낯선 단어의 뜻를 알기 위해 철자적, 통사적, 의미적 단서 체계를 사용하는 것을 포함한다.)
- 점검하기(monitoring) – "이것의 의미가 구성되는가?"하고 묻기, 반응을 수용하기 위해 전략적 과정을 변경함으로써 명료화하기
- 요약하기(summarizing) – 중심내용을 종합하기
- 평가하기(evaluating) – 판단하기

Fielding & Pearson(1994)은 교사로부터 학생으로 책임을 이양하는 독해 지도의 틀을 권장했다. 이러한 4단계의 접근법은 교사의 시범보이기, 안내된 실천, 독립적 실천, 실제적 읽기 상황에서 전략의 적용으로 구성된다. 이 틀은 근접발달영역 내에서의 지도와 비계 설정에 관한 Vygotsky(1978)의 연구에 의해 뒷받침된다. 비계 설정은 학생이 전략을 사용하는 데에 보다 능숙해짐에 따라, 교사의 지원을 점차적으로 줄이는 것이다.

기능과 전략을 연결하는 것은 독해를 촉진할 수 있다. '독해 전략'은 일반적으로 '독해 기능'(comprehension skills)보다 더 복잡하고, 종종 몇 가지 기능의 종합을 요구한다. 효과적인 지도는 전략적 읽기를 촉진하기 위해 독해 기능과 전략을 연결한다. 예를 들어, 순서화하기, 판단하기, 세부내용 말하기, 일반화하기, 텍스트의 구조를 사용하기 등의 독해 기능은 독해 전략인 요약하기와 연결될 수 있다(Lipson, 2001). 이러한 기능 및 다른 기능(질문 생성하기, 추론하기, 중요한 내용과 덜 중요한 내용을 구분하기, 결론 도출하기 등)은 학생이 하나 이상의 독해 전략을 사용하는 것을 촉진한다. 질문 생성하기는 모든 [독해 안내하기] 전략에 스며드는 기능의 예이다(그림 2 참고).

그림 2. 질문 생성하기: 독해 전략을 뒷받침하는 기능

독해 전략	서사체 텍스트 (텍스트 예: 늑대가 들려주는 아기 돼지 삼형제 이야기)	설명체 텍스트 (텍스트 예: "미국 혁명" 단원)
미리 보기	- 이 이야기는 무엇에 대한 것인가? - 이 이야기에서 어떤 일이 일어날 것 같나?	- 미국 혁명 전쟁에 대해 내가 이미 알고 있는 것은 무엇인가?
자기 질문하기	- 왜 늑대가 이 이야기를 말하고 있나?	- 이 전쟁은 왜 일어났나?
연결하기	- 이 아기 돼지 이야기는 원래 이야기와 어떤 점에서 비슷하거나 다른가?	- 텍스트에서 워싱턴이 델라웨어를 가로지르는 설명은 우리가 본 영화와 어떤 점에서 비슷하거나 다른가? - 우리가 읽은 신문 기사와 어떤 점에서 비슷하거나 다른가?
시각화하기	- 늑대에 대한 나의 머릿속 그림은 여전히 좋은가? - 왜 내가 그것을 바꿔야 했는가?	- 미국 군인은 어떻게 보였는가? 영국 군인은?

단어가 어떻게 작용하는지 알기	- 그 단어가 문장에서 의미를 구성하는가?	- '표상'이라는 단어의 뜻을 알기 위해 나는 텍스트에서 어떤 단서를 사용할 수 있나?
점검하기	- 내가 읽고 있는 것의 의미가 구성되는가? - 그렇지 않다면, 명료화하기 위해 무엇을 할 수 있는가?	- 내가 읽고 있는 것의 의미가 구성되는가? - 프랑스 군인은 이 전쟁에서 싸웠는가? - 내가 이것을 어떻게 찾을 수 있는가?
요약하기	- 지금까지 어떤 일이 일어났는가?	- 이 장에서 가장 중요한 정보는 무엇인가?
평가하기	- 나는 늑대의 이야기를 믿는가? 그 이유는? - 이 이야기는 내가 읽은 아기 돼지 이야기들 중에서 몇 등인가?	- 만약 우리가 이 전쟁에서 승리하지 못했다면, 나의 삶은 어떻게 달라졌을까?

기능과 전략을 설명하고 시범보인 후에, 교사는 학생이 새로운 과제를 시도할 때 필요한 지원을 제공하기 위해 비계를 설정한다. 이러한 과정 동안, 교사는 학습에 대한 책임을 점차 학생에게 이양한다. 이때 학생은 다양한 상황에서 전략을 실천한 후에, 독립적으로 전략을 적용하게 된다.

[독해 안내하기]와 연결···

이 원리는 [독해 안내하기]의 핵심이다. 왜냐하면 모형은 전략 기반 사고 과정으로서의 독해를 촉진하기 위해 설계되기 때문이다. 모형은 독해 전략과 이들의 사용을 가능하게 하는 기능에 대한 현시적 지도를 통합한다. 모형은 또한 실천을 위한 다양한 기회와 학습의 전이를 제공한다.

10) 역동적 평가는 독해 지도에 정보를 제공한다

학생이 학습의 과정에 참여할 때, 역동적 평가는 학생의 수행을 포착한다. 그것은 지속적이며, 학습 경험의 특정 지점에서 학생이 독해하는지에 대한 통찰을 제공한다. 역동적 평가는 구성주의 이론을 반영하며, 교수·학습의 부가물이 아니라 그 자체로 교수·학습의 자연스러운 구성 요소이다(Brooks & Brooks, 1993).

본질적으로 보통 비형식적 특성을 지닌 역동적 평가는 다양한 지도 상황에서 사용될 수 있다. 이는 학생이 다양한 정도의 교사 지원을 받는 비계 설정된 학습 경험에 포함된다. 이런 맥락에서 평가는 학생에게서 나타나는 능력을 포착하고, 독립적 상황으로부터 수집할 수 없는 통찰을 제공한다(Minick, 1987). 역동적 평가는 또한 포트폴리오로 널리 퍼져 있다. 포트폴리오는 학생의 성장에 대한 진행적 관점을 제공하기 때문이다.

[독해 안내하기]와 연결 · · ·

> 평가는 다양한 상황에서 다양한 목적으로 이루어지면서, [독해 안내 모형]에 등장한다. 학생이 모형의 모든 단계에 참여할 때, 역동적 평가는 학생 사고에 대한 통찰을 제공한다. 이것은 후속 교수·학습에 다시 정보를 제공한다.

[독해 안내 모형]은 본질적으로 역동적이다. 그것은 개별 학생의 요구 사항을 수용하고, 다양한 텍스트와 상황을 이용하며, 능동적이고 진행 중인 평가를 사용한다. 2장, 3장, 4장에서는 모형의 단계를 상세화할 것이다. <교사 주도 전체집단 지도>, <교사 안내 소집단 지도> 및 <학생 주도 독립적 실천>, <교사 주도 전체집단 성찰과 목표 설정>이 그것이다.

단계 1: 교사 주도 전체집단 지도

읽기는 저에게 세상을 의미합니다.
읽기는 제가 누구인지 나타냅니다.
만약 누군가가 저의 모든 책을 가져가 버리고
세상에 아무 책도 남지 않는다면,
더 이상 제가 존재하지 않을 것입니다.

Emily Nadal, 3학년 학생

[독해 안내 모형]의 첫 번째 단계는 <교사 주도 전체집단 지도>(teacher-directed whole-group instruction)이다. 이 단계의 주요 목적은 독해 전략에 대한 직접교수법이지만, 우리는 이 장에서 다음과 같은 다양한 목적을 의도하였다.

- 학습자 공동체에게 유의미하고 편안한 맥락을 제공하기
- 학생에게 도전적으로 보일 수 있는 텍스트를 포함하여, 다양한 수준의 실제적 텍스트에 접근할 수 있도록 하기
- 직접교수법을 통하여 독해 전략을 가르치기

1. 단계 1을 조직하기

[독해 안내하기]는 다양한 지도 상황, 자료, 방법을 포함하는 맥락을 보여 주고 있다. 모형의 단계 1에서, 교사는 학생에게 학습자 공동체에 소속되는 것에 대한 긍정적 감각을 제공하기 위해 전체집단 지도를 사용한다. 학생이 다양한 능력의 친구와 상호작용하는 것은 이러한 집단 편성의 이점이다. 학생-교사 및 학생-동료의 상호작

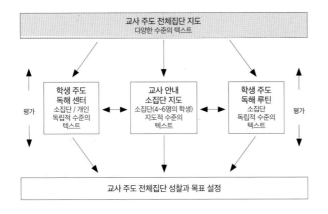

용, 인쇄물이 풍부한 환경, 다양한 장르의 실제적 텍스트와 몰입하는 많은 기회, 능동적 학습자인 학생들, 현재의 가장 좋은 독해 지도 방법에 대해 잘 알고 있는 교사는 학습 공동체를 구성한다.

단계 1에서의 지도가 교사 주도적이고, 학생의 학습을 충분히 지원하는 것을 허용하기 때문에, 교사는 쉬운 수준부터 어려운 수준의 책을 선택하여 가르칠 수 있다. 예를 들어, 교사가 학생에게 흥미 있고 특정 전략을 가르치는 데 효과적이지만, 학생의 수준에 비해 어려운 텍스트를 선택한다면, 교사는 읽어 주기를 통하여 그 책을 학생과 공유할 수 있다. 한편, 교사는 수업의 초점으로서 보다 쉬운 텍스트를 선택할 수도 있다. 이는 충분한 교사의 지원이 이 단계의 특징이기 때문이다.

2. 직접교수법에 참여하기

여러 문식성 전문가와 활동하다 보면, 우리는 다음과 같은 말을 많이 듣는다. 읽기 교사들은 독해 전략 지도를 학생과 전략을 "검토하는"(going over) 것으로 자주 기술한다는 점이다. 하지만 효과적으로 독해 전략을 가르치는 것은 전략을 "검토하는" 것 이상을 요구한다. 이를 위하여 직접교수법(direct instruction)이 필요하다. 직접교수법은 설명하기(explaining), 시범보이기(demonstrating), 안내하기(guiding), 실천하기(practicing), 성찰하기(reflecting) 등으로 구성된다.

교사는 단계 1에서 전략을 현시적으로 가르치기 위해 실제적 텍스트를 사용한다.

평가는 이 과정의 자연스러운 부분이다. 모형에서 통합되는 전략은 미리 보기, 자기 질문하기, 연결하기, 시각화하기, 단어가 어떻게 작용하는지 알기, 점검하기, 요약하기, 평가하기 등이다.

1) 직접교수법의 단계

가르치고 있는 전략에 관계 없이, 직접교수법의 과정은 동일하다. 이 과정은 다음과 같다.

전략을 설명하기: 전략이 어떻게 작용하는지 그리고 전략이 어떻게 독해를 촉진하는지 설명한다. 예를 들어, '자기 질문하기'를 소개할 때, 학생의 이해를 돕기 위해 학생이 삶 속에서 질문하기를 어떻게 사용하는지 묻는다. 이는 그 전략에 대한 맥락적 틀을 제공하는 것이다.

전략을 시범보이기: 전략을 시범보이는 한 가지 방법은 글을 읽어 주고, 교사의 생각을 학생과 공유하는 '사고구술'(think aloud)을 사용하는 것이다. 교사가 사고구술을 할 때, 무엇이 자신의 사고를 유발하고 있는지와 그것이 어떻게 자신의 이해에 영향을 주는지를 말로 정확하게 설명한다(사고구술에 대해 부록 A의 233-234쪽 참고). 이것은 개인적 연결, 명료화를 위한 질문, 세련된 예측으로 이어질 수 있다. 전략을 시범보이기 위해 사고구술을 사용할 때, 교사는 자신의 사고를 설명할 필요가 있다. 이를 통해 학생은 독자가 텍스트와 교섭할 때 경험하는 인지적으로 능동적인 과정에 대해 분명히 알 수 있다. 예를 들어, 교사가 '자기 질문하기'를 시범보일 때, 교사는 텍스트를 읽고, 마음속에 떠오르는 질문에 대해 사고구술한다. 질문, 그 질문이 생긴 이유, 기대하는 대답 등을 말로 표현한다.

학생이 전략을 적용하도록 안내하기: 교사는 읽어 준 텍스트의 다음 부분 또는 신중하게 선택한 다른 텍스트를 읽는다. 그리고 학생이 방금 배운 전략을 적용하도록 한다. 예를 들어, 교사가 자기 질문하기를 시범보였다면, 교사는 텍스트의 한 부분을 읽어 주고, 학생이 말이나 글로 텍스트에 대한 질문을 만들도록 할 것이다. 학생이 성공적으로 질문을 만들고 대답하는 데에 익숙해지면, 학생이 소집단에서 활동하게 한다. 이렇게 교사는 학습 과정에 대한 통제권을 점차적으로 이양한다.

전략을 실천하기: 학생은 전체집단 상황 내에서의 소집단에서 독립적으로 활동한다. 교사는 이를 관찰한다. 학생은 독립적 수준의 텍스트를 사용하면서, 질문을 만들고 답하기 위해 전략(이 경우에 자기 질문하기)을 사용한다. 그리고 나서 학생이 스스로 읽고 있을 때 자기 질문하기를 사용함으로써, 텍스트와 교섭하도록 격려한다.

전략 사용에 관해 성찰하기: 전략 사용이 텍스트를 이해하는 것을 어떻게 도왔는 지에 관해 학생이 성찰하게 한다. 그리고 학생의 성찰 내용에 관해 논의한다.

직접교수법을 적용할 때, 우리는 항상 다음과 같은 것에 초점을 둔다.

- 그 전략이 무엇이고, 그것이 어떻게 작용하는지 설명하기
- 사고구술을 사용하면서, 시범을 통하여 훌륭한 모델을 제공하기
- 안내를 받으며 실천할 수 있는 다양한 기회를 학생에게 제공하기
- 모둠, 짝, 개인별 실천을 위한 상황을 제공하기
- 전략 사용에 관해 성찰하는 기회를 주기

또한 교사는 이 단계에서 다양한 실제적 평가를 사용한다. 여기에는 관찰, 토의, 비형식적 글쓰기 등이 포함된다.

이 단계를 통하여 학생의 학습은 비계가 설정된다. 학생이 전략이 어떻게 작용하

독해 안내하기

는지 학습할 때, 교사의 총체적 지원을 받는다. 학생이 안내된 실천에 참여할 때, 필요에 따라 교사의 지원을 받는다. 학생이 독립적으로 전략을 적용할 때, 교사의 지원은 줄어들고 학생이 통제한다.

2) 독해 전략: 지도(指導)의 초점

모형의 단계 1 동안, 우리는 독해 전략에 대한 학생의 이해 및 적용을 명료화하고 강화하기 위해 다수의 지도 아이디어를 사용한다. 비록 우리가 처음에 이러한 아이디어를 지도를 위한 틀로 사용하지만, 우리의 궁극적 목표는 학생이 스스로 사용하는 것이다. 이 절에서 우리는 각각의 독해 전략을 설명하고, 그것을 지도 아이디어의 목록과 연결한다. 이러한 목록은 완전한 것이 아니라, 우리가 자주 사용하는 아이디어를 포함시킨 것이다. 부록 A에서, 우리는 각각의 아이디어의 목적 및 절차뿐만 아니라 독해 전략과의 연결, 텍스트의 유형, 읽기 단계를 기술함으로써, 각각의 아이디어[1]를 구체적으로 제시한다.

① **미리 보기.** '미리 보기'는 텍스트를 소개하는 방식이다. 미리 보기는 배경지식 활성화하기, 예측하기, 목적 설정하기를 포함한다. 다음과 같은 지도 아이디어는 이 전략을 뒷받침한다.

- 예상/반응 안내
- 프리딕토그램(Predict-o-Gram)
- 읽기 전 계획(PreP)
- 가능한 구절
- 텍스트에 대해 질문하기

---

1   '지도 아이디어'는 '지도 기법'으로 이해하면 된다.

- 의미 지도(Semantic Map)
- 이야기책 소개
- 이야기의 첫인상

② **자기 질문하기.** '자기 질문하기'는 읽는 동안 사고를 안내하기 위해 질문을 생성하는 것을 포함한다. 질문을 생성하는 능력은 이 전략뿐만 아니라 텍스트와 교섭하는 다양한 차원을 지원하는 기능이다. 따라서 교사는 학생이 질문을 생성하는 방법을 학습하도록 돕기 위해 직접교수법을 사용한다.

학생에게 질문하기에 대해 가르칠 때, 교사는 질문이 무엇인지 설명하고, 질문의 목적을 논의하며, 질문의 수준을 서술한다. 예를 들어, 교사는 질문을 생성하는 것에 대한 많은 이유가 있다고 설명한다. 이는 정보 찾기, 연결된 이해, 심리적 및 정신적 재구성, 역사적 고찰, 상상, 탐구 등을 포함한다. 교사는 또한 학생의 질문하기 능력을 길러주기 위해 읽기, 쓰기, 말하기, 듣기, 보기 등의 다양한 관점을 통해 학생을 화제에 몰입시킨다(Busching & Slesinger, 1995).

교사는 학생에게 4가지 수준에서 질문을 생성하는 방법을 가르친다. 기억, 수렴적, 발산적, 평가적 질문이 그것이다. Chiardello(1998)는 다음과 같이 각각의 범주에 대한 신호 단어와 인지적 작용을 제안했다.

기억 질문
신호 단어: 누가, 무엇을, 어디서, 언제?
인지적 작용: 명명하기, 정의하기, 확인하기, 지정하기

수렴적 사고 질문
신호 단어: 왜, 어떻게, 어떤 방식으로?
인지적 작용: 설명하기, 관계를 말하기, 비교·대조하기

발산적 사고 질문

신호 단어: 상상하다, 가정하다, 만약/그렇다면

인지적 작용: 예측하기, 가정하기, 추론하기, 재구성하기

평가적 사고 질문

신호 단어: 옹호하다, 판단하다, 정당화하다/여러분은 어떻게 생각하는가?

인지적 작용: 평가하기, 판단하기, 옹호하기, 정당화하기

학생이 질문을 생성하고 답하는 데에 능숙해지면서, 자기 질문하기를 포함한 독해 전략에 질문에 대한 지식을 적용하게 된다.

다음과 같은 지도 아이디어는 자기 질문하기를 뒷받침한다.

- "나는 궁금해요" 진술문
- K-W-L과 K-W-L-S
- 짝 질문하기
- 질문과 답의 관계(QAR)
- 두껍고 얇은 질문

③ **연결하기.** 학생이 자신·텍스트·세상과 관련지어 텍스트에 대해 생각할 때, '연결하기'가 일어난다. 이 전략을 뒷받침하는 지도 아이디어에는 다음과 같은 것이 포함된다.

- 텍스트를 부호화하기: 텍스트-자신(T-S), 텍스트-텍스트(T-T), 텍스트-세상(T-W)
- 연결 문장 만들기: 그것은 나에게 …을 상기시킨다, 나는 …했을 때를 기억한다.

- 두 칸 기록장

- 그림으로 연결하기

- 마지막 말은 저에게

④ **시각화하기.** '시각화하기'는 텍스트에서 일어나고 있는 일을 독자의 마음속에 그림으로 그리는 것을 말한다. 이 전략을 뒷받침하는 지도 아이디어에는 다음과 같은 것이 있다.

- 갤러리 이미지

- 도해 조직자/시각 조직자

- 이미지 안내하기

- 열린 마음 인물화

- 늘어나는 스케치

⑤ **단어가 어떻게 작용하는지 알기.** '단어가 어떻게 작용하는지 알기'는 전략적 어휘 계발을 통해 단어를 이해하는 것을 말한다. 이는 모르는 단어의 뜻을 알기 위해 철자적, 통사적, 의미적 단서 체계를 사용하는 것을 포함한다. 철자적 단서 체계는 자소(글자)-음소(소리) 짝을 만드는 것을 포함한다. 통사적 단서 체계는 언어(문장)의 구조를 다룬다. 의미적 단서 체계는 의미에 초점을 둔다. 독자는 효과적으로 텍스트에 몰입하기 위해 단어에 대한 다른 지식과 함께 이러한 3가지 단서 체계를 사용한다. 이 독해 전략을 뒷받침하는 아이디어에는 다음과 같은 것이 있다.

- 개념도

- 문맥 단서

- 유추에 의한 해독

- 리스트-그룹-라벨

- 가능한 문장
- 리벳(RIVET)[2]
- 의미 자질 분석법
- 유추에 의한 어휘
- 어휘 자기 수집 전략

⑥ **점검하기.** '점검하기'는 "이것의 의미가 구성되는가?" 하고 독자 자신에게 묻는 것과 전략의 과정을 조정하는 것을 말한다. 점검하기는 의미가 구성되고 있는지 확인하고, 그렇지 않다면 무엇을 해야 하는지를 아는 것이다. 다음과 같은 지도 아이디어는 이 전략을 뒷받침한다.

- 책갈피 기법
- 끼워 넣기
- 짝 독서 패턴
- 무언가를 말해요
- 사고구술

⑦ **요약하기.** '요약하기'는 중심내용과 뒷받침하는 세부내용을 비롯한 필수적 정보를 텍스트로부터 추출하는 것을 포함한다. 이를 뒷받침하는 지도 아이디어에는 다음과 같은 것이 있다.

- 전기문 피라미드
- 노랫말 요약
- 이야기 피라미드

---

2   리벳(RIVET)은 못의 한 종류이다. 활동지의 모양이 못과 같이 생긴 데서 붙여진 이름이다.

- 짝 요약하기
- 질문을 문단으로(QuIP)
- 다시 말하기
- 요약 주사위

⑧ 평가하기. '평가하기'는 판단하는 것을 의미한다. 다음과 같은 지도 아이디어가 이 전략을 뒷받침한다.

- 토의 그물
- 평가적 질문하기
- 일지 반응
- 마음의 만남
- 설득적 글쓰기

이러한 전략과 지도 아이디어는 [독해 안내하기]에서 지도의 기초에 해당한다. 비록 우리가 전략별로 지도 아이디어를 조직했지만, 많은 아이디어는 하나 이상의 목적을 위해 사용할 수 있다는 점이 중요하다. 우리는 또한 지도 아이디어를 더 큰 '지도 루틴'(teaching routine)[3]에서 종종 사용하게 되는데, 지도 루틴은 다음 절에서 설명한다.

3. 독해 루틴

단계 1에서 우리는 더 큰 지도 틀(frameworks)을 종종 사용한다. 이는 작가에게 질

---

3   루틴(routine)은 우리 교육계에 사용되는 교수·학습 모형의 개념에 가깝다. 앞에서 살펴본 지도 아이디어가 기법에 해당된다면, 루틴은 이들이 모여서 단계적으로 실행된다. 원저자의 의사를 존중하여 루틴이라고 번역하였다.

문하기, 상보적 교수법, 독서 서클, 직접 읽기-사고 활동, 직접 듣기-사고 활동 등과 같은 '독해 루틴'(comprehension routines)을 말한다. 우리는 직접교수법을 통해 이러한 루틴을 학생들에게 가르친다. 그리고 학생이 이에 능숙해지면, 학생은 [독해 안내하기]의 단계 2에서 독해 루틴을 독립적으로 사용한다. 여기에서는 작가에게 질문하기, 상보적 교수법, 독서 서클을 다룬다. 다섯 가지 독해 루틴은 부록 A에서 단계별 과정으로 제시된다.

1) 작가에게 질문하기

'작가에게 질문하기'(Questioning the Author, QtA) (McKeown, Beck, & Worthy, 1993)는 학생이 작가에게 질문하는 것을 학습함으로써, 텍스트에 대한 더 깊은 이해를 형성하도록 돕는 텍스트 기반 지도 형식이다. 이 과정은 독자가 텍스트의 아이디어를 깊게 고려하고 "교정자의 눈"(reviser's eye)을 사용함으로써, 텍스트에 몰입하도록 돕는다. 작가에게 질문하기는 서사체 및 설명체 텍스트 모두에 사용할 수 있다(Beck, McKeown, Hamilton, & Kucan, 1997).

작가에게 질문하기는 독자가 능동적으로 어떤 것을 이해할 수 있게 한다. 학생은 개인적 의미를 구성하는 것을 학습하고, 텍스트를 이해할 수 있는 것으로 만든다. 이는 성숙한 독자가 읽을 때 하는 것이다(McKeown et al., 1993). 작가에게 질문하기를 사용할 때, 학생은 이해를 형성하는 것이 단순히 텍스트로부터 정보를 추출하는 것이 아니라 정보가 무엇을 의미하는지 결정하는 것임을 학습한다(Beck et al., 1997). 바꿔 말하면, 작가에게 질문하기는 사고 과정으로서의 읽기에 대한 관점을 강력하게 뒷받침한다.

① **작가에게 질문하기를 실행하기.** 학생이 '작가에게 질문하기'를 사용하려면, 교사는 그것을 현시적으로 지도할 필요가 있다. [독해 안내 모형]은 이러한 직접교수법뿐만 아니라 학생의 전이 및 적용을 위한 기회를 제공한다. 학생에게 작가에게 질

문하기를 가르치기 위해, 우리는 다음과 같은 단계를 사용한다.

- 먼저 학생에게 작가가 중요한 세부내용을 생략할 수 있기 때문에, 때때로 독자는 텍스트가 무엇을 말하는지 이해하지 못할 수 있다는 점을 설명한다.

- 작가가 정말로 의미하는 바를 식별하는 질문을 사용하면서, 실제적 텍스트로 시범을 보인다. 이러한 질문은 토의를 시작하기 위해 사용되는 일반적 조사이다. 질문은 작가에게 질문하기의 필수적 구성 요소이고, 다음과 같은 것이 있다(Beck et al., 1997).

  작가는 우리에게 무엇을 말하려고 하나요?
  그것은 무엇을 의미하나요?
  작가는 왜 그것을 우리에게 말하고 있나요?
  작가는 그것을 분명히 말했나요?
  작가는 어떻게 그것을 더 잘 말할 수 있었을까요?

  시범을 통하여, 텍스트의 한 부분을 읽는다. 그리고 제시된 정보를 명료화하도록 돕기 위해 작가에게 제기할 수 있는 질문을 말로 표현한다. 그러고 나서 가능한 대답을 공유한다. (사고구술에 관한 자세한 내용에 대해 부록 A의 233-234쪽 참고)

- 학생이 질문에 대답하도록 안내한다. 학생은 교사나 다른 친구들이 나중에 반박하고 수정하며 문제 삼을 수 있는 생각을 말해도 좋다.
- 전체 학급이 이러한 질문하기에 참여하도록 안내한다. 그러고 나서 소집단과 짝에서 실천 및 전이를 위한 기회를 제공한다.

- 질문과 대답에 대해 토의하고 텍스트에 대한 이해를 형성하기 위해 학생과 협동적으로 활동한다.
- 작가에게 질문하기가 학생이 독해하는 것을 어떻게 도왔는지와 작가에게 질문하기를 다른 상황에서 어떻게 사용할 수 있을지에 관해 학생이 성찰하도록 북돋운다.

작가에게 질문하기는 학생이 텍스트를 읽을 때, 질문하는 방법을 학습하도록 돕는다. 학생은 작가가 무엇을 전달하려고 하는지와 작가가 그 아이디어를 분명히 전달했는지에 대해 말하기 위해 짝 또는 소집단에서 활동한다. 이러한 인지적으로 능동적인 과정은 학생이 텍스트를 이해하는 데에 책임 있는 역할을 맡도록 한다. 학생이 작가에게 질문하기를 사용하는 데에 능숙해지면, 학생은 [독해 안내 모형]의 단계 2에서 이를 독해 루틴으로 사용할 수 있다.

② **텍스트 선정.** '작가에게 질문하기'를 위한 텍스트 선정은 다수의 요인에 기초할 수 있다. 작가에게 질문하기를 학급에 시범보일 때, 텍스트는 비판적 사고를 북돋우고, 답변할 질문이 있는 것이어야 한다. 다음과 같은 예시는 서사체 및 설명체 텍스트를 선정하기 위한 아이디어를 제안한다.

- **서사체 텍스트:** 이야기 구성 요소의 특정한 측면들이 드러나는 텍스트를 고르는 것이 좋다. 구성 요소가 함축된 텍스트도 가능하다. 이는 플롯 구조, 성격 묘사, 의사 결정, 주제와 관련될 수 있다. 이러한 텍스트를 사용하는 이유는 학생이 "행간을 읽도록" 하기 위해서이다. 그리고 작가가 무엇을 의미했는지에 기초하여, 학생이 텍스트를 이해할 수 있게 하기 위해서이다.
- **설명체 텍스트:** 어떤 정보는 제공하지만 다른 정보에 대해서는 독자의 지식을 필요로 하는 텍스트가 좋다. 작가에게 질문하기 과정을 사용하면

서, 학생은 텍스트에 어떤 정보가 빠져 있고, 함축되어 있고, 요구되는지 확인하는 학습을 할 수 있다. 이를 통해 학생은 텍스트에 유의미하게 몰입한다.

작가에게 질문하기를 시범보이기 위해 책을 선정할 때, 고려할 또 다른 요인은 학생의 배경지식이다. 성공적으로 질문을 만들기 위해, 학생은 책의 내용에 대해 어느 정도의 배경지식을 가져야 하고, 질문의 수준과 친숙해야 한다.(학생에게 질문 생성 방법을 가르치는 것에 대한 아이디어는 이 장의 앞부분에 제시한 '자기 질문하기'에 대한 설명을 참고할 것)

③ 작가에게 질문하기를 평가하기. '작가에게 질문하기'에서의 평가는 학생이 한 질문과 대답에 기초하기 때문에, 관찰이 가장 효과적 방법이다. 교사는 학생의 말과 행동을 메모한다. 메모는 후속 시범을 위한 기초 자료로 활용할 수 있다(관찰 체크리스트는 부록 E의 355-356쪽 참고). 교사는 또한 텍스트에 대한 독해를 평가하는 방식으로서 학생이 질문과 이해한 내용에 관해 성찰하도록 한다. 교사는 학생의 자기 평가 양식을 후속 수업 및 시범을 위한 기초 자료로 활용할 수 있다(부록 B의 279쪽 참고).

교사는 전체집단에서 작가에게 질문하기를 시범보인 후에, 학생이 소집단에서 그 과정을 실천하도록 한다. 실천을 안내하는 효과적 방법은 각 소집단에 동일한 텍스트를 제공하고, '읽기 → 질문하기 → 소집단에서 대답을 논의하기 → 학급과 대답을 공유하기'의 과정을 거치는 것이다. 학생이 질문을 생성하는 방법을 파악할 때까지, 교사는 이러한 과정을 비계 설정한다. 그리고 나서 교사는 필요에 따라 도움을 제공하면서, 소집단의 학생에게 책임을 이양할 수 있다. 학생이 작가에게 질문하는 방법을 이해한 후에, 학생은 독해 루틴 활동에 독립적으로 참여할 수 있다.

작가에게 질문하기의 과정은 학생이 읽는 동안 독립적으로 사고하는 사람이 되도록 돕는 것이다. 또한 질문하기 및 연결하기를 촉진하고, 학생이 사회적 맥락에서 의미를 구성하도록 한다.

독해 안내하기

2) 상보적 교수법

'상보적 교수법'(Reciprocal Teaching)은 4가지 독해 전략에 기초하여, 텍스트에 대해 토의하는 전략 기반 지도 형식이다. 4가지 독해 전략은 예측하기, 질문하기, 점검하기, 요약하기이다. 교사뿐만 아니라 학생도 텍스트에 대한 토의를 이끄는 데에 "교사"의 역할을 한다(Palincsar & Brown, 1984).

상보적 교수법은 3가지 목적을 가진다.

1. 텍스트의 의미를 구성하는 모둠의 노력에 학생을 참여시키기 위해
2. 효과적 읽기 과정은 4가지 독해 전략(예측하기, 질문하기, 점검하기, 요약하기)의 지속적 사용을 필요로 한다는 점을 학생에게 가르치기 위해
3. 학생에게 자신의 학습 및 사고를 점검할 기회를 제공하기 위해

① 상보적 교수법을 실행하기. '상보적 교수법'의 절차를 성공적으로 실행하기 위해, 교사는 직접교수법을 사용한다. 이는 다음과 같은 절차로 진행한다.

- 학습 절차와 대화의 일부가 되는 4가지 전략을 각각 설명한다.
- 실제적 텍스트와 사고구술을 사용하여, 4가지 전략의 사고 과정을 시범 보인다.
- 전체집단 상황에서, Mowery(1995)가 제안한 아래와 같은 문형(프롬프트, prompts) 사용하여 각 전략에 대한 반응을 제공한다. 이를 통해 학생이 비슷한 유형의 사고에 참여하도록 안내한다.

예측하기:

나는 _____ 라고 생각한다.

나는 _____ 라고 확신한다.

나는 _____ 에 대해 궁금하다.

나는 _____ 라고 상상한다.

나는 _____ 라고 가정한다.

나는 _____ 라고 예측한다.

질문하기:

나는 어떤 연결을 할 수 있는가?

이것은 나의 생각을 어떻게 뒷받침하는가?

점검하기:

나는 _____ 부분을 이해하지 못했다.

나는 _____ 에 대해 더 알 필요가 있다.

요약하기:

내가 읽은 것에서 중심내용은 _____ 이다.

- 학생을 4명으로 이루어진 모둠에 배치하고, 각 모둠에 상보적 교수법의 기초로서 읽고 사용할 텍스트를 하나씩 제공한다.
- 모둠 구성원에게 4가지 전략 및 프롬프트 중 하나를 부여한다.
- 시범보인 과정을 사용하면서, 학생이 상보적 교수법에 참여하게 한다.
- 학생이 그 과정과 자신의 독해에 관해 성찰할 시간과 양식을 제공한다 (부록 B 참고). 이를 통해 후속 목표 설정을 유도한다.

이러한 과정은 학생에게 상보적 상황에서 자신의 사고를 모둠에 공유할 기회를 제공한다. 학생이 모둠에 참여하고 있는 동안, 교사는 학생 활동을 점검할 수 있고, 적절할 때 비계를 설정할 수 있다. 학생이 상보적 교수법을 사용하는 데 능숙해지면, 독립적 독해 루틴으로서 이를 사용할 수 있다.

Palincsar & Brown(1984)의 연구는 다양한 능력을 지닌 학생이 상보적 교수법을 성공적으로 사용할 수 있다는 것을 입증한다. 비록 원래 해독은 잘 할 수 있지만 약한 독해 기능을 지닌 학생을 돕기 위해 설계되었지만, 상보적 교수법은 모든 학생에게 이로움을 준다. 상보적 교수법은 학생이 읽고, 효과적으로 전략을 사용하며, 좀 더 어려운 텍스트를 이해하는 것을 권장하기 때문이다.

② **텍스트 선정.** 텍스트의 수준은 학생의 능력과 '상보적 교수법'이 사용되고 있는 지도 상황에 의해 결정된다. 서사체 텍스트는 비판적 사고를 요구하는 복잡한 줄거리를 가지는 것이 좋다. 설명체 텍스트는 복잡한 조직과 학생들이 본질적 내용과 비본질적 내용을 구분하기에 충분한 정보를 가지는 것이 좋다.

③ **상보적 교수법에서 평가하기.** 교사는 학생의 대화를 관찰하고 전략을 성공적으로 실행하는 학생의 능력을 기록함으로써, '상보적 교수법'에 참여하는 학생을 평가할 수 있다. (상보적 교수법에 대한 관찰 체크리스트는 부록 E의 357-358쪽에 있다.) 학생은 자기 성찰 양식을 활용하여, 자신의 기여도에 대해 평가할 수 있다(부록 B 참고). 또한 학생은 [독해 안내 일지](Guided Comprehension Journals)에 자신이 기여한 아이디어를 메모할 수 있다. [독해 안내 일지]는 학생의 아이디어를 기록하기 위해 사용된다. 모든 종류의 공책을 사용할 수 있다. 학생은 [독해 안내 모형]의 모든 단계에서 일지를 사용한다. 예를 들어, 상보적 교수법에 참여할 때, 학생은 자신의 아이디어를 기록하기 위해, 프롬프트에 반응하기 위해, 새로운 통찰에 관해 성찰하기 위해 일지를 사용할 수 있다. 이와 같은 정보는 토의에 사용할 수 있고, 후속 지도를 위한 기초 자료로 사용할 수 있다.

3) 독서 서클

학생 모둠은 '독서 서클'(Literature Circles)에서 동일한 또는 유사한 텍스트를 대상으로 통찰, 질문, 해석을 공유할 수 있다. 독서 서클의 기본 목표는 학생이 유의미하고, 개인적이며, 사려 깊은 방식으로 텍스트에 대해 대화하도록 돕는 것이다 (Brabham & Villaume, 2000).

① **독서 서클 실행하기.** '독서 서클'에 대한 학생의 참여를 촉진하기 위해, 교사는 독서 서클의 개념을 현시적으로 가르치고, 능동적으로 시범보여야 한다. Brabham & Villaume(2000)은 독서 서클 실행에 대해서 "같은 모양의" 접근법에 대해 경고하였다. 대신에 그들은 학생의 요구 사항 및 도전에 토대를 두고, 독서 서클을 설계하고 운영할 것을 권장하였다. 이러한 독서 서클은 다양한 형식으로 진행되지만, 모두 텍스트에 대한 활발한 대화를 촉진한다(Peterson & Eeds, 1990). 독서 서클의 실행 절차는 각 교실 상황에 따라 결정할 필요가 있지만, 독서 서클의 실행을 촉진하는 가이드라인은 있다.

학생의 개인적 해석이 토의를 주도한다는 점을 기억할 필요가 있다. 질문 목록을 미리 제공하지 않더라도, 학생의 질문, 연결, 해석에 초점이 놓여야 한다. 교사는 사고구술을 사용함으로써, 비판적 방식으로 대화하는 방법을 시범보일 필요가 있다.

Daniels(1994)와 Tompkins(2001)는 독서 서클을 실행하기 위한 원리를 제안한 바 있다. 여기서는 그들의 아이디어를 직접교수법에 통합하였는데, 다음과 같은 단계로 진행된다.

- 독서 서클은 모둠 구성원이 선택한 책에 대해 유의미한 아이디어를 공유하기 위한 대화 형식이라는 점을 설명한다. 모둠은 책 선정에 기초하여 편성되고, 미리 정해진 스케줄에 따라 정기적으로 만난다는 점을 설명한다.
- 독서 서클에 대해 학급에게 사고구술함으로써, 독서 서클이 어떻게 진행되는지 시범보인다. 독서 서클에서 각자의 역할을 분담하기 위해 실물화상기를 사용한다. 학생이 기록한 정보가 어떻게 토의에 기여하는지에 대해 사고구술한다.

독해 안내하기

- 학생에게 모둠을 편성하고 자신의 역할을 선택하게 함으로써, 독서 서클에 참여하도록 안내한다. 또 다른 짧은 텍스트를 읽어 주고, 학생이 [독해 안내 일지]에 메모나 반응을 적거나 그리도록 격려한다. 그리고 나서 학생이 기록한 정보를 바탕으로 토의하도록 안내한다. 학생이 의미 있는 토의에 참여하는지 관찰한다. 필요에 따라 지원한다. 전체집단에서 이 과정에 대해 토의한다.
- 학생이 짧은 텍스트를 스스로 선택하고, 독서 서클에 참여하게 함으로써 실천한다.
- 독서 서클이 어떻게 텍스트에 대한 토의를 촉진하고, 독해를 도왔는지에 관해 성찰한다.

Tompkins(2001)은 학생의 선택, 도서, 반응이 독서 서클의 핵심 특성이라고 설명하였다.

선택: 학생은 독서 서클의 틀 안에서 많은 선택을 한다. 읽을 책, 참여할 모둠, 독서 스케줄, 대화 방향 등을 선택한다. 교사는 학생이 이런 선택을 하기 위한 범위를 설정할 수 있다. 이를 위해 교사는 학생이 선택할 다양한 책을 제공하고, 매일 또는 주별로 최소한의 읽기 분량을 정하며, 대화를 위한 아이디어를 제시한다. 그러나 모둠에 대한 궁극적 책임은 학생에게 있다.

도서: 학생이 선택하는 책은 자신의 경험과 관련된 양질의 실제적 도서여야 한다. 텍스트는 또한 학생이 개인적 연결을 하고, 비판적 성찰을 하도록 도와야 한다 (Brabham & Villaume, 2000). 책은 개성이 드러나는 등장인물, 풍부한 언어, 적절한 주제 등을 지닌 재미있는 이야기여야 한다. 이러한 책은 학생에게 매력적이고, 유의미하며, 흥미롭다(Noe & Johnson, 1999; Samway & Wang, 1996).

반응: 책을 읽은 후에, 학생은 텍스트에 대한 이해를 공유하고 개인적 연결을 하기 위해 자신의 모둠으로 모인다. 독서 서클에서 반응을 공적으로 공유하는 것은 학

생이 자신의 해석을 확장하고, 모둠의 다른 구성원으로부터 새로운 관점을 얻게 한다.

② **독서 서클을 조직하고 운영하기.** '독서 서클'을 조직하고 운영하는 몇 가지 방법이 있다. "단 하나의" 방법은 없다. 그보다는 학급에서 개별 학생의 요구 사항 및 도전을 수용하기 위해 학생의 선택을 존중해야 한다. 현재 제시된 독서 서클에 대한 모든 형식이 독서 서클을 성공적으로 만드는 데에 사용될 수 있다(그림 3 참고). 일단 교사는 유의미한 형식을 결정한 후에, 텍스트 선정, 모둠 편성, 대화 구조에 대해 결정해 나가야 한다.

그림 3. 독서 서클 형식

선택 사항 1 (Daniels, 1994)

역할:

기본	추가
토의 관리자	연구자
문학 권위자/지문 마스터	요약자/핵심 추출자
연결자	등장인물 지도자
삽화가/기교 있는 예술가	어휘 자산가/단어 마스터
	여행 가이드/장면 설정자

책: 모든 참여자가 동일한 텍스트를 사용한다.

과정:
- 읽기 목표를 설정하기 위해 만난다.
- 독립적으로 읽고, 역할 활동지를 완성한다.
- 역할 활동지 및 텍스트 연결에 대해 토의하기 위해 만난다.
- 새로운 읽기 목표를 설정하고, 역할을 교대한다.
- 독립적으로 읽고, 역할 활동지를 완성한다.

- 역할 활동지 및 텍스트 연결에 대해 토의하기 위해 만난다.

책을 다 읽을 때까지 이 과정을 계속한다.
책에 관련된 프로젝트를 학급과 공유하면서 축하한다.

선택 사항 2 (Klein, 1995)

책: 교사가 주제에 따라 몇 권을 선정하고 소개한다. 학생이 선택한다.
집단: 교사는 학생의 책 선택에 기초하여 모둠을 편성한다.
절차:
- 모둠끼리 만나고, 읽기 형식을 선택한다. 모둠에서 소리 내 읽기 또는 개별적으로 묵독하기
- 매주 – 각 모둠은 4일 동안 읽고, 2일 동안 반응하며, 하루 동안 책에 대해 말하기 위해 만난다.
- 모둠은 학급과 책을 공유하기 위해 독서 반응 프로젝트를 준비한다.

③ **텍스트 선정.** '독서 서클'에 사용되는 텍스트는 소설, 그림책, 시집, 잡지 기사, 정보 책, 선집 등이 가능하다. 독서 서클에서 학생은 동일 텍스트, 동일 주제에 대한 유사한 텍스트, 동일 주제에 대한 다양한 난이도 및 장르의 텍스트를 읽을 수 있다. 선정 자료는 학생의 폭넓은 흥미와 능력을 수용할 필요가 있다.

독서 서클을 위해 텍스트를 선정하는 몇 가지 방법이 있다. 첫 번째 방법은 같은 주제, 화제, 장르, 저자에 관련된 책을 선택하는 것이다(Noe & Johnson, 1999). 이러한 방법을 사용할 때, 교사는 다양한 수준에 있는 몇 가지 텍스트를 고르고, 학생은 흥미와 능력에 기초하여 읽을 텍스트를 선택한다. 두 번째 방법은 같은 주제나 화제에 관련된 텍스트 세트의 모음집을 만드는 것이다(Short, Harste, & Burke, 1996). 각각의 세트 안에서의 텍스트는 관련되지만, 난이도의 수준에서 다양할 수 있다. 학생은 주제나 화제를 선택한다. 그리고 나서 그 세트 안에서 읽기 자료를 선택한다. 예를 들어, 텍스트 세트는 '생존'에 대한 주제에 초점을 둘 수 있고, 다양한 버전의 전래동화를

포함하거나 여러 편의 전기문으로 이루어질 수 있다. 읽기 자료를 선정하는 세 번째 방법은 미리 정한 책 목록으로부터 학생이 스스로 선택하도록 하는 것이다.

④ **텍스트를 소개하기.** '독서 서클'에서 사용할 텍스트를 선정한 후에, 교사는 학생에게 책을 소개한다. 비록 다양한 소개 방법이 있지만, 다음 2가지가 특히 효과적인 것으로 알려졌다.

북 토크(Book talk): 이것은 장르, 주인공, 플롯 등에 초점을 두면서, 말로 짧게 소개해 주는 것이다.

북 패스(Book pass): 몇 권의 책이 학생들 사이로 통과된다. 각 학생은 제목에 주목하고, 책 표지를 읽으며, 시작 장을 훑어보면서, 몇 분 동안 한 권의 책을 대략 살펴본다. 만약 어떤 학생이 어느 한 권의 책에 이끌리면, 그는 공책에 제목을 메모하고 다른 사람에게 그 책을 넘겨 준다. 몇 권의 책을 미리 보기한 후에, 학생은 읽을 책을 선택한다. 책 선택에 따라 모둠을 편성한다.

교사는 몇몇 학생에게 적절한 텍스트 선택을 안내할 필요가 있다. 만약 텍스트 세트가 사용된다면, 교사는 세트의 주제와 세트 안에 있는 텍스트의 종류를 소개하고 싶어할 것이다. 만약 선집(選集: anthology)이 사용된다면, 교사는 선집을 북토크를 위한 기초 자료로 활용할 수 있다.

⑤ **활발한 대화: 스케줄, 말하기, 역할.** 일단 모둠이 편성된 후에, 학생은 만나서 스케줄을 정한다. 얼마나 많이 읽을지 결정하고, 회의 마감일을 정한다. 처음에 교사는 이러한 목표를 달성하는 방법을 시범보이는 방식으로서 스케줄을 제공할 수 있다. 읽기 목표가 설정된 후에, 학생은 독립적으로 또는 친구와 함께 읽는다. 지정된 모임 시간에, 학생은 텍스트를 토의하기 위해 모인다. [독해 안내 일지]에 기록한 자신의

메모는 이러한 토의에 정보를 제공한다. 이 지점에 앞서, 교사는 모둠 대화를 시작하기 위해 텍스트에 반응하는 방법과 이러한 반응을 활용하는 방법을 시범보인다.

독서 서클에서 시범보이는 시간은 텍스트의 길이에 따라 다양하지만, 보통 10분~20분이면 충분하다. 교사는 학생이 토의의 초점을 둘 수 있는 플롯, 주제, 성격 묘사와 같은 특정한 문학적 요소를 시범보이기 위해 미니 레슨을 사용할 수 있다. 그렇지만 교사는 각 모둠의 대화가 스스로 발전하도록 허용해야 한다.

Gilles(1998)는 독서 서클에서 자주 발생하는 4가지 유형의 말하기를 확인했다. (1) 책에 대해 말하기, (2) 읽기 과정에 대해 말하기, (3) 연결한 내용에 대해 말하기, (4) 모둠의 활동 과정과 사회적 쟁점에 대해 말하기 등이 그것이다. 교사는 독서 서클 대화 동안 시범과 친절한 피드백을 통해 4가지 유형의 말하기를 격려할 수 있다.

몇몇 교사는 독서 서클에서 대화를 유도하는 방식으로서 역할과 책임을 사용하는 것을 선호한다. Daniels(1994)는 학생이 교대하는 다음과 같은 역할이 독서 서클 내에서 폭넓은 수준의 대화를 촉진함을 발견하였다.

토의 관리자(토의 좌장) - 모둠에 대한 리더쉽을 가지고, 토의를 안내한다. 책임은 토의의 화제를 선택하기, 질문 생성하기, 회의 소집하기, 모든 구성원이 기여하도록 촉진하기 등을 포함한다.

문학 권위자/지문 마스터 - 학생이 텍스트를 고찰하도록 돕는다. 텍스트에서 기억할 만한 부분 또는 중요한 부분을 선택한다. 또는 이를 표현력이 풍부하게 읽어 주는 역할을 한다.

연결자 - 학생이 텍스트와 연결하도록 안내한다. 텍스트-자신, 텍스트-텍스트, 텍스트-세상 연결을 공유한다. 그리고 다른 사람이 같은 연결을 하도록 격려한다.

삽화가/기교 있는 예술가 - 텍스트에 대한 그림이나 다른 상징적 반응을 만든다.

시각적 반응을 만들고, 다른 사람이 대화에 기여하도록 북돋우기 위해 그림을 사용한다.

이러한 역할을 사용하는 것의 장점은 역할이 언어적, 드라마적, 시각적 양식을 포함한 다양한 학습 양식(learning modes)으로 반응을 표상한다는 점이다. 단점은 이러한 구조가 반응을 억누를 수 있다는 점이다. 우리는 분명하게 정의된 역할과 함께 시작하고, 그러고 나서 학생이 독서 서클에서 역량을 획득함에 따라 역할을 완화하거나 없애는 것이 효과적임을 발견하였다. Daniels(1994)도 궁극적으로는 역할이 없는 토의까지 이끌어야 한다고 하였다.

⑥ 독서 서클에서 평가. '독서 서클' 내에서 학생의 독해, 기여도, 협동 등을 평가하는 몇 가지 방식이 있다. 자기 성찰, 관찰, 반응 활동지, 일지 작성 등을 선택할 수 있다.

- 학생은 독서 서클에 대한 자신의 기여도에 관해 자기 성찰을 할 수 있다. 학생은 모둠과 모둠의 활동에 대한 자신의 기여도를 성찰할 수 있다. 이러한 정보를 기록하기 위해, 교사는 학생이 사용할 수 있는 양식을 제공한다(부록 B 참고).
- 비록 학생이 독립적으로 만나지만, 교사는 그들의 대화를 관찰할 수 있고, 토의의 내용 및 깊이에 대해 일화 기록(anecdotal notes)이나 체크리스트를 작성할 수 있다. 예를 들어, 교사는 누가 토의에 기여하고 있는지 메모할 수 있다. 만약 학생의 기여가 부족하다면, 교사는 학생에게 추가 지도를 하기 위해 이런 자료를 사용할 수 있다. 교사는 또한 토의의 범위를 관찰할 수 있다. 만약 학생이 이야기의 사건에 대한 기초적 회상에 초점을 두고 있다면, 텍스트와 유의미한 연결을 하도록 미니 레슨을 할 수 있다.

- 학생의 반응 활동지나 일지는 평가를 위한 또 다른 기회를 제공한다. 이 러한 형식에서 학생은 토의에 사용하기 위해 텍스트에 대해 메모하고, 이해한 내용을 기록하며, 개인적 연결을 시도한다. 글로 쓴 결과물은 텍 스트에 대한 학생의 사고를 들여다볼 수 있는 창문에 해당한다.

독서 서클에서 평가에 대해 가장 중요한 점은 평가 결과를 활용하는 것이다. 이는 후속 지도에 관한 의사 결정에 영향을 준다.

작가에게 질문하기, 상보적 교수법, 독서 서클과 같은 지도 루틴을 사용하는 것은 교사에게 지도를 위한 틀을 제공할 뿐만 아니라, 학생이 이러한 루틴에서 어떻게 활 동하는지 이해하도록 돕는다. 학생이 루틴에 점점 능숙해지면, 학생은 작가에게 질 문하기, 상보적 교수법, 독서 서클을 [독해 안내 모형]의 단계 2에서 독립적 독해 루 틴으로서 사용할 수 있게 된다.

[독해 안내 모형]의 구성 요소를 검토할 때, 전체집단 지도에 추가하여, 모든 학생 이 일상적으로 <교사 안내 소집단>에 참여하고 모둠, 짝, 개인별 실천 및 전이를 경 험한다는 점이 중요하다. 이는 학생이 다양한 상황에서 다양한 수준의 텍스트와 교 섭하는 것을 가능하게 한다.

일단 모형의 단계 1이 완성된 후에, 단계 2로 진행한다. 단계 2는 다음 장의 초점 이다. 이 단계는 3가지 다른 지도 상황으로 구성된다. <교사 안내 소집단 지도>, <학 생 주도 독해 센터>, <학생 주도 독해 루틴> 등이 그것이다.

3장

단계 2: 교사 안내 소집단과 학생 주도 독립적 실천

읽기는 단어를 통한 마음속 모험을 의미합니다.
때때로 저는 책 속에 있는 것처럼 느낍니다.
저는 책 속에서 일어나고 있는 일을 경험합니다.
왜냐하면 저는 책 속의 많은 것을
저와 관련지을 수 있기 때문입니다.

Korin Butler, 6학년 학생

이 장에서 우리는 [독해 안내 모형]의 단계 2를 서술한다. 비록 모형의 이 부분의 주요 목적이 학생의 적용에 있지만, 우리는 이 장이 다음과 같은 단계 2의 다양한 목적을 달성하도록 설계하였다.

- 학습자 공동체에게 유의미하고 편안한 상황을 제공하기
- 학생에게 전략을 적용하는 다양한 기회를 허용하기
- 학생에게 교사의 지원과 함께, 동료의 지원과 함께, 독립적으로 활동하는 기회를 제공하기

1. 단계 2를 조직하기

[독해 안내하기]의 단계 2에서, 학생은 3가지 다른 지도 상황에 있게 된다. <교사 안내 소집단 지도> (teacher-guided small-group instruction), <학생 주도 독해 센터> (student-facilitated comprehension centers), <학생 주도 독해 루틴> (student-facilitated comprehension routines)이 그것이다. 이 단계에서 교사는 학생에게 다양한 정도의 지

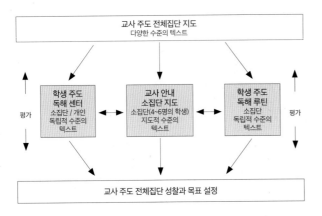

원을 제공하고, 학생은 다양한 상황에서 독해 전략을 적용할 기회를 얻게 된다. 이 단계에서 텍스트는 '지도적 수준의 텍스트'(instructional level texts)[1]로부터 '독립적 수준의 텍스트'(independent level texts)까지

다양하다. 지도적 수준의 텍스트는 <교사 안내 소집단>에서 사용되고, 독립적 수준의 텍스트는 학생이 <독해 센터 및 루틴>에서 독립적으로 활동할 때 사용된다.

이 단계에서는 학생이 3가지 다른 상황에서 활동하고 있기 때문에, 모둠 조직 계획을 세워야 한다. 이 시간을 운영하는 방식 중 하나는 차트를 사용하는 것이다. 이 차트는 학생이 주어진 시간에 있어야 하는 곳을 보여 준다(그림 4 참고). 다른 조직 계획은 <부록 B>에 제시된다.

그림 4. 단계 2를 조직하기

센터	세션 1	세션 2
짝 독서		
미스터리		
시		

---

1   '지도적 수준의 텍스트'는 학생이 교사의 지도를 받아가며 읽을 수 있는 수준의 텍스트를 말한다.

                                      독해 안내하기

	세션 1		세션 2	
단어 만들기 및 쓰기				
글쓰기				

루틴	세션 1	세션 2
독서 서클		
상보적 교수법		
작가에게 질문하기		

교사 안내 소집단						

2. 교사 안내 소집단 지도

[독해 안내하기]의 단계 2는 3가지 다른 상황을 특징으로 한다. 그 중 하나가 교사 안내이다. <교사 안내 소집단>에서 학생은 능동적이고 몰입하는 독자가 되기 위해 전략과 배경지식을 수준별 텍스트에 적용한다. 학생이 점점 더 도전적 수준의 텍스트와 상호작용할 수 있게 발달하면, 모둠을 바꿀 수 있다. 역동적 모둠 편성을 권장하고, 학생 개인의 읽기 발달을 고려한다.

<교사 안내 소집단 지도>를 조직할 때, 교사는 다음과 같은 요인을 고려할 필요가 있다.

- 모둠의 모든 학생은 비슷한 수준으로 구성할 필요가 있다. 이는 모둠의 모든 학생이 어느 정도의 교사의 지원과 함께 동일한 텍스트를 읽을 수 있어야 한다는 것을 의미한다.
- 교사는 학생의 요구 사항과 의미 구성 과정에서 사용하는 전략을 바탕으로 가르칠 내용을 결정한다.
- 이 상황에서 모둠을 지도하는 동안에도, 교사는 또한 독립적으로 활동하고 있는 학생[2]을 점검할 필요가 있다.

일단 소집단이 편성되고 학생의 능력에 적합한 텍스트를 선택하면(모둠 편성을 촉진하는 평가에 대해 6장 참고, 텍스트 수준 구분 절차에 대해 5장 참고), 교사는 매일 하나 이상의 소집단과 만난다. 학생과 함께 하는 시간 동안, 교사는 [독해 안내하기] 소집단 수업 형식을 사용하는데, 이는 다음과 같은 방식으로 진행된다.

회상하기(review): 이전에 가르친 전략을 학생과 함께 회상하고, 오늘의 전략에 초점을 둔다.

안내하기(guide): 학생이 지도적 수준의 텍스트의 한 부분을 읽을 때, 이미 가르친 전략뿐만 아니라 오늘의 전략을 적용하도록 안내한다. 학생이 개인적 의미를 구성하도록 촉진한다. 학생이 능숙해짐에 따라 점진적으로 지원을 줄이면서, 필요에 따라 비계 설정한다. 토의를 격려하고, 텍스트의 다른 부분에서도 이러한 안내를 반복한다.

2　<교사 안내 소집단 지도>와 동시에 진행되는 <학생 주도 독해 센터> 및 <학생 주도 독해 루틴> 집단에서 활동하는 학생을 말한다.

실천하기(practice): 학생이 전략을 적용하기 위해 짝 또는 개인별로 활동하게 한다. 학생이 [독해 안내 일지]에 자신의 활동 내용을 기록하도록 한다. 그리고 소집단이나 전체 집단에서 성찰할 동안 이를 공유하거나 발표에 사용하도록 한다.

성찰하기 및 확장하기(reflect and extend): 텍스트 이해에 도움이 되었던 독해 전략과 사용 방식을 학생이 서로 공유하게 함으로써, 전략 사용 과정을 성찰하고 확장한다. 학생이 독해 센터와 독해 루틴에서 이 전략을 적용할 수 있는 방안을 이야기한다.

1) 전략 회상하기

교사는 이전에 가르친 전략을 모둠의 학생에게 상기시키면서 시작한다. 교실 벽보에 전략을 게시해 두거나, 책갈피 또는 학생이 쉽게 볼 수 있는 것에 전략을 열거해 두는 것이 유용하다. 이러한 회상은 학생에게 전략을 상기시키는 데에 도움이 된다. 또한 학생이 읽을 때 그들에게 기대되는 것을 준비하도록 돕는다. 교사의 목표는 학생이 의미 구성을 촉진하기 위해 사용할 '전략의 레퍼토리'(repertoire of strategies)를 형성하는 것이다. 이러한 회상을 한 후에, 교사는 그날의 전체집단 상황에서 가르친 전략을 학생에게 확인시킨다.

2) 학생을 안내하기

교사는 텍스트를 소개하고, 학생이 미리 보는 것을 도와 줌으로써 시작한다. 이어서 각 학생은 텍스트의 한 부분을 묵독으로 또는 작은 목소리로 소리 내 읽는다. 교사는 때때로 학생이 소리 내 읽도록 요구할 수 있다. 이때 교사는 유창성을 체크하고, 전략 사용을 관찰할 수 있다. 읽는 동안에, 교사는 학생이 모든 적절한 독해 전략을 사용하도록 안내한다. 읽은 후에, 교사는 학생들이 서로 이해한 것에 대해 대화하도록 안내한다. 이를 촉진하기 위해, 교사는 예측하게 하고, 연결한 것을 말로 표현하게 하며, 시각화한 것을 서로 돌려 보게 할 수 있다. 교사는 "이것은 여러분에게 무엇을 상기시키나요?", "이러한 경험을 해 본 적이 있나요?", "이 등장인물은 어떤가요?" 등과 같은 질문을 할 수 있다. 교사는 또한 학생의 원래 예측을 돌아보게 하고, 학생의 생각이 달라졌거나 혹은 그대로 유지된 이유를 물어볼 수 있다. 이를 한 후에, 학생은 텍스트의 다른 부분을 읽고, 더 많은 토의를 한다.

3) 실천하기

교사는 학생이 텍스트 및 의미 구성에 능동적으로 몰입하고 있다고 믿을 때, 학생이 실천할 수 있게 한다. 예를 들어, 교사는 학생이 텍스트를 독립적으로 읽는 것을 끝마치고, 소집단의 구성원과 토의하게 할 수 있다. 만약 텍스트가 학생에게 도전적으로 보인다면, 교사는 학생이 더 성공적으로 할 수 있을 때까지 독해를 계속 안내하고 지원할 수 있다.

4) 성찰하기 및 확장하기

<교사 안내 소집단 지도>의 마지막 구성 요소는 텍스트를 전체로서 토의하는 것이다. 학생은 개인적 반응을 형성한 후에, 텍스트의 일부를 다시 말하고, 새로운 정보나 통찰을 공유하거나, 좋아하는 부분이나 재미있는 부분을 다시 읽을 수 있다. 학생은 또한 다른 텍스트와 더 큰 연결을 하고, 자신의 이해를 확장할 수 있다. 학생은 글쓰기, 그리기, 극화하기, 구두 담화 등으로 활동하고, 교사는 학생의 활동을 기록한다. 이 시간은 교사가 학생의 반응과 연결을 관찰하기에 좋다. 그리고 여기서 얻은 정보는 역동적 집단 편성, 후속 학생-텍스트 짝짓기, 지도 계획하기 등에 활용한다. 토의하는 동안 학생이 자신의 읽기에 관해 성찰하고, 텍스트의 의미를 구성하기 위해 사용한 전략을 검토하도록 하는 것이 중요하다. 이는 학생이 <교사 주도 전체집단 지도> 및 <교사 안내 소집단 지도>에서 학습한 내용을 다른 텍스트의 읽기

로 전이(轉移)하는 것을 도울 것이다. [독해 안내 모형]은 이러한 독립적 실천을 위한 2가지 상황을 학생에게 제공한다. <학생 주도 독해 센터>와 <학생 주도 독해 루틴>이 그것이다. 이러한 구성 요소는 다음 두 절에서 자세히 다룬다.

3. 학생 주도 독해 센터

독해 센터는 학생이 개별적으로 또는 소집단에서 유목적적인 실제적 활동을 하도록 한다. 독해 센터에서의 활동은 균형적 문식성의 관점에서 읽기·쓰기·토의의 통합을 촉진한다. 센터에서 학생은 전체집단 상황에서 학습한 전략과 기능을 사용한다.

센터는 학생이 독해의 다양한 측면을 실천할 수 있도록 다양한 방식과 활동을 제공한다. 센터는 보통 교실 주변에 위치하고, <교사 안내 소집단>의 활동 공간과 조금 거리를 둔다. 독해 센터에는 책상용 전시물, 파일 폴더, 피자 상자, 선물 상자 등과 같은 다양한 자료가 있다. 센터에서의 활동 내용이 물리적 겉모습보다 더 중요하다.

학생은 문식성 스케줄과 자신의 독립성에 의존하면서, 다양한 방식으로 센터에서 센터로 이동할 수 있다. 센터 시간을 조직하는 한 가지 방법은 그날의 시각적 조직 체계를 제공하는 차트를 사용하는 것이다(72-73쪽의 그림 4 참고). 이러한 차트는 각각의 학생이 단계 2 동안 있는 곳을 보여 준다. 차트에는 센터명이 표시되어 있고, 빈칸에 학생의 이름을 쓴다. 주어진 센터에서 활동할 수 있는 학생의 수가 지정된다. 예를 들어, 시 센터에 대해 차트에 3개의 지정된 공간이 있다. 그러므로 3명의 학생이 그 센터를 선택할 수 있다. 학생이 시 센터에서 활동을 완수했을 때, 그들은 이동할 수 있다. 예를 들어, 한 학생은 시 센터에서 시를 쓸 수 있고, 그리고 나서 탐구 센터의 프로젝트 활동을 선택할 수 있다. 이는 학생의 선택이 다양한 수준에서 수용되고 있다는 것을 보증한다. 학생은 그날 달성하기 위해 노력하고 있는 목표, 방문하는 센터, 머무는 시간, 시간을 운영하는 방법을 선택할 수 있다. 교사는 또한 학생에게 기본 및 추가 센터에 대한 틀을 제공할 수 있다(부록 B의 300쪽 참고). 때때로 교사는 학생에게 센터를 지정해 줄 수 있다. 학생은 특정 센터에서 시작하고, 과제를 완수한 후에 특정 센터로 이동한다. 서로 다른 센터를 시작 지점으로 삼는다.

어떤 교사는 회전 스케줄을 사용하면서, 학생이 이동하는 것을 선호한다. 스케줄과 함께, 학생은 3~4개의 활동 사이를 주기적으로 이동한다(부록 B의 282쪽 참고). 이러한 회전 형식은 교사가 학생을 통제하는 데에는 도움이 되지만, 학생에게는 자신의 시간 운영에 대한 선택 및 학습 기회를 제한할 수 있다.

1) 학생의 책무성

학생이 센터에서 보내는 시간에 대해 책무성을 가지는 것이 중요하다. 교사는 각각의 학생이 일주일 동안 어떤 센터를 방문하는지 기록하고 보관하는 것이 좋다. 교사는 매주 누가 어떤 센터를 방문하는지 점검하기 위해 학급 차트를 사용할 수 있다. 또는 교사는 학생 자신이 방문한 곳을 기록하도록 개별 센터에 차트를 비치할 수도 있다. 학생은 또한 [독해 안내 일지]에서 자신의 활동을 추적할 수 있다. 그리고 학생은 각각의 센터에서 학습했던 것과 그날의 목표를 달성하기 위해 어떻게 활동했는지에 관해 자기 성찰을 하는 반응 활동지를 사용할 수 있다(부록 B의 280쪽 참고).

교사는 학생의 활동 결과물과 성찰을 파일 폴더에 보관할 수 있고, 매주 또는 격주로 이를 검토할 수 있다. 학생은 또한 개별 협의회에서 자신의 활동을 공유할 수 있다. 각각의 센터에 '평가 준거'(rubric)나 평가 도구를 준비해 두면, 이 과정에 도움이 된다(부록 B의 281쪽 참고).

2) 독해 센터를 만들기 위한 아이디어

많은 활동이 독해 센터에서 이루어질 수 있다. 중요한 것은 이러한 활동이 학생 독해 전략의 발달이나 적용에 효과적이어야 한다는 점이다. 교사는 [독해 안내 모

독해 안내하기

형]을 실행할 때, 몇 가지 유형의 센터를 활용한다.

일부 센터는 학생이 공부하고 있는 '내용 교과'(content area)[3]나 읽고 있는 책의 장르에 따라 달라질 수 있다. 여기에는 주제와 직접 관련된 프로젝트, 도서 확장, 탐구 등이 포함된다. 다른 센터는 주제 및 책을 바꾸는 것을 제외하고는 일년 내내 동일하게 운영할 수 있다. 예를 들어, 학생이 자신의 책을 만드는 알파벳 책 센터를 운영할 수 있다. 한 해 운영하는 동안, 이 센터의 주제 및 책은 내용 교과 학습에 따라 '고래'에서 '사막'까지 여러 가지로 바뀔 수 있다.

독해 센터에서 활동하는 동안, 학생은 공부하고 있는 주제나 읽고 있는 책에 관련된 프로젝트, 탐구, 확장을 하기 위해 독립적으로 또는 소집단(모둠)에서 활동할 수 있다. 교사는 이러한 프로젝트에 대한 구조를 제공한다. 하지만 교사는 센터의 활동을 개방형으로 운영한다. 이는 학생이 자신의 개인적 해석을 적용할 수 있도록 한다. 독해 센터에서 할 수 있는 개방형 프로젝트, 확장, 탐구 활동 등을 소개하면 다음과 같다.

① **책 만들기 센터.** 학생은 이야기의 핵심 사건을 다시 말할 수 있고, 내용 교과 화제에 관한 데이터를 수집하여 보고서를 쓸 수 있으며, 출판할 수 있는 창의적 작품을 만들 수 있다. 이러한 작품은 스스로 창조할 수도 있고, 알파벳 책이나 전기문과 같은 친숙한 구조를 따라 만들 수도 있다. 다음은 만들 수 있는 책의 종류와 활용 방안이다(책을 만들기 위한 설명에 대해, 부록 B의 286-287쪽 참고).

아코디언 책: 다시 말하기, 내용 교과 사실 정보, 삽화를 지닌 창의적 이야기

종이접기 책: 다시 말하기, 사실과 정보, 짧은 이야기, 이야기의 구성요소

플립/플랩 책[4]: 단어 활동(품사, 반의어, 동의어, 운율, 전치사/접미사), 이야기의 구성

---

3   '내용 교과'는 사회 교과나 과학 교과와 같이 내용이 중요하게 다루어지는 교과를 말한다.

4   이 책은 그림이나 글의 일부가 덮개(flap)로 가려져 있다. 이를 펼치면(flip), 내용을 볼 수 있다. 학생의 흥미와 호기심을 끌기 위한 목적으로 사용된다.

요소, 등장인물의 특징

구멍 뚫린 책: 저널, 읽기 반응, 단어 책, 알파벳 책

등을 맞댄 책(도자도 책): 대화 또는 친구 저널, 탐구 및 보고서, 비교/대조

계단 책: 수수께기 책, 연속적인 이야기 사건, 시간 순서

② **패턴 책 센터.** 학생은 친숙한 책에서 패턴을 발견하고, 그 패턴을 사용하면서 이야기를 다시 말하거나 정보를 공유한다. 사용하기 좋은 패턴 책의 예로는 Remy Charlip의 *Fortunately*(1993), Wise Brown의 *The Important Book*(1990), Seymour Simon의 *Animal Fact/Animal Fable*(1979), 또는 모든 알파벳 책 등이다. 학생이 이러한 책을 사용하도록 특정 조직자를 제공하는 것이 효과적이다(부록 B의 294-296쪽 참고).

③ **예술 센터.** 학생이 텍스트에 대한 이해를 보여 주거나 원래의 책에 삽화를 넣을 수 있도록 교사는 재료와 예술 기법 등을 제공한다. 이 센터 근처에 다양한 재료와 특정 예술 기법(그리기, 콜라주, 색칠하기, 판화 만들기, 꼭두각시 등)의 예시 작품을 놓아둔다. 다음과 같은 재료를 제공하는 것이 좋다.

- 여러 종류의 종이 – 색종이, 줄이 그어진 종이, 색도화지, 전지, 질감이 있는 종이, 접착 메모지(포스트잇)
- 여러 종류의 글쓰기 및 그리기 도구 – 보드 마커, 크레파스, 페인트, 색연필, 연필, 물감
- 천 조각
- 딱풀, 물풀, 테이프
- 가위 – 직선 및 모양 가위, 펀치
- 도장 – 직물, 상징, 디자인, 알파벳 도장
- 판화 물품
- 철사, 실, 막대기

독해 안내하기

• 잡지, 달력

교사는 학생에게 예술 센터에서 재료를 사용하는 방법을 가르치고 격려한다. 이를 통해 학생은 자신의 아이디어를 시각적으로 나타낼 수 있고, 책에 대한 삽화를 만들 수 있다.

④ **글쓰기 센터.** 자유로운 글쓰기 및 구조화된 글쓰기를 위한 장소이다. 글쓰기에 동기가 부여된 학생은 글쓰기 과정을 통해 작품을 쓸 수 있다. 교사는 다음과 같은 방법을 사용하면서, 글쓰기를 지원할 수 있다.

> **글쓰기 패턴:** 패턴 책, 시, 전래동화, 동요에 기초한 양식을 제공한다(시 양식에
> 대해 부록 B의 297-298쪽 참고).

> **이야기 가방:** 가방에 다양한 아이템을 넣는다. 학생들은 동시에 하나의 아이
> 템을 꺼낸다. 그리고 이런 아이템으로 자신의 사고를 자극하면서, 이야
> 기를 만든다.

> **스티커 또는 도장 이야기:** 인물의 행동이 드러나는 삽화를 만들기 위해 스티
> 커나 도장을 사용한다. 삽화에 어울리는 이야기를 쓴다.

일지:

자유 글쓰기: 학생은 매일 스스로 선택한 화제에 대해 글을 쓴다.

부과된 화제에 대한 글쓰기: 학생은 교사가 제공한 화제에 대해 글을 쓴다.

> **이야기의 첫인상:** 학생은 이야기에서 대략 10개의 단서에 기초하여, 이야기
> 를 써 본다. 각각의 단서는 1~5개의 단어로 되어 있다. 단서들은 순차적

으로 놓이고, 아래 방향의 화살표로 연결된다. 원작 이야기의 제목은 알려 줄 수도 있고 그렇지 않을 수도 있다. 이야기가 완성되고 학생이 자신의 이야기를 공유할 때, 비교 및 대조를 위해 원작 이야기를 읽는다(부록 A의 200-201쪽 참고).

이야기 콜라주: 이야기를 쓰고 나서 삽화를 그리는 것과 반대이다. 학생은 구체적 요소가 있는 삽화를 먼저 그리고, 그 후 삽화에 기초하여 이야기를 전개한다. 삽화가 구체성이 있기 때문에(솔방울, 알루미늄 호일, 펠트, 모래 등을 사용하기), 학생은 구체적 글쓰기를 할 수 있다(Brown, 1993).

⑤ 어휘 센터. 이 센터는 학습의 초점이 되는 단어를 벽보로 게시하거나 다른 방법으로 전시할 수 있다. 이러한 단어들은 구조적으로 유사하거나(운율, 접두사, 접미사, 어근), 글의 주제에 관련될 수 있다. 이 센터는 또한 단어 학습을 촉진하는 단어 책을 제시할 수 있다. (Paul Levitt의 *The Weighty Word Book*[1990], Graeme Base의 *Anamalia*[1996], 그 밖에 Fred Gwynne의 책, Ruth Heller의 책, Marvin Terban의 책 등) 학생은 새로운 단어를 학습하고, 사용하며, 연결한다. 다음은 어휘 센터에서 할 수 있는 활동 목록이다.

단어 분류하기: 학생은 단어를 교사가 제공한 범주(닫힌 분류)나 스스로 선택한 범주(열린 분류)로 분류한다. 범주는 압운 단어, 품사, 모음 소리, 음절, 주제 등이 사용될 수 있다. 단어 카드를 사용하면서, 손으로 직접 만지면서 할 수 있다. 그리고 나서 학생은 결과를 단어 분류 활동지에 기록할 수 있다. 이러한 활동은 또한 그물망(web) 활동지 등을 통해 글쓰기에서 활용될 수 있다.

단어 브레인스토밍: 책의 그림, 예술 작품, 포스터와 같은 시각적 전시물은 단어 브레인스토밍을 위한 자료가 된다. 학생은 전시물을 살펴본다. 그리

고 마음속에 떠오르는 단어를 브레인스토밍하고 기록한다. 이를 토대로 학생은 전시물에 관한 자세한 문장이나 문단을 만들 수 있다.

단어 빙고: 학생은 빙고 활동지에 16개의 단어를 쓴다. (정의, 동의어, 반의어, 압운과 같은) 단서를 카드에 적고, 이를 가방이나 상자에 넣는다. 한 번에 하나씩, 한 학생이 카드 한 장을 꺼내고, 단서를 읽는다. 그리고 학생들은 보드 마커로 그 단어를 칠한다. 한 줄에 4개를 먼저 칠한 학생이 승리한다.

아크로스틱: 학생은 하나의 화제나 등장인물의 이름을 수직으로 쓴다. 그리고 나서 그 화제를 설명하는 단어나 구(句)를 쓴다. 각각의 설명은 이름의 글자들 중 하나로 시작한다. 등장인물, 장소, 사람, 학습 분야에 관련된 화제를 활용할 수 있다. 다음은 안네 프랑크(Anne Frank)로 만든 7학년 학생의 아크로스틱이다.

Another Holocaust victim (또 다른 유대인 대학살 희생자)

Not deserving of how she was treated (그녀는 그런 대우를 받을 만하지 않았다)

Noted her feeling in her diary (그녀의 일기에 감정을 적었다)

Ever interested in life (항상 삶에 관심이 있었다)

Friend to Peter (Peter의 친구)

Reflective (성찰적이다)

Amsterdam was her home (암스테르담이 그녀의 고향이었다)

Never had a chance to grow old (성장할 기회를 가지지 못했다)

Knowledgeable (박식하다)

학생은 순서대로 이야기의 핵심 사건을 다시 말하기 위해 아크로스틱을 사용할 수 있다. 금발 소녀(Goldilocks)에 관한 다음 예시는 3학년 학생이 만든 것이다.

G goes for a walk (산책을 한다)

O on her own in the woods (숲에서 스스로)

L looks in the cottage (오두막 안을 본다)

D dines on porriges (죽을 먹는다)

I investigates the rest of the house (집의 나머지 부분을 살펴본다)

L lounges in baby's chair (아기 곰의 의자에 편하게 앉는다)

O opens the door to the bedroom (침실 문을 연다)

C catches some Z's in the baby's bed (아기 곰의 침대에서 잠을 잔다)

K knows bears see her (곰들이 그녀를 보고 있는 것을 알아차린다.)

S screams and run away (소리를 지르고 도망간다)

단어 수수께끼: 학생은 다른 사람이 풀 수수께끼를 만들 수 있다. 과정은 다음과 같다.

• 수수께끼에 대한 답을 선택하기
• 답에 있는 단어들에 대한 동의어를 찾기
• 다음과 같은 질문에서 단어를 동의어로 대체하기
  여러분은 _____ _____ 을 무엇이라고 부를 수 있나요?

예시:
<Hink Pink>
    정답 = chunky monkey
    수수께끼 = 여러분은 plump primate를 무엇이라고 부를 수 있나요?

독해 안내하기

<동음이의어>

　　정답 = sail sale

　　수수께끼 = 여러분은 canvas bargain를 무엇이라고 부를 수 있나요?

<두운>

　　정답 = dainty daffodil

　　수수께끼 = 여러분은 delicate jonquil를 무엇이라고 부를 수 있나요?

단어를 창안하기: 학생은 새로운 단어와 뜻을 창안하기 위해 접두사, 접미사, 어근에 대한 자신의 지식을 사용한다.

⑥ 읽기 반응 센터. 학생은 일지나 도해조직자에서 읽고 있는 텍스트에 대해 반응한다. 교사는 그날의 전략 수업과 연결되는 특정한 문형(프롬프트)이나 질문을 사용하여 활동을 이끈다. 교사는 학생이 자유롭게 반응하도록 격려한다.

　　예시 문형: 이 텍스트는 나에게 ＿＿＿＿＿＿＿를 상기시킨다. 왜냐하면 ＿＿＿＿＿이기 때문이다.

　　예시 질문: 여러분은 이야기에서 무엇이 가장 중요하다고 생각하나요? 그 이유는 무엇인가요?

교사는 책에 대한 반응을 유발하는 질문 목록을 이 센터에 준비해 둔다. 이런 목록은 텍스트 반응을 유도하는 모든 시간에 활용될 수 있다. 그리고 나서 학생은 소집단에서 그리고 전체집단 성찰 시간 동안 자신의 반응을 공유할 수 있다. 이러한 반응은 또한 사고하기와 연결하기에 대한 근거로 사용될 수 있다.

⑦ 단어 만들기 및 쓰기 센터. 단어를 만들고 쓰기(Rasinski, 1999) 위해, 교사는 학습

주제와 관련된 하나의 미스터리 단어를 사용한다. 단어를 기록하기 위한 차트나 활동지에 임의의 순서로 글자를 제공한다. 학생은 가능한 많은 단어를 만들기 위해 글자를 사용한다. 어린 학생은 단어 만들기를 시작할 때, 단어 카드나 타일을 조작할 필요가 있다. 나이가 많은 학생은 단어에 대해 생각할 때, 단어를 글자로 쓸 수 있다. 교사는 특정 단어에 대한 단서를 제공하거나, 단지 학생이 가능한 많은 단어를 만들게 할 수 있다(부록 B의 291쪽 참고). 예를 들어, 만약 교사가 '생애 주기'를 가르치고 있다면, '애벌레'(caterpillar)라는 단어를 미스터리 단어로 사용할 수 있다. 그러고 나서 교사는 학생이 미스터리 단어에 등장하는 글자를 사용하면서, 가능한 많은 단어를 만들고 쓰도록 요구한다. 이런 단어는 나중에 사용하기 위해 따로 기록해 놓을 수 있다. 아래는 그 예시이다.

- 2글자 단어: at, it
- 3글자 단어: cat, rat, pat, pit, lit, car, par, tar, all, ill, lip, tip, rip, air, act, ape, are, arc, art
- 4글자 단어: rate, late, care, rare, pare, pear, pair, tall, call, clip, trip, pill, pact, cape, ripe, cart, race
- 5글자 단어: trail, liter, alert, peril, price, alter, plate, trial, pleat, pearl, petal, relic, taper, crate, crept, crier, lilac, alert, later
- 6글자 단어: pillar, carpet, pirate, taller, triple, parcel, caller, cellar, crater
- 7글자 단어: trailer, erratic

⑧ **시 센터.** 이 센터에 많은 시집과 시 카드를 비치한다. 학생이 읽고, 연기하며, 그림으로 그릴 수 있는 시의 복사본도 많이 비치한다. 다음은 학생이 시 센터에서 할 수 있는 활동이다.

독해 안내하기

시 극장: 소집단에서, 학생은 시를 극화하는 것을 계획하고 실행한다. 이러한 극화는 연출법과 소도구는 최소화하고, 목소리와 행동에서 표현력을 최대한 발휘하도록 한다.

시 틀: 학생은 출판된 시에 대한 자신의 버전을 만든다. 교사는 시 틀을 제공한다. 학생은 원래 시의 구조는 유지하면서, 내용을 바꾼다(부록 B의 289쪽 참고).

시 양식: 학생은 구조화된 양식을 사용하면서, 자신의 시를 만든다. 교사는 활동지와 예시를 제공한다. 여기에는 전기문 시, 5행시, 다이아몬드 시 등이 포함된다(부록 B의 297-298쪽 참고).

시의 첫인상: 학생은 한 편의 시로부터 제공된 일련의 단서에 기초하여 시를 쓴다. 그리고 나서 학생은 친구들과 시를 교환해 본다. 끝으로, 원작 시를 읽고 대화한다. 대화는 학생 시와 원작 시의 비교나 대조에 초점을 둔다.

⑨ 탐구 센터. 학생은 내용 교과 문식성과 관련한 탐구 활동을 한다. 백과사전부터 책과 인터넷까지 다양한 참고 자료를 바로 이용할 수 있도록 한다. 학생들이 좋아하는 탐구 센터 활동으로 다음과 같은 것이 있다.

데이터 디스크(Lindquist, 1995): 학생은 미리 정한 주제에 따른 데이터를 수집하고, 그것을 디스크에 저장한다. 예를 들어, 주(州)에 대한 데이터 디스크에는 주의 이름, 주의 모토·상징·꽃, 인구, 자연 자원, 선도 산업, 주요 도시, 유명한 거주자, 역사적 중요성 등이 기록될 수 있다. 데이터 디스크는 글을 쓰거나 결과물을 전시할 때 사용될 수 있다.

학급 신문 만들기: 학생은 다양한 화제에 관련된 신문 기사를 쓰고, 신문 형식으로 출판한다. 또는 기사를 쓰고, 학급 신문에 투고한다. 또는 특정 "기간"을 정한 신문(예, 역사 또는 지리 또는 소설의 배경)을 만든다.

기자 회견(McLaughlin, 2000b): 기자 회견(Press Conference)은 음성 언어 의사소통을 촉진하는 질문 기반 활동이다. 학생은 조사할 화제를 선택한다. 그러고 나서 그 화제에 대한 정보를 찾기 위해 신문, 잡지, 인터넷 글 등을 자세히 읽는다. 이때 본질적 사항에 초점을 두고, 질문을 제기하며, 개인적 통찰력을 발휘한다. 그 후에, 학생은 자신의 탐구에 대한 비형식적 요약문을 작성하고, 모둠이나 전체 학급에 발표한다. 청중은 질문을 한다. 청중은 자신의 일지에 이러한 질문을 "나는 _____이 궁금해요" 진술문 형식으로 기록할 수 있다.

질문을 문단으로(QuIP: Question Into Paragraph): 학생은 선택한 화제에 관련된 질문을 한다. 그리고 각각의 질문에 대한 답을 찾기 위해 2가지 이상의 출처를 사용한다. 정보를 QuIP 도해조직자에 기록한다. 그러고 나서 그 정보를 문단 쓰기에 사용한다. 또는 앞서 본 '기자회견' 활동에서 탐구를 조직하기 위해 사용할 수 있다(부록 A의 272쪽 참고).

다시 쓰기(Bean, 2000): 이 활동에서, 학생은 내용 교과 학습 이전과 이후에 노랫말을 쓴다. 예를 들어, 학생은 '박쥐'에 대하여 안다고 생각하는 것에 기초하여 노랫말을 쓴다. 그러고 나서 박쥐에 대해 학습하기 위해 읽고, 새로운 정보에 기초하여 노랫말을 다시 쓴다. 다시 쓰기는 화제를 공부한 이후에 학생의 지식, 인식, 감정 등이 어떻게 변했는지를 보여 준다. 노래의 곡은 친숙한 것으로 하고, 음악 테이프를 이용할 수 있다.

이야기의 나머지(McLaughlin, 2000b): 이는 질문 기반 탐구 활동이다. 이 활동은 탐구자가 내용 교과 학습에서 사람, 발견, 발명, 사건 등에 대해 일반적으로 알려진 기초적 지식을 넘어서는 심층적 탐구를 하도록 북돋운다. 예를 들어, 학생은 Alexander Graham Bell과 같은 유명한 발명가를 선택한다. 그리고 그의 생애에 대해 학습하기 위해 '이야기의 나머지'(The Rest of the Story)를 사용할 수 있다. 학생은 정보를 찾기 위해 인터넷을 포함한 다수의 자원을 사용한다. 학생은 자신의 탐구 결과를 학급과 공유하기 위해 다양한 매체를 활용할 수 있다. 학생은 홈페이지, 오디오, 비디오 등을 사용할 수 있다. 비디오를 사용할 때, 학생은 자신의 탐구를 뉴스 영상 형식으로 보고할 수 있다. 탐구 결과를 극화(劇化)할 수도 있다.

⑩ **장르 센터.** 교사는 한 학년이 진행됨에 따라, 장르 센터에 변화를 주면서 이끈다. 장르의 예시는 과학 픽션, 전기문, 민담, 신화, 역사 픽션, 리얼리즘 픽션, 전설, 판타지, 미스터리, 시 등이다. 장르 센터의 예시는 미스터리 센터와 시 센터 부분을 참고할 수 있다.

⑪ **미스터리 센터.** 학생은 질문 기반 학습과 문제 해결에 참여하기 위해 미스터리(추리) 센터를 사용한다. 이 센터를 사용할 때, 학생은 질문하고, 읽고, 쓰고, 해결하며, 극화(劇化)한다. 이는 학생의 이해를 확장한다.

미스터리 만들기: 미스터리의 주요 구성 요소(즉, 용의자, 단서, 피해자, 탐정, 범죄자, 동기, 범죄, 범죄 장면)에 해당하는 가방이나 상자를 만들고, 거기에 라벨을 붙인다. 학생들은 이전에 읽었던 미스터리 소설에서 각각에 대한 예시를 카드에 적고, 그것을 적절한 가방이나 상자에 넣는다. 그 후, 학생들은 각각의 상자로부터 하나의 카드를 선택하고, 또 다른 미스터리를 만들

기 위해 그 정보를 사용한다. 미스터리를 쓴 후에, 삽화를 그려 넣고 학급에 공유할 수 있다. 학생은 미스터리 극장 활동으로 미스터리 만들기 활동을 확장할 수 있다.

의심스러운 용의자: 학생은 용의자 도해조직자를 완성함으로써, 소설에서 용의자에 대한 생각을 구조화할 수 있다(부록 B의 293쪽 참고). 단서를 토대로 학생은 누가 범죄를 저질렀는지에 대한 결론에 쉽게 이를 수 있다. 미스터리를 쓰기 전에, 이러한 도해조직자를 완성하는 것도 좋다.

자신의 미스터리 쓰기: 학생이 새로운 미스터리를 만들도록 돕기 위해 '자신의 미스터리 쓰기' 도해조직자를 사용한다(부록 B의 303쪽 참고). 도해조직자에서 학생은 범죄 장면을 그림으로 그리고, 이를 설명한다. 학생은 4가지 단서를 쓰고, 주인공을 기술한다. 또한 미스터리가 어떻게 해결될 것인지에 대해 간단한 설명을 쓴다. 대안적 글쓰기 활동으로서, 학생은 *The Mysteries of Harris Burdick*의 도입부를 읽고, 책에서 그림과 이야기의 출발점을 선택할 수 있다. 그리고 나서 학생은 Harris Burdick에게 일어났던 일에 대한 해결을 쓰거나, 자신이 선택한 그림에 기초하여 이야기를 쓸 수 있다. <그림 5>는 7학년 학생인 Erin Riley가 Harris Burdick의 그림과 이야기의 시작점에 기초하여 쓴 미스터리이다.

그림 5. 미스터리 센터 7학년 학생의 글쓰기 예시

Mr. Linden의 도서관

그는 그 책에 대해 그녀에게 경고했다. 그러나 지금은 너무 늦었다. 사서인 Linden은 한 여성에게 도서관에 있는 책 한 권을 건넸다. Linden은 몇 가지 이유로 그녀에게 이 책에 대해 경고했다. 이 책은 미스터리한 책이었다. 이 책은 여

독해 안내하기

타의 책과는 다른 비일상적인 어떤 점이 있었다.

그래서 그녀는 도서관에서 책을 점검하고, 집으로 가져왔다. 그날 밤 이후, 그녀는 침대에 누워 비일상적 책을 꺼내고, 읽기 시작했다. 갑자기, 그녀는 몸에서 이상한 느낌을 받았다. 그녀는 숨쉬는 것을 멈췄다. 더 이상 움직이지 않았다. 그녀는 죽었다.

6월 셋째 주말. 그 여성이 도서관에서 대출한 책은 반납될 예정이었다. 하지만 그녀는 책을 반납하지 않았다. 그녀는 죽었기 때문이다. Linden은 이를 알지 못했다.

일주일 후에, Linden은 컴퓨터로 그녀의 정보를 검색했다. 그는 그녀의 정보를 발견했고, 공책에 적었다. 그러고 나서 Linden은 그녀의 집 전화번호를 눌렀다. 그는 기다렸다. 벨이 4번 울린 후에도 응답이 없었다. 그날 밤 도서관이 문을 닫은 후에, Linden은 그녀의 집으로 걸어갔다. 집은 도서관에서 바로 길 아래에 있었다. 그는 초인종을 눌렀지만, 아무도 응답하지 않았다. 그래서 문을 두드렸다. 그렇지만 다시 아무도 응답하지 않았다. 하지만 문이 바로 열렸다. 그는 문을 통과했고, 주위를 살펴보기 시작했다. 그렇지만 집에 아무도 없는 것 같았다. 그래서 그는 천천히 계단을 오르고, 복도 끝에 있는 가장 마지막 침실로 걸어갔다. 그는 시신을 보았다. 도서관에서 본 여자의 몸이었다. 그녀는 죽었고, 그는 그녀가 책 때문에 죽었다는 것을 알았다.

바로 다음날 아침, Linden은 그녀의 시체를 들고 숲속 조용한 장소를 찾았다. 그리고 시체와 미스터리한 책을 묻었다. 그는 매장 장소 주위에 아름다운 꽃을 놓았다.

그날부터, Linden은 어떤 책에 대해서도 누구에게도 경고하지 않았다.

시: 5행시, 다이아몬드 시, 전기문 시, 정의 시 등과 같은 여러 가지 시 형식을 사용한다. 학생이 미스터리 소설의 다양한 측면에 대해 시로 쓰게 한다 (시 형식에 대해, 부록 B의 297-298쪽 참고). 그러고 나서 학생은 '시 극장'(poetry theater) 프리젠테이션에서 자신의 시를 사용할 수 있다.

아크로스틱[5]: 학생은 미스터리 소설에서 용의자 중 한 명에 대해 아크로스틱을 만들 수 있다. 이름을 수직으로 쓴다. 용의자의 이름에서 각 글자는 이 용의자와 관련된 단서의 시작 글자가 된다.

미스터리 피라미드: 학생은 미스터리의 모든 구성 요소를 미스터리 피라미드에 맞추면서, 언어를 요약하거나 다룰 수 있다(부록 B의 292쪽 참고).

미스터리 극장: 학생은 학급에게 상연하기 위해 미스터리의 한 장면을 대본으로 쓰고 연기할 수 있다. 구경하는 학생들은 그 장면과 등장인물이 어떤 미스터리로부터 나왔는지 추측하게 된다.

단어 탐정: 학생은 소설을 읽고, 미스터리 단어 목록이나 벽보를 만들 수 있다. '단어 탐정' 도해조직자를 사용한다(부록 B의 302쪽 참고). 이 활동의 결과물은 글쓰기나 단어 분류를 위해 사용될 수 있다.

⑫ **드라마 센터.** 학생은 이야기와 내용 교과 관련 글에 대한 이해를 보여 주기 위해 드라마를 사용한다. 이 센터에서 활동하고 있는 동안, 학생은 교육연극을 계획하고, 리허설할 수 있다. 다음은 드라마를 실행하기 위한 몇몇 아이디어이다.

만찬 파티(Vogt, 2000): 학생은 내용 교과 학습에서 다음과 같은 사람을 선택한다. 소설이나 짧은 이야기의 등장인물, 과학자, 대통령, 군대 지도자, 예술가, 탐험가, 작가 등이 그것이다. 그리고 학생들은 만찬 파티를 열고, 손님들이 나누고 있을 대화를 연기한다. 대화는 그들의 학습에서 얻은 정보와 관련되어야 한다.

---

5   아크로스틱은 삼행시처럼 매 행의 첫 글자와 같은 글자(음절)로 시작하는 짧은 문장을 만드는 것을 말한다.

면담하기(Vogt, 2000): 학생은 탐구할 내용 교과 사건 하나를 선택한다. 정보를 수집한 후에, 그 사건에서 중요한 등장인물 한 명을 선택한다. 그러고 나서 그 사람과 관련된 인터뷰 질문과 대답을 만든다. 두 명이 짝이 되어 사건을 재연한다. 한 명은 인터뷰 하는 사람이고, 다른 한 명은 인터뷰 받는 사람이다. 역할을 교대할 수 있다.

독자 극장: 학생은 이야기를 극화하기 위해 이야기나 다른 텍스트를 연극 대본 형식으로 바꿔 쓴다. 기존의 연극 대본을 사용할 수도 있다. 그러고 나서 성격을 묘사하기 위해 목소리, 표정, 몸짓 등을 사용하면서, 공연을 연습하고 리허설한다. 연기를 하는 동안 연극 대본을 사용할 수 있다.

⑬ **프로젝트 센터.** 학생은 일반 도서나 내용 교과에 관련된 도서를 토대로 확장하는 프로젝트 활동을 한다. 여기에서는 읽기, 쓰기, 삽화 그리기, 극화하기 등과 같은 다양한 양식(modes)의 표현을 할 수 있다. 다음은 학생들이 즐겨 하는 프로젝트이다.

책갈피: 학생은 읽은 책에 대한 책갈피를 만든다. 교사는 책갈피에 들어갈 내용에 대한 기준을 제시할 수도 있고, 학생에게 모두 맡길 수도 있다. 서사체 텍스트에 대한 책갈피는 제목, 저자, 주요 등장인물, 비평, 등장인물이나 사건에 대한 삽화 등으로 만들 수 있다. 설명체 텍스트에 대한 책갈피는 제목, 저자, 핵심 내용, 학생 반응이나 성찰 등으로 만들 수 있다.

독서 반응 프로젝트: 학생은 독서 반응 활동 목록에서 활동을 선택하여, 프로젝트를 수행할 수 있다(목록은 부록 C의 309-314쪽 참고). 학생은 오랜 시간에 걸쳐 이러한 프로젝트 활동을 할 수 있다. 개별적으로 또는 짝과 함께 활동할 수 있다. 교사는 일 년 내내 독서 반응 활동 목록에 적합한 아이디어를 새롭게 추가할 수 있다.

열린 마음 인물화: 학생은 이야기에서 등장인물 중 한 명에 대해 2개의 인물화를 그린다. 하나는 그 인물에 대한 보통 얼굴이다. 다른 하나는 이야기의 중요한 지점에서 인물의 마음이 드러나는 얼굴이다. 열린 마음 인물화는 인물의 사고나 감정을 표현하는 단어와 그림으로 구성된다 (Tompkins, 2001).

자신의 프로젝트를 선택하기: 학생은 산출물이나 수행을 설계하기 위해 프로젝트 차트에서 프로젝트를 선택한다. 교사는 앞선 수업에서 학생의 선택 사항을 시범보였다. 학생의 선택 사항을 목록화하여 차트로 제시하면 좋다 (부록 B의 285쪽 참고).

센터의 활동 내용과 운영 방식에 관계없이, 센터는 학생의 독립적 탐구 장소라는 점을 기억해야 한다. 센터는 분명한 방향과 학생에게 친숙한 활동을 제시해야 한다. 그래서 학생은 교사의 도움이 거의 없거나 전혀 없는 상태에서도 기능과 전략을 적용할 수 있어야 한다.

4. 학생 주도 독해 루틴

교사가 다양한 독해 전략을 가르치고 시범보인 후에, 학생은 학습한 것을 독해 루틴 상황에서 실천한다. 독해 루틴은 실제적 맥락에서 읽기와 반응을 촉진하는 사고하기 및 조직하기에 관한 틀이다. 이는 교사로부터 독립적 상황에서 전개된다. 학생은 전략과 루틴에 대해 잘 알고, 독립적 수준의 텍스트 읽으며, 독해 루틴의 실천 및 전이를 위한 충분한 시간을 가져야 한다.

루틴이 학생의 행동 과정에 충분히 배어들면, 루틴은 성공적으로 사용될 수 있다. 전체집단과 소집단 상황 모두에서 독해를 촉진하기 위해 가장 효과적인 루틴은 작가에게 질문하기, 상보적 교수법, 독서 서클이었다. 학생이 독해 루틴을 독립적으로 사용하기 전에, 학생은 왜 루틴에 참여하고 있는지와 각각이 어떻게 작용하는지를 이해할 필요가 있다. 이를 위해 교사는 작가에게 질문하기, 상보적 교수법, 독서 서클을 현시적으로 가르칠 필요가 있다. 루틴에 대한 자세한 설명과 이를 지도하기 위한 아이디어는 이미 2장에서 제시하였다. 학습이 진행됨에 따라, 교사는 루틴에 대한 통제권을 점진적으로 학생들에게 이양한다.

1) 작가에게 질문하기

작가에게 질문하기는 학생이 작가에게 질문하는 것을 배움으로써, 텍스트에 대한 깊은 이해를 형성하도록 돕는 텍스트 기반 지도 활동이다(Beck et al., 1997). 교사는 학생이 작가에게 질문하기에 독립적으로 참여하기 전에, 그 과정을 완전히 이해하도록 현시적으로 가르쳐야 한다.

2) 상보적 교수법

상보적 교수법은 전략 기반 활동으로서, 텍스트에 대한 토의를 수반하는 독해 루틴이다. 상보적 교수법을 독해 루틴으로 사용할 때, 학생은 교대로 토의를 이끄는 "교사"의 역할을 맡는다(Palincsar & Brown, 1984). 이 전략을 직접교수법으로 가르치면, 학생이 상보적 교수법을 독해 루틴으로 사용하는 데에 능숙해진다.

3) 독서 서클

독서 서클은 학생이 읽은 텍스트에 대해 의미 있는 아이디어를 공유하는 소집단 토의이다(Brabham & Villaume, 2000). 교사는 직접교수법으로 독서 서클을 소개한다.

이를 통해 학생은 독서 서클을 독립적으로 사용하기 전에, 독서 서클에 대해 이해할 수 있어야 한다.

독해 루틴은 단계 1에서 교사가 직접 가르치고, 단계 2에서 학생이 독립적으로 사용한다. 작가에게 질문하기, 상보적 교수법, 독서 서클은 다른 독해 루틴과 함께 부록 A(246-252쪽)에서 단계별 과정으로 제시된다.

단계 2의 끝 부분에서, 교사는 학생이 자신의 수행에 관해 성찰하도록 격려한다. 이렇게 하면 단계 3으로의 전이를 촉진할 수 있다. 다음 장에서는 성찰과 목표 설정 과정에서 교사와 학생의 역할을 다루게 된다.

4장

단계 3: 교사 주도 전체집단 성찰과 목표 설정

저에게 읽기는 꿈을 꾸는 것과 같습니다.
대부분의 시간 동안 저는 그림이 없는 책을 읽고,
마음속에 그림을 그리기 때문입니다.

Jamie Juchniewicz, 3학년 학생

[독해 안내 모형]의 단계 3에서, 교사와 학생은 성찰, 공유(발표), 목표 설정에 참여한다. 이 장의 목적은 다음과 같다.

- 학습자 공동체에 의미 있고 편안한 환경 제공하기
- 학생에게 자기 성찰을 통해 학습을 점검할 기회 제공하기
- 학생이 자신의 생각을 주변에 공유하도록 격려하기
- 자기 성찰과 목표 설정을 서로 연결하기

1. 단계 3을 조직하기

단계 3에서 교사는 학생이 단계 1과 단계 2에서 달성한 것을 생각하도록 북돋운다. 교사는 학생이 자신의 학습을 현실화하고, 학습에 책임지기를 원한다. 전체집단에 함께 모여 새롭게 얻은 지식을 정리하고 칭찬한다.

단계 3에서, 학생은 '성찰'(reflection), '공유하기'(sharing), '목표 설정하기'(goal setting)에 능동적으로 참여한다. '목표 설정하기 → 학습 경험에 참여하기 → 수행에

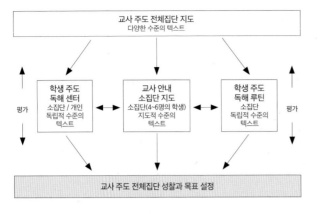

관해 성찰하기 → 새로운 목표 설정하기'의 순환 과정에서 학생은 스스로 책임 있고, 성공적 학습자라는 자기 인식을 가지게 된다. 교사는 학생이 비판적으로 사고하고, 성장을 경험하며, 학습의 주도성을 지니도록 격려한다.

교육의 과정에 새로운 것은 성찰 그 자체가 아니라 학생이 취하는 능동적 역할이다. 1933년에, Dewey는 교사가 교수·학습에 대한 이해를 높이기 위해서 성찰적 실천가가 되어야 한다고 제안하였다. 1987년에, Schon은 성찰이 더 나은 앎을 위한 교수·학습의 다양한 차원에 대해 통찰력을 제공한다고 하였다. 1990년대에, 성찰이 평가를 발전시키는 구성 요소가 되었고, 학생은 성찰 과정에 참여하도록 장려되었다(Darling-Hammond, Ancess, & Falk, 1995; Hoyt & Ames, 1997; McLaughlin, 1995).

'자기 성찰'(self-reflection)은 학생이 무엇을 학습했는지와 자신의 학습에 대해 어떻게 느끼는지에 초점을 둔다(Cooper & Kiger, 2001). 자기 성찰은 과정 및 결과에 몰두하는 자기 평가와 수행에 대해 판단하는 자기 평가를 포함한다. 전자를 위해서는 "무엇이 나를 혼란스럽게 하고 있지?"와 "내가 토의에 얼마나 기여했나?"와 같은 질문을 한다. 후자를 위해서는 "내가 무엇을 잘했지?"와 "내가 목표를 달성했나?"와 같은 질문을 한다.

자기 성찰은 학생의 사고에 대한 통찰을 제공한다. 자기 성찰은 학생이 사고하고 있는 것을 보여줄 뿐만 아니라 어떻게 사고하고 있는지를 상세화한다. Hoyt & Ames(1997)에 따르면, "자기 성찰은 학생에게 내적 대화에 능동적으로 참여할 기회를 제공한다. 그리고 자기 성찰은 교사에게 학습자 자신에 대한 학생의 인식과 학습을 들여다볼 수 있게 한다"(p. 19). 내적 대화에 관한 Tierney & Pearson(1994)의 생각도 이와 유사하다. "문식성 학습은 자신과의 대화이다. (중략) 만약 우리가 학습을 스

독해 안내하기

스로와의 대화를 발전시키는 것과 같이 역동적인 것으로 바라본다면, 발달에서 주요한 도약조차도 인간 성찰의 자연스럽고 불가피한 결과에 지나지 않게 된다"(p. 514).

목표 설정은 성찰의 자연스러운 결과이다. Hansen(1998)이 언급한 것처럼, "학습은 아는 것으로부터 새로운 것으로 나아간다"(p. 45). 학생이 주어진 시점에서 학습했던 것은 다음에 학습할 것에 영향을 준다. 이는 목표 설정의 기초이다. 학생은 학습했던 것에 관해 성찰하고, 지속적 향상을 위해 앞으로의 개인적 목표를 설정한다. 학생이 개인적 목표와 학급 목표 모두를 설정하는 데에 능동적으로 참여할 때, 학생은 동기를 더 부여받고 학습에 책무성도 높아지는 것으로 보인다(Clemmons, Laase, Cooper, Areglado, & Dill, 1993; Hill & Ruptic, 1994).

2. [독해 안내 모형]에서 성찰과 목표 설정

[독해 안내하기]에서, 전체집단의 목표 설정과 개인적 목표 설정을 모두 할 필요가 있다. 궁극적 목표가 텍스트와 교섭하기 위해 독해 전략을 사용하는 것이기 때문에, 전체집단 목표와 개인적 목표는 모두 독해에 초점을 맞춘다. 전체집단 목표의 예시는 다음과 같다. "우리는 텍스트를 미리 보기 위해 다양한 방법을 사용할 거예요." "우리는 텍스트를 평가하기 위해 다양한 접근법을 사용할 거예요." 학생은 동료에게 자신의 활동을 공유하고, 모든 사람의 성장을 살펴봄으로써, 평가에 참여한다. 그리고 나서 학생과 교사는 목표를 달성하는 데에 진보가 이루어졌는지, 목표가 달성되었는지, 새로운 목표가 설정될 필요가 있는지를 결정한다.

성찰과 목표 설정에는 직접교수법이 필수적이다. 그래서 교사는 2장에서 설명한 직접교수법을 이 단계에 다시 적용한다. 교사는 전략이나 개념을 소개하기 위해 학생의 취미나 관심사와 같은 공부 외적 화제를 사용할 수 있다(McLaughlin, 1995). 이것은 이 단계에서 특히 잘 작용한다. 그 이유는 대부분의 학생이 성찰에 관한 경험을 가지고 있지 않기 때문이다. 사실상, 많은 학생이 그 개념에 친숙하지 않을 수도 있다. 다음은 성찰과 목표 설정에 대한 직접교수법의 사례이다. 학생은 토의를 통하여 성찰과 목표 설정에 참여하였는데, 여기에서는 교사의 "사고구술"에 초점을 둔다.

- **설명하기**: 교사는 학생에게 성찰이 무엇이고, 그것이 어떻게 작용하는지 설명한다.

  오늘 우리는 성찰에 대해 공부할 거예요. 성찰은 우리가 했던 것이나 학습했던 것을 돌이켜 보는 사고 활동입니다. 성찰하면 우리가 어떻게 학습했는지, 얼마나 잘 학습했는지를 알 수 있어요.

- **시범보이기**: 교사는 학생에게 성찰이 실제 어떤 것인지 보여 준다. 그리고 학생에게 교사의 사고 과정을 보여 주기 위해 사고구술을 활용한다.

  성찰이 무엇인지 예를 들어 볼게요. 테니스는 선생님이 배웠던 스포츠예요. 최근에 테스트를 쳤던 것에 대해 말하면서, 성찰이 무엇인지 시범을 보여 줄게요. 그날 테니스 경기는 막상막하였어요. 선생님의 서브는 좋았어요. 그리고 상대방이 친 모든 샷을 되돌려보낼 수 있도록 잘 움직였어요. 상대방이 한 세트를 이겼고, 선생님이 한 세트를 이겼어요. 선생님은 꽤 잘했다고 생각해요. 하지만 연습을 더 하고, 서브를 더 빠르고 강하게 넣을 수 있다면, 경기에 도움이 될 거라고 생각해요. 선생님은 테니스 실력을 향상시키기 위해 이 2가지 목표를 설정할 거예요.

- **안내하기**: 교사는 학생이 자신의 취미나 관심사에 성찰을 적용하도록 안내한다. 종종 이 과정을 촉진하기 위해 성찰 양식을 사용할 수 있다(부록 E 참고).

  이 양식은 여러분이 성찰하는 데에 도움이 될 거예요. 선생님이 어떻게 테니스 시합에 관해 '성찰'했는지 기억하나요? 좋아요, 이제 여러분이 배웠던 무언가에 관해 성찰할 차례입니다. 먼저, 여러분은 자신의 취미, 스포츠, 관심사에 대해 생각해야 해요. 여러분이 최근에 그것을 했던 경

독해 안내하기

험에 초점을 두세요. 그것이 어떠했는지 생각해 보세요. 다음과 같은 질문을 고려하세요. 그것이 얼마나 잘 되었나요? 여러분은 무엇을 잘 했나요? 다음에 여러분의 수행을 향상시키기 위해서 무엇을 할 수 있다고 생각하나요? 여러분의 새로운 목표는 무엇인가요?

- **실천하기:** 학생이 자신의 취미나 관심사에 관해 성찰하고 목표를 공유한 후에, 교사는 성찰과 목표 설정을 읽기 경험에 전이(轉移)시킨다.

    이제 우리가 취미나 관심사에 관한 성찰과 새로운 목표를 공유했으므로, 우리의 읽기에 관해 성찰해 봅시다. 예를 들어, 오늘 우리는 [독해 안내하기]의 단계 2에 참여했어요. 단계 2에서 우리가 했던 것, 우리가 그것을 얼마나 잘했는지, 다음에 그것을 향상시키기 위해 우리가 무엇을 할 수 있는지, 새로운 목표는 무엇으로 해야 할지에 대해 생각해 봅시다. 성찰과 목표 설정 활동지를 사용하면서 해 봅시다.

이러한 교수·학습의 경험 동안, 학생은 댄스, 농구, 하키, 요리, 아기 돌보기, 악기 연주하기, 공예 등과 같은 취미를 대상으로 성찰과 목표 설정을 하였다. 학생은 새로운 목표로 토슈즈를 신고 춤추는 것, 3점 슛을 쏘는 것, 보다 일관되게 훈련하는 것, 요리를 하기 전에 설명서를 읽는 것, 반드시 어린이가 제시간에 잠자리에 들도록 하는 것, 더 연습하는 것, 계획을 더 잘 세우는 것 등을 설정하였다.

학생이 성찰과 목표 설정을 [독해 안내하기]로 전이했을 때, 학생은 전체로서의 독서 과정이나 독서의 구성 요소에 초점을 두었다. 다음은 다양한 학년 수준에서 설정된 새로운 목표의 예시이다.

    다음 시간 저의 목표는 더 깊고 넓은 답을 가지는 더 깊고 넓은 질문을 하는 것입니다. (3학년)

다음 시간에 저는 마음이 콩밭에 가지 않고, 더 오랫동안 읽고 싶습니다. (4학년)

저의 새로운 목표는 중요한 내용을 모두 포함하는 더 좋은 요약문을 쓰는 것입니다. (5학년)

다음 시간에 제가 독서 서클에 있을 때, 더 많이 말하고 싶습니다. (6학년)

저의 새로운 목표는 탐구를 위해 하나 이상의 출처를 사용하는 것입니다. (7학년)

저의 새로운 목표는 시 센터에 가는 것입니다. 아직 그것을 해 보지 못했기 때문입니다. (8학년)

학생이 성찰과 목표 설정에 익숙해질 때, 학생은 이를 자신의 학습으로 전이한다. 예를 들어, 학생은 [독해 안내하기]의 모든 단계에서 자신의 수행을 분석할 수 있다. 이는 학생이 전체집단, 소집단, 짝의 구성원으로서뿐만 아니라 개별적으로 수행에 관해 성찰할 수 있다는 것을 의미한다(부록 E 참고).

성찰과 목표 설정이 [독해 안내하기]의 본질적 구성 요소이기 때문에, 여기에 학생의 흥미를 유지하는 것이 중요하다. 다음은 성찰과 목표 설정에 학생의 참여를 유도하기 위해 사용할 수 있는 지도 아이디어이다.

1) 구성 요소를 다양화한다

성찰과 목표 설정을 계획할 때, 교사는 다음과 같은 4가지 범주에서 선택한다.

1. 목표의 유형: 개인별 또는 전체집단, 짧은 기간 또는 긴 기간
2. 성찰 상황: 전체집단, 소집단, 짝, 개인별
3. 성찰 양식: 말하기, 쓰기, 그림 그리기, 극화하기
4. 공유하기 상황: 전체집단, 소집단, 짝, 개인별

수업 내용, 학생의 학습 스타일, 학생의 흥미에 따라 다양한 조합으로 선택할 수 있다. 예를 들어, 학생은 짝과 함께 학습에 관해 성찰하고, 새로운 개인적 목표를 설정할 수 있고, 자신의 사고를 보여 주기 위해 그림을 그릴 수 있으며, 그린 것을 소집단에서 공유할 수 있다.

학생을 성찰 쓰기에 참여시키기 위한 몇 가지 형식이 있다. [독해 안내 일지]와 [티켓 제시]가 효과적이었다.

① [독해 안내 일지] [독해 안내 일지]는 학생이 모형의 모든 단계에서 사용할 수 있다. 예를 들어, 학생은 독서 서클에 대한 메모를 기록하기 위해, 자기가 선택한 어휘를 기록하기 위해, [독해 안내하기] 동안 생긴 질문을 메모하기 위해, 성찰에 참여하기 위해 일지를 사용할 수 있다. 단계 3에서, 학생은 성찰을 기록하고 새로운 목표를 설정하기 위해 일지를 사용할 수 있다.

② 티켓 제시. '티켓 제시'(Tickets Out)는 좋은 지도 기법이다. 이 방법은 성찰을 길러 주고, 교사가 학생의 학습을 점검하도록 도우며, 시간이 많이 걸리지 않는다. 이 방법은 '티켓 제시'라고 불린다. 왜냐하면 학생이 일정 기간이나 하루의 끝에서 교실을 나갈 때, 교사에게 티켓을 건네주기 때문이다. 이 활동에 참여하기 위해, 학생은 종이 반 장을 사용한다. 종이의 앞면에, 학생은 그날 배운 것 중에서 가장 중요한 것을 쓴다. 종이의 뒷면에, 학생은 그날 배운 것에 대해 생긴 질문을 쓴다. 학생이 티켓에 이름을 쓸지의 여부는 교사의 선택 사항이다.

학생의 활동 시간은 5분 정도가 적당하다. 학생이 교실을 나가면, 교사는 티켓의 앞면을 먼저 읽는다. 이것은 시간을 낭비하는 것이 아니라, 가치 있는 정보를 제공한다. 예를 들어, 학생이 학습 과정에서 중시했던 것이 무엇인지에 대한 통찰을 얻을 수 있다. 또한 학생이 가질 수 있는 오개념을 점검하고 명료화할 수 있는 여건을 제공한다. 교사는 명료화할 필요가 있는 티켓을 별도로 분류해 둔다.

교사는 티켓 전체를 넘긴 후에, 학생이 학습에 대해 가진 질문을 읽는다. 한 명 이상의 학생이 동일한 질문을 제기할 수도 있다. 어떤 학생은 질문을 못할 수도 있다. 질문을 읽을 때는 주요한 화제를 다룬 질문을 따로 분류한다. 교사는 다음날 수업 시작 시간에 이러한 질문에 응답하는데, 이는 보통 4~6개 정도가 적당하다. 이것은 교사가 학생의 사고를 존중한다는 점을 학생에게 이해시키고, 수업과 수업의 연속성을 강화한다. (티켓 제시에 대한 도해조직자는 부록 E의 367쪽에 있다.)

2) 프롬프트를 제공한다

교사는 프롬프트(prompts)[1]를 제공하여, 다양한 상황에서 학생의 성찰과 목표 설정을 지원할 수 있다. 프롬프트는 학생이 학습의 여러 차원에 대해 사고하도록 돕는다.

성찰을 안내하는 질문

- 오늘 여러분의 목표는 무엇이었나요?
- 오늘 여러분은 무엇을 배웠나요?
- 오늘 한 것 중에서 여러분이 이전에 해 보지 않았던 새로운 것은 무엇인가요?
- 어떤 전략이 가장 유용했나요?
- 오늘 이해하지 못한 것은 무엇인가요? 그것을 어떻게 해결했나요?
- 여러분의 모둠은 어떻게 했나요? 여러분은 모둠에 어떤 기여를 했나요? 다른 사람은 또 어떤 기여를 했나요?
- 오늘 배운 것에 대해 어떤 질문을 가지고 있나요?
- 여러분은 오늘 배운 것을 어떻게 사용할 수 있다고 생각하나요?

---

1   프롬프트(prompts)는 사고를 이끄는 질문을 말한다.

목표 설정을 안내하는 질문

- 여러분은 무엇을 더 할 필요가 있다고 느끼나요?
- 여러분은 다음 시간에 어디에서 시작할 것인가요?
- 여러분은 무엇을 달성하기 바라나요?
- 여러분의 새로운 목표는 무엇인가요?

성찰을 유도하는 문장 만들기

- 나는 _____ 을 정말 잘했다.
- 가장 좋았던 것은 _____ 이었다.
- 나는 새롭게 _____ 을 발견했다.
- 나는 독서 토의에 _____ 을 기여했다.
- 나는 _____ 을 읽었고, _____ 을 새로 알게 되었다.
- 오늘 내가 혼란스러웠을 때(이해가 잘 되지 않았을 때), 나는 _____ 했다.

목표 설정을 유도하는 문장 만들기

- 나는 _____ 에서 더 활동할 필요가 있다.
- 내일 나는 _____ 하는 것을 희망한다.
- 내일 나의 목표는 _____ 하는 것이다.

학생은 하나 이상의 프롬프트에 대해 생각하고, 자신의 반응을 집단에서 공유할 수 있다. 공유는 짝, 소집단, 전체집단에서 할 수 있다. 교사는 이를 위한 틀로서 '생각하기-짝짓기-공유하기'(Think-Pair-Share) (McTie & Lyman, 1988)를 사용한다. 학생은 자신의 학습에 대해 생각하고, 생각에 대해 토의하기 위해 짝을 만나고, 학급에서 자신의 생각을 공유한다. 학생은 또한 [독해 안내 일지]에 자신이 성찰한 것을 쓰고, '생각하기-짝짓기-공유하기'를 사용할 수 있다. 이 기법은 또한 목표 설정을 위해 사용될 수 있다. 먼저, 학생은 자신의 수행과 새로운 목표에 대해 생각하고, 새로운 목표를 글로 쓴다. 다음으로, 새로운 목표에 대해 토의하기 위해 짝 활동을 한다. 끝으로, 전체집단에서 자신의 새로운 목표를 공유한다. 전체집단과 공유하는 것은 유익하다. 그것은 모든 사람이 성찰과 목표 설정을 가치 있게 여기게 하고, 다른 학생에게 좋은 모델을 제공하기 때문이다.

적합한 텍스트는 학생의 성찰과 목표 설정에 영향을 주는 또 다른 요인이다. 다음 장에서 우리는 [독해 안내하기]에서 다양한 수준의 텍스트의 역할에 대해 자세히 살펴본다. 그리고 수준별 텍스트와 학생-텍스트 짝짓기 등에 관련된 문제를 다룬다.

5장

수준별 텍스트

학생의 접근가능성

만약 이야기가 여러분의 취향에 맞지 않다면,
여러분은 그 이야기에 흥미를 잃을 것입니다.
그래서 좋은 독자가 되려면,
좋은 책을 선택할 수 있어야 합니다.

Sara Bogaert, 7학년 학생

실제적 텍스트는 [독해 안내하기]의 바탕이 된다. 이런 텍스트는 동기를 부여하고, 역동적이고, 흥미진진하고, 매력적이며, 현실적이다. 그러나 만약 텍스트가 학생에게 접근가능하지 않다면, 이러한 특성은 의미가 없어진다. 학생은 다양한 지도 상황에서 다양한 수준의 텍스트에 몰입할 기회를 가져야 한다. <전체집단 지도>가 [독해 안내 모형]의 일부이지만, 그것이 독해 지도의 유일한 상황은 아니다. 같은 이유로 <교사 안내 소집단 지도>도 유일한 상황은 아니어야 한다. 학생은 다양한 지도 상황(전체집단, 교사 안내 소집단, 독립적 소집단, 짝 활동, 개별 활동)에서 다양한 수준의 텍스트에 접근할 수 있어야 한다.

이 장에서, 우리는 텍스트를 학생에게 접근가능하게 하는 것을 논의한다. 우리는 텍스트가 접근가능할 수 있는 다양한 수준을 설명한다. 그리고 접근가능성에 영향을 주는 독자와 텍스트 요인을 논의한다. 다음으로, 우리는 수준별 텍스트 사용의 근거, 텍스트의 수준 구분을 촉진하는 방법, 텍스트 조직을 위한 아이디어를 제시한다. 우리는 또한 상업용으로 출판된 수준별 텍스트를 기술한다. <부록 D>와 연결하여 수준별 도서를 소개한다.

1. 학생의 읽기 수준과 접근가능한 텍스트

만약 학생이 교사의 적절한 지원을 받는다면, 다양한 수준의 텍스트에 몰입할 수 있다. 학생이 스스로 활동할 때, 독립적 수준 또는 쉬운 텍스트에 몰입할 수 있다. 학생이 교사의 지원을 어느 정도 받을 때, 지도적 수준 또는 "딱 알맞은" 텍스트에 몰입할 수 있다. 학생이 <교사 주도 전체집단 지도>와 같은 교사의 충분한 지원을 받을 때, 독립적, 지도적, 도전적 텍스트에 몰입할 수 있다. 이것은 비록 학생이 스스로 읽을 때 독립적 수준의 텍스트로 활동해야 하지만, 만약 교사가 사고구술을 통하여 도전적 수준의 텍스트를 읽어 준다면 학생이 도전적 수준의 텍스트에도 몰입할 수 있다는 것을 의미한다. <그림 6>은 이러한 텍스트가 [독해 안내 모형]에서 일반적으로 어떻게 배치되는지 보여 준다. 그러나 <그림 6>에서 수준별 텍스트에 대한 설명은 근사치에 불과하며, 학생의 접근가능성에는 텍스트 밖의 요인도 영향을 준다.

그림 6. 접근가능한 텍스트

텍스트 수준	교사의 지원	독해 안내하기
독립적 (Independent)	• 교사의 지원이 필요하지 않다. • 학생이 스스로 읽고 전략 적용을 실천하고 있을 때, 딱 알맞다.	단계 2: <독해 센터 및 루틴>
지도적 (Instructional)	• 어느 정도의 교사의 지원이 필요하다. • 소집단을 안내할 때, 딱 알맞다.	단계 2: <교사 안내 소집단>
도전적 (Challenging)	• 충분한 교사의 지원이 필요하다. • 전체집단에서 읽어 주기를 할 때, 딱 알맞다. • 주의: 충분한 교사의 지원이 이러한 상황의 특징이기 때문에, 독립적 수준과 지도적 수준의 텍스트 또한 사용될 수 있다.	단계 1: <교사 주도 전체집단>

'접근가능한 텍스트'(accessible text)는 독해 지도의 핵심적 구성 요소이다. 학생이 독해 능력을 기르기 위해 읽기 전략의 사용법을 배우려면, 근접발달영역(Vygotsky, 1978) 내에서 학습하는 것이 중요하다. 근접발달영역은 학습자가 학습 과정에서 더 유능한 타인의 도움을 받아 학습에 성공할 수 있는 맥락을 제공한다. [독해 안내하기]에서, 교사는 더 박식한 타인이다. 그리고 교사는 시범보이기, 사고구술하기, 촉진하기/상기시키기, 코칭하기 등과 같은 방식으로 학생의 학습을 비계 설정할 수 있다(Brown, 1999/2000; Roehler & Duffy, 1991).

2. 접근가능성에 영향을 주는 요인

텍스트의 접근가능성에 영향을 주는 몇 가지 요인이 있다. 몇몇은 독자 요인이고, 다른 것은 텍스트 요인이다. 독자 요인은 언어 및 텍스트 유형에 대한 배경지식 및 선행 경험, 동기, 비판적 사고 등을 포함한다. 텍스트 요인은 유형 및 구조, 페이지 레이아웃, 내용, 언어 구조 등이다(Fountas & Pinnell, 1999; Weaver, 2000).

1) 독자 요인

① **배경지식.** 텍스트의 내용, 언어, 유형에 대한 독자의 배경지식이 접근가능성에 영향을 준다. 학생이 텍스트 주제에 관한 배경지식을 가지고 있다면, 텍스트의 어휘와 내용에 친숙할 것이다. 이는 또한 텍스트의 새 정보와 연결하는 틀로 작용할 것이다. 서사체 텍스트와 설명체 텍스트 모두에서 그러하다. 그리고 학생이 각 유형의 텍스트를 경험한 시간은 배경지식과 접근가능성에 영향을 준다.

② **읽기 동기.** 읽기 동기는 텍스트에 대한 학생의 선행 경험에 의해 영향을 받는다. 교과서를 읽고 문제 풀이에 수년을 보낸 학생은 정보를 수집하기 위해 읽는 것

을 싫어할 것이다. 또한 일부분이 발췌되어서 주요 주제와 의미가 사라진 이야기를 많이 읽은 학생은 어휘 학습이나 상세한 회상을 위해 읽는 것을 싫어할 것이다. 반면에 긍정적이며 성공적인 텍스트 읽기 경험을 가진 학생은 더 도전적이거나 더 긴 텍스트를 읽으려는 강한 동기를 가진다.

③ **비판적 사고.** 일단 학생이 더 도전적이거나 더 긴 텍스트를 읽기 시작한 후에, 비판적 사고와 행간 읽기는 독해에 필수적이다. 비판적 사고가 부족한 학생에게는 그림 및 예시와 같은 장치를 가지는 텍스트가 적합하다. 연결하기와 추론 능력을 지닌 학생에게는 좀 더 도전적 텍스트를 사용할 수 있다.

2) 텍스트 요인

① **텍스트의 유형과 구조.** 텍스트의 유형과 구조에 대한 학생의 지식과 경험은 접근가능성에 영향을 줄 수 있다. 학생이 서사체 텍스트를 읽는 데에 더 많은 배경지식이 있다면(서사체 텍스트는 일반적으로 등장인물, 배경, 문제, 해결을 위한 시도, 해결로 구성된다), 학생은 설명체 텍스트를 읽는 데에 더 어려움을 가질 것이다. 그 이유 중 하나는 다음과 같다. 설명체 텍스트는 문제-해결, 비교-대조, 순서, 기술, 원인-결과 구조 등을 포함하기 때문에, 서사체에 비해 더 다양한 구조를 가진다(Vacca & Vacca, 1999). 이러한 텍스트 구조에 대한 학생의 친숙성은 텍스트와의 교섭을 촉진한다.

Goldman & Rakestraw(2000)는 텍스트 구조에 대한 학생의 지식에 관한 기존 연구로부터 다음과 같은 3가지 결론을 내렸다.

1. 독자는 텍스트를 처리하는 데에 구조에 대한 지식을 사용한다.
2. 텍스트의 구조에 대한 지식은 여러 가지 장르를 경험하면서 발달하고, 나이 및 학교를 다닌 시간과 상관된다.
3. 독자가 장르 및 텍스트 구조에 대해 더 자각하도록 하는 것은 학습을 향

상시킨다. (p. 321)

② **페이지 레이아웃.** 인쇄물의 크기, 그림이나 다른 시각적 단서의 수나 이용가능성, 구두점의 범위, 인쇄물의 레이아웃과 조직, 페이지 당 단어의 수 등도 접근가능성에 영향을 준다.

③ **텍스트의 내용.** 텍스트가 충분히 해석되기 위해서는 독자의 배경지식이 필요하다. 특정 화제(예, 고래)에 대해 많은 지식을 가진 학생은 어휘와 개념이 친숙하기 때문에, 그 텍스트에 쉽게 접근할 수 있다. 배경지식은 학생이 정보를 해석하고 연결하게 한다. 서사체 텍스트도 이와 유사하다. 미스터리를 읽은 경험이 많은 학생은 여러 수준의 미스터리를 읽을 수 있을 것이다. 단서와 의심 가능성이 낮은 용의자를 찾는 과정에 친숙하기 때문이다.

④ **언어 구조.** 낯선 어휘와 어려운 전문 어휘를 지닌 텍스트는 학생의 읽기와 이해를 어렵게 한다. 어휘가 도전적일 때, 독자는 해독에 더 많은 에너지를 소모한다. 이에 따라 유창성과 독해가 감소한다. 마찬가지로, 복잡하고 비일상적 문장 구조를 지닌 텍스트는 독자의 이해를 어렵게 한다. 어려운 문장 구조에 대한 배경지식을 가지지 못한 독자의 경우에 그러하다. (은유, 직유, 의성어와 같은) 문학적 언어 및 장치의 사용도 이에 친숙하지 않은 독자에게 독해를 어렵게 한다(Fountas & Pinnell, 1999).

교사가 텍스트를 선정하고 학생-텍스트 짝짓기를 할 때, 위와 같은 텍스트 특성을 고려하는 것이 필요하다. 이러한 특성 중 어떤 것은 독자에게 도전을 제기할 수 있기 때문에, 교사는 텍스트와 '텍스트 지원 요소'(text supports)에 주목할 필요가 있다.

텍스트 지원 요소는 삽화, (목차나 책의 표지 요약문과 같은) 뒷받침 정보, (폰트 크기나 문장 레이아웃을 포함한) 텍스트 구성, 대화, 책과 장의 도입부, (장으로부터 장까지의 연속 및 길이와 같은) 장(章) 형식 등을 포함한다(Szymusiak & Sibberson, 2001). Harvey(1998)는 교사가 논픽션에서 텍스트 지원 요소를 활용하여, 학생의 접근가능성을 높여 줄 것을 제안하였다. 여기에는 폰트 및 특수 효과, 텍스트 단서("유사하게", "예를 들어"와 같은 텍스트 구조 표지어), 삽화 및 사진, 그래픽, 텍스트 조직 등이 있다.

교사는 독해를 촉진하기 위해 이러한 텍스트 지원 요소와 사용 방법을 학생에게 이해시켜야 한다. 텍스트 지원 요소가 글에 더 분명하게 제시될수록, 독자가 이해하고 연결하는 것은 더 쉬워진다.

3. 학생에게 적절한 텍스트 선정하기

개별 학생에게 적절한 텍스트를 선정하는 과정은 고려할 변수가 아주 많기 때문에 쉽지 않다. 텍스트가 접근가능하게 하려면, 텍스트 그 자체의 수준을 구분해야 할 뿐만 아니라 독자와 텍스트를 잘 연결해 주어야 한다. 이러한 결정에 영향을 주는 2가지 요인은 학생 정보와 텍스트 정보이다.

1) 학생 정보

유의미한 [독해 안내하기]를 계획하기 전에, 교사는 각 학생의 독립적 수준과 지도적 수준을 결정할 필요가 있다. 교사는 <교사 안내 소집단>을 구성하고, <교사 주도 전체집단 지도>에 관한 정보를 얻기 위해 학생 정보가 필요하다. 학생의 음독과 독해를 평가하는 '오독 분석법'(miscue analysis) (Goodman, 1997)은 이러한 정보를 얻기에 좋은 방법이다. (다양한 평가에 관한 더 많은 논의는 6장 참고)

Hunt(1996/1997)는 학생도 텍스트의 접근가능성을 결정할 때에 주체가 될 수 있다고 하였다. 그는 학생이 다음 질문에 응답하면서, 독립적 읽기 동안 자기 평가에 참여하도록 권장한다.

- 여러분은 오늘 읽기 시간이 좋았나요?
- 여러분이 독립적으로 읽을 때, 집중할 수 있었나요?
- 책 속의 아이디어가 여러분의 관심을 끌었나요?
- 여러분은 다른 사람이나 외부 소음에 방해를 받았나요?
- 책 속의 아이디어가 곧바로 마음속에 이해되었나요?
- 어떤 부분이 잘 이해되지 않거나 혼란스러웠나요? 스스로 그것을 해결할 수 있었나요?
- 여러분이 모르는 단어가 있었나요? 그런 단어를 어떻게 이해했나요?
- 여러분은 책이 빨리 끝나기를 바랐나요? 아니면 책이 계속 이어지기를 바랐나요?

비록 이러한 질문이 예/아니오 반응을 요구하지만, 이들은 학생의 수행에 관한 자신의 인식에 대한 통찰을 제공한다. 이러한 정보는 독자에 대한 텍스트의 적절성을 결정할 때, 활용할 수 있다.

교사는 또한 학생의 경험과 흥미에 관한 자료를 수집할 필요가 있다. 인터뷰, 관찰, 흥미 목록 등을 사용하여, 이와 같은 자료를 수집할 수 있다. 그리고 학생의 자기 인식 척도를 사용하여, 정보를 수집할 수도 있다. (각종 평가 방법에 대해 6장 참고)

2) 텍스트 정보

일단 각 학생의 정보가 수집되면, 교사는 어떤 텍스트를 사용할 것인지 생각해야 한다. 이 과정은 다음과 같은 단계로 진행하면 좋다.

1. **교실에서 이미 이용가능한 텍스트 확인하기:** 대부분의 교실에는 기초 독본, 선집(選集), 상업용 책, 교과서, 잡지, 시집, 그림책 등이 이미 구비되어 있을 것이다.

2. [독해 안내하기]를 촉진하기 위해 텍스트를 조직하기: 다음과 같은 질문을 사용하면, 이에 도움이 된다.

- 이 텍스트는 기존의 내용 교과 학습이나 지식에 추가될 수 있는가?
- 이 텍스트는 장르 학습에서 사용될 수 있는가?
- 이 텍스트는 문체, 구조, 언어 패턴, 문학적 장치를 잘 드러내는가? 이 텍스트는 독해 전략을 가르치기 위해 사용될 수 있는가?
- 텍스트의 다양한 복본(複本)이 있는가? 즉, 같은 책이 여러 권 있는가?
- 이 텍스트는 학생의 흥미를 유발할 수 있는가?
- 이 텍스트는 텍스트의 구조를 잘 드러내는가?
- 이 텍스트는 시리즈의 일부인가?
- 이 텍스트는 유명한 작가가 썼는가?

이러한 질문은 서사체 텍스트와 설명체 텍스트 모두에 사용될 수 있다. 이는 문학 선집에 실린 개별 이야기, 잡지에 실린 개별 기사에도 적용할 수 있다.

3. 모든 독자에게 접근가능한 텍스트를 충분히 마련하기 위해 추가 자료 얻기: <교사 안내 소집단> 동안 사용하기 위해 작은 세트의 책을 준비하는 것이 중요하다. 그리고 유형, 장르, 길이, 내용 등에서 다양한 텍스트를 준비하는 것도 필요하다. 모든 학생은 교실 안에서 접근가능한 책을 여러 권 가지고 있어야 한다. 이런 책은 이독성과 장르에서 범위가 넓다. 길이가 다양한 소설, 논픽션 상업용 책, 그림책, 시집, 잡지 등도 포함시키는 것이 좋다.

교사는 교실에서 책이나 텍스트를 추가할 때, 다음과 같은 점을 명심해야 한다.

- 내용 교과 – 수학, 사회, 과학 교과에서의 학습을 보충하는 논픽션 및 서사체 텍스트
- 학생의 흥미 – 학생의 흥미에 부합하는 다양한 텍스트(픽션, 논픽션, 시)
- 읽어 주기 – 독해 과정과 유창성을 시범보이기 위해 사용할 수 있는 텍스트. 구조가 다양하고, 줄거리가 재미있는 텍스트
- 앵커 책(Anchor Book) – 특정 전략이나 루틴을 시범보이기 위해 전체집단과 소집단 지도에서 사용하는 텍스트. 기본 책
- 책 세트 – <교사 안내 소집단>에서 사용하는 작은 세트의 책(4~6권의 복사본). 학생의 수준과 가르칠 전략에 기초하여 선정한다.
- 텍스트 세트 – 시리즈 책, 좋아하는 작가, 장르, 화제 등. 일반적 특성을 갖추고 있는 책

일단 텍스트를 모은 후에, 교사는 [독해 안내 모형]의 모든 단계에 사용하기 위해 텍스트를 조직할 필요가 있다.

4. 텍스트의 수준 구분 방법

모든 텍스트 수준은 학생에게 정확히 일치하는 것은 아니고, 학생의 수준에 근접하는 것이다. 텍스트 수준을 결정하기 위한 특정한 규칙은 없다. 텍스트의 쉬움과 어려움은 텍스트와 독자 요인 모두에 의해 결정된다. 각각의 텍스트는 마음속에 특정 독자를 염두에 두고 평가될 필요가 있을 것이다. 이 과정에 수준 구분 시스템, 교사의 판단, 수준별 도서 목록 등을 사용하면 좋다.

1) 수준 구분 시스템

텍스트의 수준을 대략적으로 결정할 때, 이용할 수 있는 시스템이 있다. 이들은 형식, 언어 구조, 내용과 같은 요인을 고려한다(Weaver, 2000). 저학년 이독성 지수 (Gunning, 1998), 읽기 회복(Clay, 1985), Fountas & Pinnell의 수준 구분 시스템(1996) 등 이 그 예이다.

2) 교사의 판단

비록 '수준 구분 시스템'이 텍스트 수준 구분의 출발점을 제공하고, 저학년에서 사용되어 왔지만, 고학년용 텍스트의 수준 구분 방법으로는 '교사의 판단'이 많이 사용되어 왔다. 3-8학년에서 텍스트를 독자와 짝지으려고 할 때, 읽기 동기뿐만 아 니라 내용이나 장르와의 친숙성과 같은 독자 요인을 확인하는 것도 중요하다.

교사는 텍스트 수준을 구분하기 위해 다음과 같은 과정을 사용할 수 있다.

- 책을 픽션, 논픽션, 시로 구분한다.
- 각 유형의 책에 대해, 책을 보다 어려운 것과 보다 쉬운 것으로 나눈다.
- 각 책더미를 가지고, 가장 어려운 것부터 가장 쉬운 것까지 분류한다 (필요에 따라 이 과정을 반복한다).
- 학생의 접근을 위해 라벨이나 색상 코드로 수준을 구분한다.

혼자 하는 것보다 몇 명의 교사가 토의하면서 함께 한다면, 더 잘 될 것이다.

3) 기존의 수준별 도서 목록과 비교

텍스트 수준을 구분하는 또 다른 방법은 교실의 책을 기존의 도서 목록과 비교하

독해 안내하기

는 것이다. 대략적 수준을 결정하기 위해 길이, 폰트 크기, 삽화의 수, 텍스트의 유형 등과 같은 요인들을 기존에 출판된 수준별 도서의 목록과 비교할 수 있다. 기존의 도서 목록은 텍스트의 대략적 수준을 나타내는 책의 예시에 해당한다. (부록 D 참고).

4) 수준별 도서에 대한 출판 목록과 웹사이트

출판된 도서 목록을 사용하는 것도 텍스트 수준 구분의 방법이다. 이러한 자료는 교사가 학생-텍스트 짝짓기와 [독해 안내하기]의 모든 단계에서 사용할 수 있는 다양한 수준의 목록을 제공한다. 교사는 이러한 목록을 평가 목적뿐만 아니라 앵커 책을 확인하기 위한 자료로 사용할 수 있다. 이러한 수준별 도서는 유료로 이용가능하며, 서사체 텍스트와 설명체 텍스트를 모두 다루고 있다. (웹사이트를 포함하여 이러한 출처에 대한 정보는 부록 D에 제시된다.)

5. 교실에서 텍스트를 조직하기

교사가 학급 도서(수집물)의 수준을 구분하였다면, 다음 목표는 이들을 최적으로 사용하기 위해 효율적으로 조직하는 것이다. 전체집단과 소집단에서 사용할 텍스트뿐만 아니라 독해 센터와 루틴에서 사용할 텍스트를 조직해야 한다.

Harvey & Goudvis(2000)는 지도 모델에 따라 도서 목록을 조직하는 방법을 제안하였다. 이를 통해 교사는 도서 목록을 적절히 활용할 수 있다. 다음 <그림 7>은 도서 목록을 조직하는 3가지 다른 접근법을 보여 준다. 시범보이는 전략별로, 책의 제목별로, 지도 계획(지도안)별로 도서 목록을 조직한다.

그림 7. 텍스트를 조직하는 방법

시범보이는 전략별로 목록화하기

예시:

전략	텍스트	지도 아이디어
미리 보기	『빈 화분』(Demi, 1990) *Charlie Anderson* (Abercrombie, 1995)	프리딕토그램 이야기의 첫인상

제목별로 목록화하기

예시:

텍스트	전략	지도 아이디어
『빈 화분』	미리 보기 시각화하기	직접 읽기-사고 활동 늘어나는 스케치

지도 계획(지도안) 예시

지도 루틴: 직접 읽기-사고 활동

설명하기: 학생에게 이 책을 함께 읽고, 예측하기에 관해 활동할 것이라고 말한다. 예측하기는 우리가 텍스트를 더 잘 이해하도록 돕고, 읽기를 계속하는 이유를 주기 때문이라고 말한다.

시범보이기: 표지를 보여 주고, 그 책이 무슨 내용일지 사고구술한다. 학생이 자신의 예측을 공유하도록 격려한다.

안내하기: _____ 쪽을 읽는다. 텍스트로부터의 정보를 사용하면서, 예측을 입증하거나 반박하기 위해 사고구술한다. 학생이 새로운 예측을 하도록 북돋운다. 텍스트의 또 다른 부분을 읽고, 학생이 예측을 입증하거나 반박하기 위해 텍스트로부터의 근거를 제시하게 한다. 필요할 때, 격려한다.

실천하기: 유사한 방식으로 이야기를 끝까지 읽는다. 학생이 예측을 입증하거나 수정하기 위해 텍스트로부터의 근거를 사용하도록 북돋운다. 학생이 짝 또는 소집단에서 공유하게 한다. 이야기에 대한 반응을 쓴다. 책에서 얻을 수 있는 교훈에 대해 토의한다. 우리가 진실을 말했거나 말하지 않았을 때, 그리고 어떤 결과나 보상을 경험했는지에 대해 개인적 연결을 한다.[1]

성찰하기: 예측하기와 작가의 단서를 사용하는 것이 어떻게 텍스트에 몰입하도록 도왔는지에 대해 학생이 생각하도록 북돋운다. 학생이 성찰을 공유하게 하고, 스스로 읽을 때 어떻게 이 과정을 사용할 수 있을지 결정하게 한다.

<학생 주도 독해 루틴 및 독해 센터>에 접근가능한 텍스트를 제공하기 위해, 교사는 다음과 같은 조직 방법을 사용한다.

교실 책 바구니: 저자, 시리즈, 내용, 대략적 읽기 수준별로 책 바구니를 만드는 것이 하나의 방법이다. 그리고 나서 교사의 지원을 받으면서, 학생은 바구니에서 읽을 책을 선택할 수 있다.

개인별 책 바구니: 교사는 학생이 개인별 책 바구니를 만들도록 도울 수 있다. 학생은 읽고 싶은 책을 선택하여 바구니에 보관한다. 학생이 독립적 읽기를 위해 텍스트를 선택할 때, 이것은 "낭비 시간"을 줄여 준다.

개인별 학생 책 목록: 학생은 [독해 안내 일지]의 뒤쪽에 자신의 책 목록을 부착한다. 학생의 진보와 성장을 반영하기 위해 책 제목이 새롭게 추가될 수 있다. 이러한 책은 교실 책 바구니에 담겨진다.

텍스트를 더 잘 조직하기 위해, Szymusiak & Sibberson(2001)은 다음과 같은 활동을 권장하였다. 학급 문고는 앞면이 보이도록 놓는다. 그래서 학생은 표지를 쉽게

---

1 활동의 대상이 된 책 『빈 화분』(Demi, 1990)과 관련된 내용이다.

보고, 텍스트를 미리 보기할 수 있다. 그리고 픽션, 논픽션, 시와 같이 섹션을 구분하여 제시한다.

적절한 텍스트 선정을 하는 데에 가장 중요한 2가지 요인은 텍스트의 수준과 학생의 읽기 수준이다. 교사는 비형식적 평가를 사용함으로써, 학생의 대략적 읽기 수준을 결정할 수 있다. 이러한 정보는 교사가 학생과 텍스트를 유의미하게 짝짓도록 돕는다. 다음 장에서는 이뿐만 아니라 형성적 목적 및 총합적 목적으로 사용할 수 있는 평가를 살펴보고자 한다.

독해 안내하기

6장

[독해 안내하기]에서 평가

읽기는 두뇌 운동입니다.

Ashley Todd, 4학년 학생

문식성의 어떤 측면을 가르치기 시작할 때, 우리는 마지막 결과에 초점을 두게 된다.

마음속에 끝을 염두에 두고 시작하는 것은 목적지에 대해 분명히 이해하고 시작함을 의미한다. 이는 우리가 어디로 가고 있는지 알아서, 우리가 지금 어디에 있는지 더 잘 이해하고, 우리가 딛는 발걸음이 바른 방향을 향하고 있음을 의미한다. (Covey, 1989, p. 98)

만약 교사가 마음속에 끝을 염두에 두지 않고 가르친다면, 교사는 궁극적 목적이 없는 일련의 관련 없는 활동을 하게 되고, 스스로 방황하게 된다.

읽기 교사로서, 우리의 궁극적 목표는 우리 학생들이 독해할 수 있을 것이라는 점이다. 교사는 이러한 목표를 달성하고, 학생의 진보나 성취를 결정하기 위해 다양한 평가를 사용한다. 가르치기 전에, 교사는 학생이 아는 것을 결정하기 위해 '진단 평가'(diagnostic assessments)를 사용한다. 가르치는 중에, 학생의 진보를 기록하기 위해 '형성 평가'(formative assessments)를 사용한다. 가르친 후에, 학생의 학습 정도를 결정하기 위해 '총합 평가'(summative assessments)를 사용한다. 교사는 이런 평가 결과를 교수·학습의 정보로 사용할 수 있다.

이 장에서, 우리는 학생 평가에 대한 실용적 접근법을 제시한다. 우리는 평가의 역동적 본질과 [독해 안내하기]에서 평가의 다양한 역할을 먼저 설명한다. 그 후, 우리는 [독해 안내 모형]이 주(州) 수준 평가에서 학생 수행을 어떻게 뒷받침하는지 논의한다. 다음으로, 우리는 다수의 실용적이고 유익한 평가를 제시한다. 우리는 '집단 편성'과 '학생-텍스트 짝짓기'를 포함하여, 평가의 목적을 설명한다. 그리고 이러한 평가가 [독해 안내하기]와 어떻게 연결되는지 설명한다. 이어서 우리는 학생의 진보와 성취를 조직하고 운영하는 도구인 [독해 안내 프로파일](Guided Comprehension Profiles)[1]을 소개하고, 이것을 어떻게 사용하는지 설명한다. 이 장은 <부록 E>와 연결되는데, 이는 다양한 평가 양식을 제공한다.

1. [독해 안내하기]에서 평가의 다양한 역할

[독해 안내하기]에서 평가(assessment)는 본질적으로 역동적이다. 평가는 지속적으로 발생하고, 과정에 대한 통찰을 제공하고, 학생의 발달을 연대순으로 기록하며, 교수·학습의 자연스러운 구성 요소이다(McLaughlin, 2002). 이는 평가가 교수·학습의 자연스러운 부분이어야 한다는 구성주의자의 사고와 일치한다(Brooks & Brooks, 1993; Tierney, 1998). 또한 평가가 학생의 성장하는 능력을 포착하기 위해 비계 설정된 경험으로 확장되어야 한다는 Vygotsky의 신념과도 일치한다(Minick, 1987).

[독해 안내하기]에서 평가의 목적은 다음과 같다.

- 학생의 읽기 수준에 대한 대략적 범위를 제공하기
- 학생의 태도 및 흥미에 대한 통찰을 제공하기
- 학생-텍스트 짝짓기(매칭하기)를 촉진하기

---

1   [독해 안내 프로파일]은 '독해 포트폴리오'라고 할 수 있다.

- <교사 안내 소집단 지도>를 위한 집단 편성 정보를 제공하기
- 학생의 사고에 대한 창문을 제공하기
- 학생의 수행을 문서화하기
- 총평(evaluation)에 대한 정보를 제공하기

평가는 모형의 모든 단계에서 진행되며, 다양한 형식과 상황에서 실행된다. 예를 들어, 교사는 단계 2의 <교사 안내 소집단 지도>에서 학생을 집단 편성하기 위해 진단 평가를 사용한다. 교사는 모든 단계에서 지속적으로 학생의 학습을 점검하기 위해 형성 평가를 사용한다. 그리고 교사는 학생이 시간이 지남에 따라 학습한 것을 검토하기 위해 총합 평가를 사용한다. 진단 평가와 형성 평가는 과정에 초점을 두면서, 비형식적이고 유연하다. 총합 평가는 주로 결과에 초점을 두면서, 보다 형식적이고 고정적이다(McMillan, 1997).

2. 주 수준 평가와의 연결

미국 학생들은 K-12학년 동안 주(州)에서 실시하는 평가를 여러 번 치러야 한다. 사실상, '고부담 시험'(high-stakes testing) 결과는 초·중등 학교를 넘어서 대학 입학과 전문 자격증 시험으로 확장된다. 비록 이러한 평가에 대한 우리의 생각은 American Education Research Association(AERA), International Reading Association(IRA), National Council of Teachers of English(NCTE)의 입장과 더 가깝지만, 우리는 주 수준 평가에서 학생의 수행이 학교, 교육과정, 교사, 학생에게 영향을 미친다는 점도 안다. 이런 이유로, 우리는 [독해 안내하기]가 주 수준의 평가에서도 학생의 수행에 도움이 된다는 증거를 가지고 있다.

어떤 주(州)의 교육부는 주 수준 평가와 학생을 연결하는 데에 적극적이다. 예를 들어, 펜실베니아 교육부는 '펜실베니아 학급 연결 홈페이지'(Pennsylvania

Classroom Connections Home Page)를 만들고, 교사들에게 '펜실베니아 학교 평가 시스템'(Pennsylvania System of School Assessment, PSSA)과 교실을 연결하도록 하였다. 링크 중 하나는 평가를 중재하는 것인데, 이는 차례로 '학생용 읽기 지시문'(Reading Rubric for Student Use, 1998)으로 연결된다. 그 지시문의 단계 4에 제시된 내용은 다음과 같다. (여기에 제시된 수정 버전은 루브릭을 서사체 텍스트와 설명체 텍스트 모두에 적용할 수 있도록 하기 위해 "이야기"를 "이야기나 기사(article)"로 확장하였다.)

- 학생은 읽은 것에 대한 완전한 이해를 보여 준다.
- 학생은 이야기나 기사에 대한 사실을 바르게 수용한다.
- 학생은 이야기나 기사를 넘어, 이미 학습한 것과 연결한다. 그리고 학생은 텍스트에 대해 동의하거나 반대하는 이유를 설명할 수 있다.
- 학생은 이야기나 기사에 나온 예시를 활용할 수 있다. 그리고 이야기나 기사가 학생이 이미 아는 것과 새롭게 생각한 것에 어떻게 연결되는지 말할 수 있다.

이러한 모든 '준거'(criteria)는 이해하기, 연결하기, 배경지식에 접근하기, 반응을 뒷받침하기 위해 텍스트를 사용하기 등의 독해 요소에 초점을 맞추고 있다. 이러한 요소는 [독해 안내하기]의 구성 요소와 동일하다. 따라서 [독해 안내 모형]은 독해에 초점을 가지고, 텍스트 구조에 대한 지식을 촉진하고, 다양한 수준에서 질문 생성을 북돋우며, 연결하기(텍스트-자신, 텍스트-텍스트, 텍스트-세상)를 요구한다.

주 수준 평가의 준거는 독해의 가치 있는 측면에 초점을 맞추고 있다. 우리는 [독해 안내하기] 동안 비슷한 목적을 지향하며 평가한다. 다음 절에서는 여러 가지 평가 방법에 대해 살펴보게 된다.

3. 교실에서 적용할 수 있는 평가 기법

[독해 안내하기]를 지도하려고 준비할 때, 교사는 학생의 읽기 배경 정보를 수집하고, 대략적 읽기 수준 범위를 결정하며, 학생의 전략에 대한 지식과 적용 능력을 알아보기 위해 평가한다. 이런 평가 결과는 수업 내용, 학생-텍스트 짝짓기, 학생 집단 편성하기 등에 정보를 제공한다.

이 절에서, 우리는 실용적이고 효과적인 평가 기법을 몇 가지 제시한다. 각각의 평가에 대해 기술하고, 그것의 기능을 간단히 설명하며, [독해 안내하기]와의 연결을 언급한다.

1) 학생의 배경을 파악하는 평가 기법

몇몇 평가를 통해서 학생의 과거에 대한 통찰을 얻을 수 있다. 학생의 과거는 교사가 학생의 현재 읽기 태도와 수행을 더 잘 이해할 수 있게 한다. 이러한 평가의 예시로는 태도 조사, 흥미 조사, 문식성의 역사, 읽기 동기 조사, 독자 및 필자의 자기 인식 척도 등이 있다. (이러한 평가에 사용되는 양식은 부록 E에 제시되어 있다.)

① **태도 조사.** '태도 조사'(attitude surveys)는 문식성 경험에 대한 학생의 느낌을 드러내도록 만들어진다. 보통은 질문과 응답하기, 문장 완성하기, 선택하기의 형식이다. 학생이 읽기와 쓰기의 다양한 측면에 대해 어떻게 느끼는지, 읽기와 쓰기를 어떻게 정의할 것인지, 성공적 독자와 필자를 어떻게 기술할 것인지 등이 일반적 질문으로 다루어진다. 이런 조사로부터 얻은 정보는 문식성에 대한 학생의 현재 태도에 기여해 온 요인을 파악할 수 있게 한다. (읽기 및 쓰기 태도 조사 양식은 부록 E의 331-332쪽에 있다.)

[독해 안내하기]와 연결 · · ·

> 교사는 태도 조사를 통해 문식성에 대한 학생의 인식, 동기, 요구 사항 등을 파악할 수 있다.

② 흥미 조사. '흥미 조사'(interest inventories)는 학생의 문식성 습관과 일반적 배경 정보를 얻기 위해 설계된 비형식적 조사 도구를 말한다. 주로 다루는 주제는 학생의 읽기 선호, 취미, 흥미 등이다. 흥미 조사는 질문과 응답하기, 문장 완성하기 형식으로 제시된다. 이런 조사는 상대적으로 완성하기 쉽다. 그리고 선호 장르 및 작가, 학생이 현재 읽고 있는 것, 수월성(학생이 요구된 과제를 뛰어넘어 읽기에 참여할 것인지 여부) 등과 같은 정보를 알 수 있다. (3-8학년에게 적절한 흥미 목록은 부록 E의 334쪽에 있다.)

[독해 안내하기]와 연결 · · ·

흥미 조사로 수집한 정보는 텍스트 선정과 학생-텍스트 짝짓기(매칭하기)에 활용된다.

③ 문식성의 역사. '문식성의 역사'(literacy histories)는 문식성에 관한 학생의 가장 이른 기억으로부터 현재까지의 발달을 연대순으로 기록한다(McLaughlin & Vogt, 1996). 이는 학생의 과거 문식성 경험과 현재의 신념을 연결하도록 촉진한다.

학생은 질문과 성찰에 참여하면서, 개인의 문식성 역사를 만들 수 있다. 학생이 역사를 구성하기 위해서는 가족의 기억, 저학년 때 쓴 글, 좋아하는 책의 복사본 등을 자료나 출처로 삼는다. 학생은 프리젠테이션의 양식을 선택할 수 있다. 어떤 교사는 연대표, 가족 사진이 들어간 스크랩북 등을 받았다. 문식성의 역사를 시범보이기 위해, 교사는 자신의 문식성 역사를 보여 주고, 이 과정을 안내하는 프롬프트를 학생에게 제공한다. (문식성의 역사에 관한 프롬프트는 부록 E의 335-336쪽에 있다.)

[독해 안내하기]와 연결 · · ·

문식성의 역사(문식 경험 조사)는 학생의 발달과 문식성에 대한 현재 태도를 알 수 있게 한다.

④ 읽기 동기 프로파일. '읽기 동기 프로파일'(Motivation to Read Profile) (Gambrell, Palmer, Codling, & Mazzoni, 1996)은 2가지 도구로 구성된다. 읽기 조사와 대화적 인터뷰가 그것이다. 단서 반응 조사는 독자 자신의 자아 개념과 읽기에 대한 가치를 평가한다. 집단으로 검사를 시행하는 데에 15-20분 정도 소요된다. 인터뷰는 좋아하는

작가와 흥미 있는 책과 같은 동기의 본질을 평가한다. 개방형 자유 반응 질문 형태로 되어 있고, 개인별로 검사를 시행하는 데에 15-20분 정도 소요된다. 대화적 인터뷰는 서사체 텍스트, 정보 텍스트, 읽기 일반 등을 다룬다(부록 E의 349-352쪽 참조).

[독해 안내하기]와 연결 ···

서사체 및 설명체 텍스트 읽기에 대한 학생의 동기를 안다면, 교사는 학생을 이해하고, 의미 있는 텍스트를 선정하는 데에 도움을 받을 수 있다.

⑤ **독자의 자기 인식 척도.** '독자의 자기 인식 척도'(Reader Self-Perception Scale) (Henk & Melnick, 1995)는 학생이 독자로서 스스로를 어떻게 생각하는지에 대해 평가한다. 학생은 33개의 진술문에 얼마나 동의하는지를 리커르트 척도로 표시한다. 예시 문항은 "나는 좋은 독자라고 생각한다", "예전보다 읽는 것이 쉬워졌다" 등이다. (이 척도는 부록 E의 359-363쪽에 있다.)

[독해 안내하기]와 연결 ···

이 척도는 교사가 학생을 이해하도록 돕고, 학생이 스스로를 더 좋은 독자로 인식하도록 돕는다.

⑥ **필자의 자기 인식 척도.** '필자의 자기 인식 척도'(Writer Self-Perception Scale) (Bottomley, Henk, & Melnick, 1997/1998)는 학생이 자신의 글쓰기 능력에 대해 어떻게 느끼는지 평가한다. 학생은 38개의 진술문에 응답한다. 각각의 진술문에 얼마나 동의하는지 표시한다. 예시 문항은 "나는 글쓰기에서 더 좋아지고 있다", "나는 글쓰기를 즐긴다" 등이다. (척도는 부록 E의 368-372쪽에 있다.)

[독해 안내하기]와 연결 ···

이 척도는 교사가 학생을 이해하도록 돕고, 학생이 스스로를 더 좋은 필자로 인식하도록 돕는다.

태도 조사, 흥미 조사, 문식성의 역사, 읽기 동기 조사, 자기 인식 척도는 학습자의 배경 정보를 제공한다. 이러한 배경 정보를 통해 교사는 개별 학생과 그들의 문식성 요구 사항에 대해 알 수 있다. 교사가 학생에게 최적의 문식성 경험을 제공하는 데에 이러한 정보는 중요하다. 이와 같은 평가는 시행하기 쉽고, 시간이 적게 들며, 다른 문식성 평가로는 파악할 수 없는 통찰을 제공한다.

2) 학생의 읽기 수준과 전략 사용을 평가하는 기법

여기에서는 학생의 전략 사용과 텍스트 독해 능력을 파악하는 평가 기법을 소개한다. 메타인지 전략 목록, 오독 분석법, 학생의 글쓰기 샘플, 관찰 등이 이에 해당한다. (평가지는 부록 E에 있다.)

① **메타인지 읽기 자각 목록.** '메타인지 읽기 자각 목록'(Metacognitive Reading Awareness Inventory) (Miholic, 1994)은 7학년 학생~대학생을 대상으로 설계되었다. 이 평가는 10개의 진술문과 하위 선택지로 구성된다. 평가의 초점은 학생이 읽는 중에 마주하는 어려움에 대처하기 위해 전략을 어떻게 사용하는지 측정하는 것이다. 학생은 효과적이라고 생각하는 모든 답지를 선택한다.

[독해 안내하기]와 연결 · · ·

이 목록은 7학년과 8학년 학생의 전략 사용에 대한 정보를 교사에게 제공한다.

② **메타인지 전략 인덱스.** '메타인지 전략 인덱스'(Metacognitive Strategy Index) (Schmitt, 1990)는 25개의 문항과 하위 선택지로 구성된다. 초등학생이 서사체 텍스트를 읽을 때, 읽기 전, 읽는 중, 읽은 후의 과정별로 초인지 독해 전략을 자각하는지 평가한다.

[독해 안내하기]와 연결 · · ·

이 평가 방법은 초등학생의 메타인지 전략 지식과 적용에 대한 정보를 교사에게 제공한다.

③ **오독 분석법.** '오독 분석법'(miscue analysis) (Goodman, 1997)은 학생이 철자적, 통사적, 의미적 단서 체계를 사용하는지 평가한다. 오독은 학생의 실제 음독이 텍스트와 얼마나 다른지를 보여 준다. 교사는 3가지 목적을 위해 오독 분석법을 사용한다. 음독 정확성을 결정하기 위해서, 오독을 부호화하고 분석하여 전략 지도에 대한 요구 사항을 파악하기 위해서, '다시 말하기' 평가를 통해 학생의 독해에 대해 이해하기 위해서 등이 그것이다.

오독을 분석하기 위해, Goodman, Watson, & Burke(1987)는 다음과 같은 4가지 질문을 사용할 것을 제안하였다.

1. 오독이 의미를 바꾸는가?
2. 오독이 언어처럼 들리는가?
3. 오독과 텍스트 단어가 비슷하게 보이고 들리는가?
4. 오독을 자기 수정하는 시도가 이루어졌는가?

오독 분석법을 사용하기 위해, 교사는 몇몇 "앵커 책(기본 책)"(픽션과 논픽션 모두)을 선택하고, 학생이 비형식적 음독을 하도록 한다. 교사는 이를 녹음한다. 그리고 학생의 오독을 부호화하고 분석한다. 학생은 또한 이 텍스트의 내용에 대해 '다시 말하기'(retelling)를 한다. 이러한 2가지 정보는 학생의 읽기 수준에 대한 대략적 정보를 제공하고, 학생의 전략 사용과 독해에 대한 통찰을 제공한다. 독자의 수준에 대해 결정할 때, 어느 정도 합의된 비율이 있다. 90% 미만을 바르게 음독하면 부진(하) 수준이고, 90-95%는 지도적(중) 수준이며, 96-100%는 독립적(상) 수준이다. 그러나 학생의 수준을 평가할 때, 교사는 글 내용에 대한 배경지식, 텍스트에 대한 흥미, 텍스트 지원 요소 등과 같은 요인도 고려할 필요가 있다.

오독 분석법의 시행을 설명하는 책은 여러 권 출판되어 있다. 미취학 아동~고등학생을 대상으로 하는 '질적 읽기 목록'은 다음 절에서 다시 설명한다. 이밖에 출판된 것에는 다음과 같은 것이 있다.

수준별 읽기 지문 평가 키트 (Houghton Mifflin, 2001): 이 평가는 미취학/1학년~6학년 수준에 대해 단어 목록, 수준별 읽기 지문, 벤치마크, 채점 양식 등을 제공한다.

PM 벤치마크 소개 키트 (Rigby, 2000): 미취학~5학년(K-5)에 대해 수준별 읽기 지문, 벤치마크, 채점 양식 등을 제공한다.

[독해 안내하기]와 연결 · · ·

> 오독 분석법은 대략적 읽기 수준을 제공하고, 독자-텍스트 짝짓기를 도우며, 지도에 필요한 정보를 제공한다.

④ **질적 읽기 목록-3.** '질적 읽기 목록-3'(Qualitative Reading Inventory-3) (Leslie & Caldwell, 2000)은 미취학 아동~고등학생을 대상으로 사용하기 쉬운 평가 도구이다. 이 목록은 유창성과 독해의 평가 도구로서, 교사가 학생의 읽기 수준을 추정하고, 학생과 텍스트를 적절하게 짝지으며, 읽기의 취약한 부분을 찾아낼 수 있게 한다. 이 평가 도구에는 아주 많은 구성 요소가 있기 때문에, 교사는 필요한 부분을 선택해서 사용할 필요가 있다. 예를 들어, 교사는 오독 분석을 하고, '다시 말하기' 점검표나 독해 관련 질문하기 중에 하나를 선택할 수 있다. 독해 질문은 학생의 지도적 수준을 결정하기 위해 수준별 텍스트를 사용하고 있다.

[독해 안내하기]와 연결 · · ·

> 질적 읽기 목록은 <교사 안내 소집단>에 학생을 배치하기 위해 필요한 정보를 제공하고, 학생-텍스트 짝짓기에 필요한 정보를 제공한다.

⑤ **학생의 글쓰기.** 학생의 글쓰기는 유연한 평가 방법이다. 글쓰기는 전략을 적용하기, 개인적 반응을 기록하기, 성찰과 목표 설정의 양식으로서 사용하기 등과 같은 여러 목적에 사용된다. 교사는 언어 구조, 어휘 사용, 시각 단어 및 철자 패턴에 대한 지식, 조직하기 등을 비롯하여 여러 목적으로 학생의 글쓰기를 관찰하고 분석할 수 있다.

글쓰기는 [독해 안내 모형]의 모든 단계에서 학생의 사고에 대한 정보를 제공한다.

⑥ **관찰.** 관찰도 유연하게 사용할 수 있는 평가 방법이다. 교사는 관찰을 통해 학생의 문식성의 모든 측면에 대한 정보를 얻을 수 있다. 예를 들어, 교사는 관찰을 통해 학생의 유창성을 평가하고, 참여도를 기록하며, 협동 학습에서 역할을 평가할 수 있다.

관찰을 시작하기 전에, 먼저 교사는 관찰 목적을 정하고, 관찰을 통해 얻은 정보를 어떻게 기록할 것인지 결정해야 한다. 예를 들어, 교사가 '다시 말하기' 활동을 하는 학생을 관찰한다면, 점검표를 사용할 수 있다. 이 점검표에는 등장인물, 배경, 문제, 해결을 위한 시도, 해결, 유의미한 기타 사항 등을 기록할 수 있다. 교사가 협동 학습에서 학생의 기여도를 관찰한다면, 점검표에는 모둠 활동에 대한 학생의 준비, 동료와 함께 참여하는 정도, 기여도 등과 같은 항목을 넣을 수 있다. (관찰 점검표는 부록 E의 353-358쪽에 있다.)

관찰은 학생의 수행을 평가하기 위해 모형의 모든 단계에서 사용할 수 있다.

교사가 학생에 대해 무엇을 알고 싶어 하는지에 따라, 교사는 어떤 평가 방법을 사용할지 결정한다. 교사는 학생을 평가하기 위해 모든 평가 방법을 사용하는 것이 아니라, 필요한 정보를 결정한 후에 이 정보를 얻을 수 있는 평가 방법을 사용한다. 지금까지 설명한 평가 방법은 실용적이고, 여러 목적을 위해 사용될 수 있으며, 학생의 배경과 능력에 대한 가치 있는 통찰을 제공하게 될 것이다.

위에서 설명한 평가 방법에 추가하여, [독해 안내 모형]의 모든 단계에서 '비형식적 평가'(informal assessment)를 사용할 수 있다. 이런 형성 평가는 다양한 지도 상황에서 일어난다. 학생은 읽기, 쓰기, 토의, 그림 그리기, 드라마, 음악 등과 같은 다양한 반응 양식을 통하여 자신이 아는 것과 할 수 있는 것을 보여 준다. 이러한 학생의 반응을 비형식적으로 평가할 수 있다. 예를 들어, 독해 전략의 사용 능력에 대한 가장 실제적 평가 중 하나는 단순히 전략을 적용해 보게 하는 것이다. 교사는 학생이 읽는 중에 전략을 사용하는 것을 관찰할 수 있다. 그리고 교사는 개념도, 이야기의 첫인상, 끼워 넣기, 다시 말하기, 노랫말 요약 등과 같은 활동을 통하여 학생의 전략 사용을 평가할 수 있다.

4. 평가 결과 활용하기: 집단 편성과 학생−텍스트 짝짓기

일단 학생의 대략적 읽기 수준이 결정되면, 교사는 비슷한 능력 수준의 학생들을 모아 <교사 안내 소집단 지도>를 위한 집단을 편성할 수 있다. 집단 편성은 고정적인 것이 아니다. 학생이 능숙해지면, 그런 학생은 더 어려운 수준의 텍스트를 사용하는 집단으로 이동할 수 있다.

또한 평가 결과는 '학생-텍스트 짝짓기'(student-text matches)에 활용된다. 학생의 대략적 읽기 수준과 흥미를 파악한 후에, 교사는 모형의 모든 단계에서 학생의 참여를 북돋우기 위해 학생-텍스트 짝짓기를 할 수 있다. 학생이 다양한 장르 및 수준의 텍스트에 접근하는 것은 학생-텍스트 짝짓기의 본질적 구성 요소이다.

예를 들어, 어떤 3학년 학생은 5학년의 지도적 수준과 4학년의 독립적 수준에 위치할 수 있다. 이 학생의 책 바구니에는 양쪽 수준의 텍스트를 모두 담는다. <교사 안내 소집단 지도>를 위한 5학년 책과 독립적 실천을 위한 4학년 책이 그것이다. 유사하게, 만약 어떤 8학년 학생이 6학년의 지도적 수준과 5학년의 독립적 수준에 위치해 있다면, 이 학생은 <교사 안내 소집단 지도>를 위한 6학년 텍스트와 독립적 실천을 위한 5학년 텍스트를 볼 수 있어야 한다.

학생이 보다 능숙해지고 더 도전적 텍스트를 사용하면서 집단을 이동함에 따라, 학생이 보게 되는 텍스트도 바뀔 것이다.

5. [독해 안내 프로파일]

교사는 학생 평가를 조직하고 운영하기 위해 [독해 안내 프로파일](Guided Comprehension Profiles)을 사용한다. 프로파일은 학생 진보의 지표에 대한 수집물이다. 프로파일을 유지하기 위해서는 학생과 교사 모두 능동적이어야 한다. 학생이 다양한 상황에서 다양한 양식으로 텍스트 및 동료와 상호작용할 때, 교사는 학생의 성장과 진보에 관한 정보를 수집하고, 기록하며, 문서화한다. 비록 [독해 안내하기]가 평가를 위한 수많은 기회를 제공하지만, 교사는 학생의 글쓰기, 음독 유창성, 독해에 대한 평가를 필수적으로 포함시킨다. 교사는 학생의 진보와 성장을 문서화하고, <교사 안내 소집단>을 재구성하며, 향후 지도에 필요한 정보를 얻기 위해 이런 평가 결과를 사용한다.

교사는 학생 평가와 활동 사례를 폴더에 보관한다. 교사는 평가 정보를 조직하기 위해 '프로파일 인덱스'(Profile Index)를 사용한다. 이를 통해 학생 진보를 개관할 수 있고, 학생 진보에 관한 보고서를 작성할 수 있다. (양식은 부록 E의 333쪽에 있다.)

[독해 안내하기]에서, 평가는 지도의 자연스러운 부분이고, 학생과 교사 모두 능동적으로 참여하며, 역동적 과정으로 전개된다. 다음 장에서, 우리는 [독해 안내하기] 교실을 여행한다. 이는 [독해 안내하기]가 교실에서 적용되는 것을 보여 줄 것이다. 모형이 여러 학년 수준에서 교사의 지도 계획에 어떻게 구현되는지 알게 될 것이다.

7장

[독해 안내하기]의 교실 적용

읽기는 모험과 같습니다.
독자는 자신의 방식으로 이야기를 보기 위해
상상력을 발휘할 수 있습니다.
만약 여러분이 읽기를 좋아한다면,
여러분은 탁월한 상상력을 가지게 될 것입니다.
만약 여러분이 읽기를 좋아하지 않는다면,
여러분은 자신의 인생을 낭비하고 있는 것입니다.

Eric Pritchard, 6학년 학생

이 장에서, 우리는 [독해 안내하기]의 모든 측면을 함께 엮어서 보여 준다. 우리는 물리적 환경의 특성과 학습의 사회적 본질을 포함하여, 먼저 [독해 안내하기] 교실을 개관할 것이다. 그리고 우리는 교사들이 [독해 안내하기]의 모든 단계를 어떻게 전개하는지 보여 주기 위해 4학년, 6학년, 8학년 교실의 지도안을 제시한다. 또한 교사의 성찰과 학생의 반응 사례를 소개한다. 이 장은 <부록 F>와 연결된다. 이는 모형을 다른 전략 및 다른 학년에 적용하는 데에 도움이 될 것이다.

1. [독해 안내하기]의 교실 모습

우리가 Kim Ware의 4학년 교실로 들어가고 있다고 상상해 보자. Kim 선생님은 눈에 띄지 않는다. 왜냐하면 그녀는 교실에서 학생의 소집단 활동에 참여하고 있기 때문이다. 교실에는 몰입한 독자, 필자, 대화자의 소집단이 있다. 한 구역에서 4명의 학생이 미스터리에서 누가 범인인지 대화하고 있다. 어떤 학생들은 교실 내의 여러 독해 센터에 참여하고 있다. 2명의 학생은 독자 극장을 하고 있고, 2명은 이제 막 글쓰기를 완성한 후 그것으로 알파벳 책으로 만들고 있고, 3명은 Kim 선생님이 선택한 미스터리 단어의 글자를 사용하여 단어를 만들어 적고 있으며, 4명의 학생은 막 끝마친 탐구 결과를 전체집단에서 발표하기 위해 파워포인트 프리젠테이션을 준비하고 있다. 교실의 또 다른 구역에서는 4명의 학생이 상보적 교수법에 참여하고 있다. 그들은 이야기를 읽고, '예측하기, 질문하기, 점검하기, 요약하기'를 공유하고 있다. 학생들이 아주 몰입하여서, 우리가 다가가도 학생들은 우리에게 별다른 관심을 보이지 않는다.

교실은 인쇄물로 가득하다. 시 차트, 주제 관련 어휘의 단어 벽보, 학생 글쓰기 작품, 학급 도서, 학생의 책상에 있는 책 바구니, 학생 스스로 선택한 어휘 책, [독해 안내 일지] 등이 보인다. 교실은 읽기, 쓰기, 토의로 활기에 넘친다. 학생은 몰입하고, 서로의 학습을 돕고 있다. 문식성 맥락이 생생하고, 활기가 넘친다.

Kim 선생님의 학생들은 [독해 안내하기]에 참여한다. 학생들은 전체집단에서, 소집단에서, 그리고 독립적으로 활동할 줄 안다. 도움이 필요할 때, 그들은 대개의 경우 Kim 선생님 대신에 우선 서로에게 의지한다. Kim 선생님은 학생들이 독립적 학습자임을 가르쳤다. Kim 선생님은 학생이 성공적으로 읽기 위해 독해 전략을 사용하고, 학습에서 능동적 역할을 취해야 함을 가르쳤다. 그녀는 학생에게 문식성 센터에서 활동하는 방법을 가르쳤고, 자신의 학습에 대해 책임을 지게 했다.

어떻게 Kim 선생님의 교실이 이렇게 되었는가? 그녀의 학생들은 영재인가? 아니다. 이 학생들은 다른 4학년과 비슷하다. 몇몇은 능숙한 독자인 반면에, 다른 이들은 학년 수준 보다 낮다. 어떤 학생은 의젓하고, 다른 학생은 천진난만하다. 그들은 다양하지만, 모두 의미 있는 문식성 활동에 참여하고 있다.

우리 저자들은 [독해 안내 모형]을 시험하고 정교화하기 위해 Kim 선생님 및 동료 교사들과 현장에서 활동하였다. 우리는 직접교수법을 통하여 모형을 소개하였다. Kim 선생님은 자신의 수업에서 모형 사용을 성찰하였다. Kim 선생님과 동료 교사들은 주기적 피드백과 학생 활동 결과물을 제공하였다. 우리는 이들의 도움으로 모형의 정교화를 위한 정보를 얻을 수 있었다.

Kim 선생님의 교실에서 학습 환경은 세밀하게 준비되었다. 학기가 시작되기 전부터 그녀는 [독해 안내하기] 교실을 준비하느라 바빴다. 그녀는 4학년 동료 교사들과 다음과 같이 준비했다.

- 책을 장르, 작가, 수준별로 대략 구분하기
- 주제별로 다양한 학습 센터 준비하기
- 독해 기능을 직접 지도하기에 좋은 책을 선택하고 라벨 붙이기
- 학생이 사용하고 Kim 선생님이 점검할 '기록 보관 체계' 만들기

이런 준비 프로젝트가 완성된 후에, Kim 선생님은 학생들이 소집단에서 활동하는 것을 준비하는 데에 학기의 첫 달을 보냈다. 그녀는 틀을 소개했고, 각각의 단계에서 기대되는 것을 차근차근 시범보였다. 그녀는 몇 가지 독해 센터를 소개하였다. 그리고 <전체집단 지도>를 사용하면서, 독립적으로 다양한 과제를 완성하는 방법을 학생들에게 가르쳤다. 그녀는 또한 독서 서클에서 효과적 참여자가 되는 방법, [독해 안내 일지]를 관리하는 방법, 토의에서 역할 등을 학생에게 설명하였다. 그리고 Kim 선생님은 각각의 역할이 토의에 어떻게 기여할 수 있는지를 시범보였고, 성공적 참여를 위한 루브릭(평가 준거)을 만들었다. Kim 선생님은 학생이 독해 루틴에 성공적으로 참여하도록 하려면, 시범보이고, 안내하고, 독립적으로 실천할 시간을 확보해 주어야 한다는 것을 알고 있었다.

첫 달 동안, Kim 선생님은 또한 평가 정보를 수집하여, 학생의 강점과 요구 사항을 파악하느라 바빴다. 그녀는 '독자의 자기 인식 척도' 및 '필자의 자기 인식 척도'를 사용하여, 학생들의 자기 인식 정도를 파악하였다. 그녀는 학생의 흥미와 취미에 대해서도 알았다. 그래서 그녀는 학생이 즐겁게 읽을 수 있는 책이 많이 구비되어 있는지 확인할 수 있었다. 그녀는 또한 학생의 읽기 수준과 학생이 텍스트의 의미를 구성하기 위해 어떤 전략을 사용했는지도 알 필요가 있었다. 이를 위해 그녀는 각각의 학생이 짧은 서사체 및 설명체 텍스트를 읽고, 핵심 내용을 다시 말하는 것을 녹음하였다. 그리고 그녀는 녹음을 분석하여 정확성, 유창성, 전략 사용 등을 파악하였

다. Kim 선생님은 이러한 평가 결과를 지도 계획 수립에 활용하고, <교사 안내 소집단>을 조직하는 데에 사용하였다. 그녀는 학생의 요구 사항을 계속 충족시키고, 집단과 수업을 수정하는 데에 지속적 평가가 도움이 될 것이라는 점을 알고 있었다.

비록 학기의 첫 달이 Kim 선생님에게는 바쁜 시간이었지만, 그녀는 다음과 같은 점을 알고 있었다. 첫 달에 학생이 독립적으로 활동하도록 가르치고, 학생의 문식성 역량을 파악할 수 있다면, 학기의 나머지 시간은 학생이 의미 있는 읽기와 쓰기 활동에 참여하도록 돕는 데에 사용할 수 있다.

일단 Kim 선생님이 학생 정보를 수집하고, 어떤 책이 그들에게 접근가능한지 알며, 그들이 무엇을 배울 필요가 있는지 결정한 후에, 그녀는 [독해 안내하기]를 계획하였다. Kim 선생님은 학생들이 '미리 보기'나 '점검하기'를 잘하지 못한다는 것을 알게 되었다. 그래서 이것을 첫 번째 [독해 안내하기] 전체집단 수업의 초점으로 삼았다. 그녀는 미리 보기를 시범보이기에 좋은 것으로 확인한 책 한 권을 선택하였다. 그리고 학생에게 가장 유용할 것이라고 생각한 지도 아이디어(기법)를 선택하였다. 다음으로, 그녀는 학생이 <교사 안내 소집단>에서 미리 보기와 점검하기를 심화할 수 있는 방법을 결정하였다. 그녀는 학생이 <독해 센터 및 루틴>에서 할 수 있는 과제를 결정하였다. <독해 센터 및 루틴>은 학생이 독립적 상황에서 미리 보기와 점검하기를 실천하도록 할 것이다. <그림 8>은 이러한 과정에 대한 Kim 선생님의 계획을 보여 준다.

Kim 선생님이 학생 정보에 기초하여 [독해 안내하기] 수업을 계획했을지라도, 그녀는 학생이 능숙해지는 정도에 따라 지도 계획을 변경할 수 있다. 그녀는 계획(지도안)을 수업의 안내서로 사용하지만, 이를 유연한 것으로 받아들인다. 실제 수업 과정에서는 학생의 요구 사항을 충족시키기 위해 지도 계획을 변경할 수 있다. 그녀는 전체집단과 소집단에서 학생의 구두 및 쓰기 반응을 관찰하여 학생의 성장을 파악하고, 이를 후속 [독해 안내하기] 수업에 관한 의사결정에 활용한다.

그림 8. [독해 안내하기] 계획서

<교사 주도 전체집단 지도>

독해 전략: 미리 보기, 점검하기
책: *Armadillo Tattletale* (Kettleman, 2000)

설명하기: 지금까지 가르친 모든 전략을 다시 보여 주면서 설명한다. 그리고 텍스트 미리 보기, 읽기 점검하기 전략을 지도하기 위해 "나는 궁금해요" 진술문의 사용 방법에 초점을 두어 설명한다.

시범보이기: 책의 표지를 살펴보고, "나는 궁금해요" 진술문을 사용하여 시범 보인다. 교사가 궁금해 하는 것에 대해 사고구술한다. 첫 페이지를 읽고, "나는 _____이 궁금해요"라고 말한다. 교사의 사고를 학생에게 공유한다. 텍스트에 대해 생각하는 것과 읽기 전 및 읽는 중에 예측하기의 중요성에 대해 말한다.

안내하기: 텍스트의 다음 부분을 읽어 주고, 학생이 "나는 궁금해요" 진술문을 만들도록 안내한다. 학생이 필요로 할 때, 지원한다. 학생이 궁금해 하는 이유에 대해 토의하도록 유도한다.

실천하기: 텍스트의 다른 부분을 읽어 주고, 학생에게 "나는 궁금해요" 진술문을 스스로 만들게 한다. 학생에게 궁금한 점과 그 이유를 전체집단과 공유하게 한다. 이러한 방식으로 이야기를 읽기 위해 '생각하기-짝짓기-공유하기' 기법을 사용한다.

성찰하기: "나는 궁금해요" 진술문이 어떻게 미리 보기와 점검하기를 도왔는지 학생이 성찰하도록 한다.

<교사 안내 소집단 지도>

회상하기: 이전에 가르친 전략을 학생과 함께 회상하고, 그날의 전략을 확인한다.

안내하기: 학생들이 텍스트의 한 부분을 묵독하도록 안내한다. 학생들에게 "나는 _____이 궁금해요"라고 말하게 하고, 자신의 사고를 설명하게 한다. 이 활동을 서로 교대하도록 한다. 토의를 장려하고, 텍스트의 다른 부분에 반복한다.

실천하기: 학생들에게 스스로 책 읽기를 끝마치게 한다. 학생들이 "나는 궁금해요" 진술문을 [독해 안내 일지]에 쓰도록 하고, 다음 단계의 소집단 모임에서 일지를 공유하도록 한다.

성찰하기: 학생들이 "나는 궁금해요" 진술문이 어떻게 텍스트에 대한 몰입을 도왔는지 성찰하도록 한다. 학생들에게 다른 상황에서 다른 텍스트에 이 과정을 어떻게 사용할 수 있을지 공유하게 함으로써, 확장과 전이를 유도한다.

<학생 주도 독해 센터>

학생들은 '장르 센터'나 '도서관 센터'에서 그림책 읽기에 참여한다. 학생은 접착 메모지에 "나는 궁금해요" 진술문을 쓰고, 읽고 있는 책에 그것을 붙인다. 다른 학생도 궁금한 점을 추가할 수 있다. 학생들은 책에 붙인 궁금한 점에 대해 토의한다.

<학생 주도 독해 루틴>

'독서 서클'에서, 학생은 여러 가지 책을 읽고, "나는 궁금해요" 진술문을 쓴다. 그리고 나서 자신이 읽은 책을 설명하고, 독서 서클 구성원과 궁금한 점을 공유한다. 학생들은 모두 토의 진행자의 역할을 할 것이다.

<전체집단 성찰과 목표 설정>

"나는 궁금해요" 진술문이 어떻게 미리 보기와 점검하기를 도왔는지에 대해 토의한다. 학생이 짝 또는 소집단에서 자신이 궁금했던 점을 공유하게 한다. 학생이 목표 달성과 성장에 대해 전체집단에서 성찰하도록 북돋운다.

<평가 선택 사항>

평가 방법으로 '관찰'을 주로 사용한다.

2. [독해 안내하기]의 계획 (수업 지도안)

우리가 Kim 선생님의 교실을 보여 주었지만, [독해 안내하기]를 사용하고 있는 다른 교사들의 교실도 참관한다면, 매우 유사한 광경을 보게 될 것이다. 모든 교실은 활기차고, 매력적이며, 실제적이다. 이들은 모두 학생과 교사가 능동적으로 참여하는 문식성 공동체이다.

교사들은 수업을 준비할 때, [독해 안내 모형]에 기초하여 지도 계획을 수립한다 (지도안 양식은 부록 F의 411-413쪽 참고). 이들의 수업은 학생의 독해를 강화하기 위해 독해 전략, 다양한 상황, 접근가능한 텍스트를 어떻게 사용할 것인지에 초점을 맞춘다. 이 절에서, 우리는 4학년, 6학년, 8학년에서 사용한 계획서(지도안)를 자세히 살펴본다. 각각의 경우에, 교사는 계획을 공유하고, 사고구술에 참여하며, 학생 반응의 샘플을 제시한다. 이 밖에 <부록 F>에서 다른 전략, 다른 주제, 다른 학년을 대상으로 하는 [독해 안내하기] 지도안을 볼 수 있다.

1) Beth 선생님의 4학년 [독해 안내하기] 계획 사례

<그림 9>에서, 4학년 교사 Beth Gress가 '미리 보기' 전략을 지도하려는 계획을 볼 수 있다. Beth 선생님은 '미국의 원주민'을 주제로 '예상/반응 안내' 기법을 사용한다. 계획서 이후에, Beth 선생님은 사고구술을 이용하여 활동이 어떻게 전개되었는지에 대한 단계적 설명을 제공한다. 그녀가 다루는 화제는 내용 교과 문식성 및 다양한 지도 상황과 연결된다.

그림 9. 독해 전략: 미리 보기 - '예상/반응 안내'

교사 주도 전체집단 지도

- 설명하기: '미리보기'와 '예상/반응 안내'를 설명한다.
- 시범보이기: 읽어 주기와 사고구술을 사용함으로써, '예상/반응 안내'를 사용하는 방법을 시범보인다.
- 안내하기: 학생이 '예상/반응 안내'를 완성하도록 안내한다.
- 실천하기: 학생에게 짝과 '예상/반응 안내'를 완성하게 하고, 자신의 선택을 지지하거나 반박하는 근거를 찾으며 읽게 한다.
- 성찰하기: '미리보기와 '예상/반응 안내'가 어떻게 텍스트에 몰입하도록 돕는지에 관해 성찰한다.

학생 주도 독해 센터

- '탐구 센터'를 운영한다.
- 짝 활동으로 서사체 텍스트나 설명체 텍스트에 대한 '예상/반응 안내'를 만든다.
- 다른 짝과 교환하고, 그것을 사용하여 텍스트를 미리 보기한다.

교사 안내 소집단 지도

- 회상하기: 모든 전략을 회상하고, '예상/반응 안내'를 사용하면서 미리 보기에 초점을 둔다.
- 안내하기: 학생이 '예상/반응 안내'의 처음 절반을 완성하고, 텍스트의 한 부분을 읽도록 안내한다.
- 실천하기: 학생에게 '예상/반응 안내'의 나머지 부분을 완성하게 하고, 텍스트를 더 읽게 한다. 관찰한다.
- 성찰하기: '예상/반응 안내'가 어떻게 텍스트를 미리 보도록 도왔는지에 관해 성찰한다. 이 기법을 다른 텍스트에 어떻게 적용할 수 있을지 토의함으로써 확장한다.

학생 주도 독해 루틴

- '독서 서클'에서 토의를 위한 프롬프트로서 '예상/반응 안내'를 사용한다. 또는 '상보적 교수법'에서 미리 보기 전략을 길러주기 위해 '예상/반응 안내'를 사용한다.
- 각각의 진술문을 입증하거나 반박하기 위해 텍스트에서 근거를 찾는다.

교사 주도 전체집단 성찰과 목표 설정

- 공유하기: 단계 2에서 만들고 완성한 '예상/반응 안내'를 공유하고 토의한다.
- 성찰하기: '예상/반응 안내'가 어떻게 텍스트를 미리 보도록 돕는지에 관해 성찰하고, 이를 사용하는 능력을 평가한다.
- 새로운 목표를 설정하기: 새로운 목표를 설정하거나 기존의 목표를 확장한다.

독해 안내하기

① 교사 주도 전체집단 지도.

책:『매듭을 묶으며』(Archambault & Martin, 1987)

설명하기: 저는 앞서 가르친 전략을 다시 정리해 주었습니다. 그리고 오늘 배울 전략이자 학습 목표인 '미리 보기'를 소개했습니다. 저는 미리 보기가 어떻게 배경 지식을 활성화하고, 예측하고, 연결하며, 읽기 목적을 설정하는 데 유용한지 설명했습니다.

시범보이기: 저는 '예상/반응 안내'(Anticipation/Reaction Guide)에서 처음 2개의 진술문을 읽었습니다. 그리고 선행 지식에 접근하는 것을 시범보이기 위해 사고구술을 사용했습니다. 선행 지식에 기초하여, 저는 '예상/반응 안내'에 나온 진술문에 대해 현명한 판단을 내렸습니다.

안내하기: 우리는 '예상/반응 안내'에서 다음 진술문을 읽었습니다. 그리고 저는 학생이 자신의 선행 지식에 기초하여, 그 진술문에 동의하거나 반대하도록 안내했습니다. 그러고 나서 저는 텍스트를 읽어 주었습니다. 읽을 때, 저는 '예상/반응 안내'에 나온 진술문을 지지하거나 반박하는 정보를 강조하면서, 사고구술하였습니다.

실천하기: 제가 읽어 주기를 계속했을 때, 저는 학생이 자신의 선택을 뒷받침할 근거를 텍스트에서 찾도록 했습니다. 책을 읽은 후에, 우리는 자신의 선택을 입증하거나 변경하기 위해 '예상/반응 안내'를 다시 살펴보았습니다.

성찰하기: 저는 '예상/반응 안내'를 사용하는 것이 어떻게 읽기에 집중하도록 했는지, 그리고 텍스트와 교섭하도록 했는지에 관해 성찰하도록 격려했습니다. 그러고 나서 우리는 텍스트가 얼마나 우리의 처음 생각과 일치했는지 또는 달랐는지 등을 말했습니다.

② 교사 안내 소집단 지도. 하나의 소집단에서, 저는 '예상/반응 안내'를 가르치기 위해 4단계의 지도 과정(회상하기, 안내하기, 실천하기, 성찰하기 및 확장하기)을 사용했습니다. 우리가 *Sees Behind Trees*(Dorris, 1997)를 읽었을 때, 학생은 자신의 반응에 대한 가능한 변화를 토의했고, 텍스트에 나온 정보로 이를 뒷받침했습니다.

수업이 끝날 때까지, 학생들은 미리 보기의 이러한 측면에 편안한 것으로 보였습니다. 그들은 자신의 생각과 텍스트의 근거를 잘 연결했습니다. 그들은 또한 미리 보기가 어떻게 읽기를 도왔는지에 관해 성찰했고, 다른 상황에 연결했습니다.

③ 학생 주도 독해 센터. 미국 원주민에 관한 다양한 픽션과 논픽션 책을 문식성 센터에 비치했습니다. 학생은 책을 읽고, 다른 학생이 응답할 수 있는 '예상/반응 안내' 학습지를 만들었습니다. 저는 학생들이 사회 교과의 내용을 다루도록 안내했습니다. 여기에 제시하는 '예상/반응 안내'는 학생이 *Little Firefly: An Algonquin Legend*(Cohlene & Reasoner, 1991)에 대해 만든 것입니다.

	동의	반대
1. 알곤킨족은 천막 오두막에 산다.		
2. 어린 소녀들은 성인 여성과 같은 역할을 배운다.		
3. 미국 원주민은 도구를 만들기 위해 동물의 일부를 사용한다.		
4. 알곤킨족은 옥수수와 사슴 고기를 먹는다.		

④ 학생 주도 독해 루틴. 몇몇 학생은 미국 원주민에 관한 책을 읽고, '독서 서클'에 참여하기 전에 '예상/반응 안내'를 완성했습니다. 책 제목은 『마음으로 깨어나는 이야기』(Dorris, 1996), 『비버족의 표식』(George & Speeare, 1984), 『사랑으로 깨어나는 이야기』(Dorris, 1999), *Squanto, Friend of the Pilgrims*(Bulla & Williams, 1990) 등이었습니다.

독해 안내하기

책의 내용에 대해 토의한 후에, 학생은 자신의 답을 설명하기 위해 텍스트와 '예상/반응 안내' 활동지를 서로 연결했습니다. '예상/반응 안내' 활동지와 학생의 응답 중 일부는 다음과 같습니다.

	동의	반대
1. 미국 원주민은 이름을 받기 위해 의식을 치른다.		
2. 미국 원주민은 미지의 것을 설명하기 위해 전설을 이야기한다.		
3. 사람들은 눈을 사용하지 않고도 볼 수 있다.		
4. 미국 원주민은 자연을 숭배한다.		

저는 미국 원주민이 이름을 받기 위해 의식을 치른다고 믿습니다. 왜냐하면 Moss는 시간이 지난 후에, 그의 새로운 이름을 얻었기 때문입니다. (Jamel 학생)

저는 미국 원주민이 미지의 것을 설명하기 위해 전설을 이야기한다고 믿습니다. 그들은 손님에게 "서로를 잃어버린 사람들"이라는 전설을 말해 주기 때문입니다. 그들은 손님이 Never Enough의 아이들일 수도 있다고 생각합니다. (Marco 학생)

저는 미국 원주민이 자연을 숭배한다고 믿습니다. 왜냐하면 "서로를 잃어버린 사람들"이라는 전설에서, 어른들은 그 지역이 처음 발견된 모습 그대로 있는지 확인하기 때문입니다. 어린이들도 모든 것을 있는 그대로 남겨 두어야 한다는 말을 들었지만, Never Enough는 사슴의 뿔을 가져야 했습니다. 그것은 사람들이 서로를 잃은 이유입니다. (Chandra 학생)

⑤ **교사 주도 전체집단 성찰과 목표 설정.** 학생은 어떻게 '예상/반응 안내'가 책을 읽도록 준비시켰는지 성찰했습니다. 학생은 '예상/반응 안내'를 사용하여, 배경지식과 연결하고 읽기 목적을 설정했습니다. 이와 같은 성찰은 전체집단 공유하기와 새로운 목표 설정하기로 이어졌습니다.

⑥ **평가 기회.** 이 수업 동안 다양한 평가 기회가 있었습니다. 관찰과 비형식적 쓰기 반응은 모든 단계에서 사용할 수 있습니다. 학생이 완성한 '예상/반응 안내'와 학생이 설계한 '예상/반응 안내'를 평가 자료로 삼을 수 있습니다.

2) Jacquelyn 선생님의 6학년 [독해 안내하기] 계획 사례

<그림 10>에서, 6학년 교사 Jacquelyn Seaborg는 '평가적 질문하기'를 가르치기 위해 유대인 대학살 관련 텍스트를 사용하려고 계획한다. 그녀의 [독해 안내하기] 계획은 다양한 텍스트, 다양한 상황, 특정 독해 전략을 포함하고 있다. Jacquelyn 선생님은 사고구술을 통하여 자신의 수업이 어떻게 진행되었는지 설명한다.

그림 10. 독해 전략: 평가하기 - '평가적 질문하기'

교사 주도 전체집단 지도

- 설명하기: '평가하기'와 '평가적 질문하기'의 개념을 설명한다.
- 시범보이기: 읽어 주기와 사고구술을 사용하면서, 평가적 질문을 생성하는 방법을 시범보인다.
- 안내하기: 학생이 짝과 2가지 질문을 생성하도록 안내한다. 질문, 응답, 텍스트의 근거에 대해 토의한다.
- 실천하기: 읽어 주기를 사용하면서, 학생에게 평가적 질문을 만들게 한다. 전체집단에서 공유한다.
- 성찰하기: '평가적 질문하기'를 사용하는 것이 어떻게 텍스트에 대해 판단하도록 돕는지에 관해 성찰한다.

학생 주도 독해 센터

- '탐구 센터'와 '시 센터'에서 유대인 대학살에 대한 책에 몰입한다.
- 등장인물이나 역사적 인물에게 물어볼 평가적 인터뷰 질문을 만든다.

교사 안내 소집단 지도

- 회상하기: 이전에 가르친 전략을 회상하고, '평가적 질문하기'에 초점을 둔다.
- 안내하기: 학생이 책의 한 부분을 읽고, 평가적 질문을 생성하도록 안내한다.
- 실천하기: 학생이 텍스트의 다음 부분을 대상으로 평가적 질문을 계속 생성하도록 한다. 관찰한다.
- 성찰하기: '평가적 질문하기'를 통해 어떻게 텍스트에 의미 있게 몰입하게 되었는지에 관해 성찰한다. 다른 상황에서 그것을 사용하는 방법을 토의하면서 확장한다.

학생 주도 독해 루틴

- 유대인 대학살에 대한 다양한 책을 사용한다.
- 평가적 질문을 생성하고, 이를 '독서 서클'에서 토의의 기초로 사용한다.
- '작가에게 질문하기'에 참여할 때, 작가에게 물어볼 평가적 질문을 만든다.

교사 주도 전체집단 성찰과 목표 설정

- 공유하기: 유대인 대학살과 같은 사건의 재발을 어떻게 방지할 수 있을지 토의함으로써, 책의 내용에 대한 아이디어를 공유한다. 단계 2에서 만든 평가적 질문을 공유하고, 이들이 어떻게 텍스트를 평가하도록 돕는지 토의한다.
- 성찰하기: 평가적 질문을 만들고 응답하는 학생의 능력에 관해 성찰한다.
- 새로운 목표를 설정하기: 새로운 목표를 설정하거나 기존의 목표를 확장한다.

① 교사 주도 전체집단 지도.

설명하기: 저는 학생들에게 우리가 학습한 모든 전략을 상기시켰습니다. 그리고 '평가적 질문하기'(Evaluative Questioning)를 통하여 평가하기를 소개했습니다. 우리가 평가할 때 우리는 판단을 하며, 이는 우리의 사고를 표현하도록 돕는다고 설명했습니다.

시범보이기: 그리고 나서 저는 『안네 프랑크』(McDonough,1997)의 한 부분에 '평가적 질문하기'의 개념을 적용했습니다. 이 책은 조금 전에 제가 읽어 주기를 끝마친 것입니다. 저는 책에서 떠오른 질문을 사고구술했습니다. 저는 텍스트와 제 생각을 사용하면서, 그 질문들에 대해 어떻게 생각하는지와 답을 어디서 찾을 수 있는지를 말하였습니다.

안내하기: 다음으로, 저는 소집단에 있는 학생들에게 책을 읽고 질문 2가지를 생성하도록 안내했습니다. 저는 학생들이 그러한 질문을 생각한 이유와 답을 어떻게 알아낼 수 있는지 설명해 보도록 북돋웠습니다.

실천하기: 저는 텍스트의 다음 부분을 읽어 주었고, 학생이 평가적 질문과 답을 생성하도록 요구했습니다. 저는 텍스트의 다음 부분을 통해 이 과정을 계속했습니다. 다음은 학생이 만든 질문의 예시입니다.

> 여러분은 안네의 가족이 수용소 캠프로 가는 것을 피하기 위해 했던 일을 어떻게 옹호할 것인가요?

> 만약 여러분이 나치 군대의 일원이었다면, 여러분은 다른 누군가에게 히틀러의 행동을 어떻게 정당화할 것인가요?

독해 안내하기

안네의 가족에게 음식과 옷을 몰래 가져다주었던 친구들에게 무슨 일이 일어났다고 생각하나요?

성찰하기: 우리는 '평가적 질문하기'의 중요성과 그것이 어떻게 텍스트를 더 잘 이해하도록 돕는지에 대해 토의했습니다. 그리고 나서 우리는 다른 유형의 텍스트를 읽는 동안 '평가적 질문하기'를 어떻게 사용할 수 있을지에 대해 말했습니다.

저는 학생들이 잘 수행했다고 생각합니다. 다음으로, 학생의 짝은 텍스트의 이어지는 부분에 대해 평가적 질문 만들기를 실천했고, 결과를 전체집단과 공유했습니다. 학급의 다른 구성원은 질문에 응답했습니다. 수업의 말미에서, 우리는 '평가적 질문하기'를 어떻게 사용했는지, 그것이 어떻게 우리의 텍스트 독해를 도왔는지, 다른 텍스트를 읽을 때 그것을 어떻게 사용할지에 관해 성찰했습니다.

② 교사 안내 소집단 지도. 소집단에서, 저는 '평가적 질문하기'를 검토했고, 평가적 질문에서 사용되는 핵심 단어를 학생에게 상기시켰습니다. 그리고 나서 저는 학생이 『별을 헤아리며』(Lowry, 1990)를 읽도록 안내했고, 평가적 질문의 제작을 도왔습니다. 다음은 학생이 만든 질문과 응답입니다.

Papa(아빠)는 Ellen이 수용소에 가지 않도록 하기 위해 Annemarie와 Ellen이 자매라고 거짓말을 하게 했습니다. 여러분은 이 사실을 어떻게 정당화할 것인가요?

- 저희 부모님은 항상 거짓말을 하지 말라고 말씀하십니다. 하지만 어떤 상황에서는 거짓말을 할 필요가 있습니다.
- 그 거짓말은 무고한 어린아이가 해를 입지 않도록 보호했습니다.

수업의 말미에서, 우리는 '평가적 질문하기'를 어떻게 사용했는지, 그것이 어떻게 텍스트 이해를 도왔는지, 다른 텍스트를 읽을 때 그것을 어떻게 사용할 것인지에 관해 성찰했습니다.

저는 학생들이 잘 수행했다고 생각합니다. 그들은 실행할 수 있는 질문을 만들었습니다. 그리고 텍스트와 자신의 삶을 연결하는 사고를 했습니다. 다시 한번, 학생들은 '신호 단어'(signal words)[1]의 사용을 인식하는 것으로 보였습니다. 신호 단어는 제가 질문을 생성하는 방법을 가르칠 때, 알려 주었던 것입니다.

③ 학생 주도 독해 센터. 학생은 '탐구 센터'와 '시 센터'에서 유대인 대학살에 대한 책을 읽었습니다. 그리고 책의 등장인물에게 물어볼 수 있는 평가적 인터뷰 질문을 만들었습니다. 다음은 학생이 만든 질문과 인터뷰 대상자의 예시입니다.

<독일 군인> 당신은 2차 세계대전 동안 자신의 행동을 어떻게 옹호할 수 있습니까?

<안네 프랑크> 당신은 다락방에 머문 이후로, 어떤 경험을 가장 높이 평가합니까?

<미프> 당신은 유대인 대학살 동안 유대인 공동체를 도왔던 사람으로서 자신의 입장을 어떻게 옹호할 수 있습니까? 유대인 가족을 도운 것에 관해 성찰할 때, 자신의 경험 중에 스스로 높이 평가하는 것은 무엇입니까?

이 화제와 관련된 책은 *A Picture Book of Anne Frank*(Adler, 1994)와 *Four Perfect Pebbles*(Perl & Lazan, 1999)를 들 수 있습니다.

---

1   '신호 단어'는 질문이 평가적 질문임을 나타내는 단어이다. '정당화하다', '옹호하다' 등이 그 예이다.

④ **학생 주도 독해 루틴.** 학생은 *Terrible Things: An Allegory of the Holocaust* (Bunting, 1995), *The Devil's Arithmetic*(Yolen, 1990), 『안네의 일기』(Goodrich, 1993) 등 유대인 대학살에 관한 여러 책의 '독서 서클'에 참여했습니다. 토의 진행자는 모둠에게 평가적 질문을 제시했습니다. 모둠 구성원은 읽고 있는 책의 정보에 기초하여, 그런 질문에 대해 토의했습니다. 그리고 나서 학생들은 동료가 대답할 평가적 질문을 생성했습니다. 다음은 *Terrible Things*를 읽었던 학생인 Kevin의 예시입니다.

> 이 책의 작가는 유대인 대학살 동안 인간에 대한 상징으로서 동물을 사용했습니다. 여러분은 이 끔찍한 역사적 사건을 묘사하기 위해 동물을 사용한 작가를 어떻게 정당화할 수 있습니까?

⑤ **교사 주도 전체집단 성찰과 목표 설정.** 이 단계에서, 우리의 성찰은 내용과 전략 모두를 다루었습니다. 먼저, 우리는 유대인 대학살과 같은 사건의 재발을 어떻게 막을 수 있을지에 관해 성찰했습니다. 그리고 그것을 달성하도록 도울 실천 목표를 세웠습니다. 이는 학생에게 '텍스트-세상' 연결을 촉진하였습니다. 그리고 나서 학생은 평가적 질문을 만들고 답하는 능력에 관해 성찰했습니다. 이를 위해 '생각하기-짝짓기-공유하기' 기법을 사용했습니다. 끝으로, 우리는 목표 설정하기에 참여했습니다.

⑥ **평가 기회.** 저는 이 수업에서 학생을 평가하기 위해 학생의 토의를 관찰했습니다. 그리고 학생이 만든 평가적 질문과 응답을 평가 자료로 활용했습니다.

3) Richard 선생님의 8학년 [독해 안내하기] 계획 사례

<그림 11>에서, 8학년 교사인 Richard Watkins는 평가하기 전략을 가르칠 계획을 보여 주고 있다. Richard 선생님은 다양한 텍스트, 상황, '토의 그물'(Discussion

Web)을 사용한다. 그는 사고구술을 통하여 자신의 수업이 어떻게 진행되었는지 설명한다.

그림 11. 독해 전략: 평가하기 - '토의 그물'

교사 주도 전체집단 지도

- 설명하기: '평가하기'를 설명한다. 그리고 '토의 그물'을 이용하면 어떻게 평가하기를 배울 수 있는지 설명한다.
- 시범보이기: 설명체 텍스트를 읽고 사고구술을 사용하면서, '토의 그물'의 사용법을 시범보인다.(실물화상기 이용)
- 안내하기: 학생이 '토의 그물'에 기여하도록 안내한다.
- 실천하기: 학생에게 '토의 그물'을 완성하게 한다. 관찰한다.
- 성찰하기: 평가하기 전에 쟁점을 파악하는 것이 중요하다는 점을 성찰한다. '토의 그물'을 사용할 수 있는 다른 상황에 대해 논의한다.

학생 주도 독해 센터

- '탐구 센터'에 간다. 그리고 http://www.dosomething. org 에 접속한다.
- 읽을 기사를 선택한다. 그리고 "미디어는 학교 폭력에 책임이 있는가?"라는 질문에 대해 '토의 그물'을 사용하면서 응답한다.

교사 안내 소집단 지도

- 회상하기: 전략을 회상하고, 평가하기에 초점을 둔다.
- 안내하기: 학교 폭력에 관한 기사를 읽고, '토의 그물'을 시작하도록 안내한다.
- 실천하기: 학생이 그물의 양쪽 입장을 뒷받침하는 근거를 제시하고, 토의하며, 결론에 이르도록 한다.
- 성찰하기: 평가하기의 중요성에 관해 성찰한다. 이 전략을 다른 상황에서 다른 텍스트에 적용할 수 있는 방법에 대해 논의하면서 확장한다.

학생 주도 독해 루틴

- http://www.dosomething. com 에 접속하고, 인쇄해서 읽을 기사를 선택한다.
- '작가에게 질문하기' 활동의 대상으로 기사를 사용한다. 그리고 총기 규제, 흡연, 학교 폭력 등과 같은 화제에 관한 '토의 그물' 활동의 대상으로 기사를 사용한다.

교사 주도 전체집단 성찰과 목표 설정

- 공유하기: 단계 2의 소집단에서 완성한 '토의 그물'을 전체집단에서 발표하고 공유한다.
- 성찰하기: '토의 그물'이 어떻게 우리가 평가하도록 돕는지에 관해 성찰한다. 그리고 평가하기 능력을 평가한다. 성찰을 촉진하기 위해 '티켓 제시'(Tickets Out) 기법을 사용한다.
- 새로운 목표를 설정하기: 새로운 목표를 설정하거나 기존의 목표를 확장한다.

독해 안내하기

① **교사 주도 전체집단 지도.** 저는 수업의 시작 부분에서 의견과 설득의 개념을 학생들과 논의했습니다. 그러고 나서 저는 "무기를 가질 권리"(The Right to Bear Arms) 라는 기사를 학생에게 읽어 주었습니다. 우리는 그 기사에 대한 의견을 나누었습니다. 그리고 다른 사람들이 그 화제에 대해 우리와 같은 방식으로 생각하도록 어떻게 설득할 수 있는지에 대해 이야기했습니다.

저는 학생에게 '토의 그물' 형식을 제공했고, 직접교수법에 참여했습니다. 이 과정의 일부로서 저는 다음과 같은 질문으로 '토의 그물'을 시작했습니다. "미국 헌법은 총기의 개인 소유를 막기 위해 개정되어야 하는가?" 저는 긍정 반응과 부정 반응을 각각 뒷받침하는 근거를 텍스트에서 보여 주었습니다(그림 12 참고). 저는 학생들이 각각의 측면에 대한 더 많은 근거를 텍스트에서 발견할 수 있도록 안내했습니다. 다음으로, 학생들은 결론에 이르기 위해 모둠에서 활동했습니다. 결론과 이에 대한 근거를 전체학급에 발표했습니다. 끝으로, 우리는 '토의 그물'을 사용하는 것의 중요성을 재차 확인하였습니다. 학생은 쟁점의 양쪽 측면을 살펴보고, 양쪽에 대한 사실을 검토하며, 정보에 근거한 결정을 내릴 수 있습니다.

그림 12. 전체집단 '토의 그물' 반응

아니오	근거	예
• 우리의 법은 지금까지 잘 시행되었다. 소수의 잘못으로 모두에게 변화가 일어나서는 안 된다. • 범죄자가 있고, 우리는 방어를 위해 총이 필요하다. • 우리는 사냥을 위해 총을 사용한다. • 우리는 사격 연습 및 스키트 사격과 같은 취미를 위해 총을 사용한다. • 총을 사용하는 것은 미국인의 권리이다. 그것은 헌법에 있다.	**토의 화제/ 질문** 헌법은 총기의 개인 소유를 막기 위해 개정되어야 하는가? **결론** 아니오, 헌법은 개정되지 않아야 한다.	• 어린이들이 총을 가지고 놀다가 우연히 죽기도 한다. • 도둑이 범죄를 저지르려고 총을 훔친다. • 화난 사람이 다른 사람에게 앙갚음하기 위해 총을 사용한다. • 사람들이 총기 안전 수칙을 따르지 않는다 • 누군가를 죽이기 위해 총을 사용하는 것은 잘못된 것이다. 총기를 금지하는 것은 이를 멈추도록 할 것이다.

근거

우리는 이러한 결론에 도달했다. 왜냐하면 총을 책임 있게 사용하는 사람들은 그렇지 않은 사람들로 인해 불이익을 받지 않아야 하기 때문이다.

② **교사 안내 소집단 지도.** 소집단 상황에서, 저는 평가하기를 포함한 독해 전략을 회상하면서 시작했습니다. 그리고 나서 저는 '학교 폭력'에 대한 정보전달 기사 읽기를 통하여 학생을 안내했습니다. 2가지 다른 입장과 텍스트 근거 사용을 시범 보인 후에, 저는 학생들이 각각의 입장에 대한 텍스트 근거를 추가해 보도록 했습니다. 토의 후에, 소집단은 합의에 도달했습니다. 그리고 나서 우리는 자신의 생각을 성찰하고 확장했습니다.

③ **학생 주도 독해 센터.** 모둠원은 '탐구 센터' 활동으로 웹사이트(http://www.dosomething.org)에 있는 '학교 폭력'에 관한 기사를 읽었습니다. 그리고 학생은 '미디어는 학교 폭력에 책임이 있는가?'와 같은 질문에 기초하여, '토의 그물'을 완성했습니다. <그림 13>은 '토의 그물' 반응의 사례입니다.

그림 13. <학생 주도 독해 센터>의 '토의 그물' 반응

아니오	근거	예
• 어린이는 스스로 결정할 수 있고, 미디어를 일방적으로 받아들이지 않아야 한다. • 미디어는 총기로 비디오 게임을 만들고 있다. 그러나 게임을 할지 말지 선택하는 사람은 어린이다. • 어린이는 집에서 일어나는 일을 겪게 된다. 어린이의 나쁜 행동은 미디어 때문이 아닐 수도 있다.	**토의 화제/ 질문** 미디어는 학교 폭력에 책임이 있는가? **결론** 예, 미디어는 학교 폭력에 책임이 있다.	• 어린이는 비디오 게임, TV, 영화 등에 너무 빠져서, 등장인물이 총을 쏘는 것을 따라할 것이다. • 미디어가 총기를 광고할 때, 어린이는 그것이 멋지다고 생각하고 따라한다. • 어린이는 마약을 하지 않고 총을 사용하지 않도록 배운다. 미디어는 어린이가 배우는 것을 방해하는 광고를 내보내지 않아야 한다. 어린이가 그 광고를 보게 될 것이기 때문이다.

근거
우리는 이러한 결론에 도달했다. 왜냐하면 음악, 비디오 게임, 인터넷 등에는 폭력 장면이 많이 나와서, 학생이 어떤 상황에 반응할 때 미디어에서 본 사람들처럼 폭력적으로 변하기 때문이다.

④ **학생 주도 독해 루틴.** 학생은 웹사이트에 접속했고, 읽을 기사를 선택하여 인쇄했습니다. 그리고 이 기사를 '작가에게 질문하기'의 자료로 사용했습니다. 또한 총기 규제, 광고, 학교 폭력, 흡연 등과 같은 화제에 대한 '토의 그물'을 완성했습니다.

⑤ **교사 주도 전체집단 성찰과 목표 설정.** 단계 3에서, 우리는 '토의 그물'을 사용하는 것에 관해 성찰했습니다. '토의 그물'은 자신의 입장을 선택하고, 사고를 뒷받침하며, 다른 이들이 우리의 관점을 가지도록 설득하기 위해 사용됩니다. 우리는 성찰과 공유하기를 위해 '티켓 제시' 활동을 사용했습니다. 그리고 나서 우리는 새로운 목표를 설정했습니다.

⑥ **평가 기회.** 수업 시간 동안, 저는 학생을 관찰했습니다. 학생은 '토의 그물'에서 찬성 입장과 반대 입장에 어떤 정보가 포함될 것인지, 그리고 어떻게 결론에 도달할 것인지 협상했습니다. 저는 또한 완성된 '토의 그물', '티켓 제시', 학생의 글쓰기를 비형식적 평가 자료로 사용했습니다.

Beth, Jacquelyn, Richard 선생님은 수업의 말미에 평가를 업데이트했다. [독해 안내 프로파일]에 몇몇 학생에 대한 관찰 내용 및 교사 논평과 같은 근거를 추가했다. 교사들은 몇몇 학생에 대해 매일 프로파일을 업데이트하는 것이 프로파일의 조직과 운영에 도움이 된다고 하였다. 주말까지, 교사들은 모든 학생의 [독해 안내 프로파일]에 평가 정보를 추가한다.

이 장에서는 4학년, 6학년, 8학년 사례를 통해 [독해 안내하기]가 어떻게 교실에 적용되는지 보여 주고자 하였다. 다른 전략 및 학년 수준에서 모형의 적용을 보여 주는 지도 계획은 <부록 F>에 있다. 이러한 지도 계획(지도안)은 교사의 성찰 및 학생의 반응 사례를 포함한다. [독해 안내하기]를 사용하기 위한 60분 및 90분 수업 스케줄도 <부록 F>에 있다(414쪽 참고).

마지막 장에서, 우리는 [독해 안내하기]에 대한 교사와 학생의 반응을 공유함으로써, 성찰의 역할을 확장한다. 우리는 또한 그 모형을 설계하고 실행하는 과정에서 우리가 배운 점에 관해서도 성찰한다.

8장

[독해 안내하기]에 관한 성찰

읽기는 선생님이 우리를 학교에 푹 빠져들게 하기 위해
사용하는 것이라고 생각합니다.

Rosie Parker, 3학년 학생

이 마지막 장에서, 우리는 [독해 안내하기]에 관한 다양한 성찰을 제공함으로써, 책 전체를 정리하고자 한다. 우리는 먼저 교사의 반응을 제시하고, 학생의 반응도 제시한다. 그리고 나서 모형 개발 및 실행에 대한 우리 저자들의 생각도 제시한다.

1. [독해 안내하기]에 대한 교사의 반응

여기에 제시된 성찰은 3-8학년 교사의 것이다. 이 교사들은 모형을 실행했거나 '초점 집단'(focus group)에 속하였다. 성찰은 동료 교사나 모형 창안자인 저자들에게 전한 구두 및 서면 논평이었다. 우리는 모형을 정교화하기 위해 [독해 안내하기] 과정에 대한 교사들의 생각을 수렴하였다. 서면 성찰에 참여한 교사는 자신의 희망에 따라 실명 혹은 익명으로 하였다.

교사들은 모형의 구조, 접근가능성, 계획(지도안) 형식, 평가 선택 사항, 시간 제약 등 여러 측면에 관해서 논평해 주었다.

먼저 Kim Ware가 쓴 상세한 성찰을 제시한다. 그리고 다른 교사들의 성찰은 간단하게 발췌해서 제시하도록 한다.

1) Kim 선생님의 성찰

지난 몇 년간 많은 읽기 프로그램과 전략이 소개되었습니다. 저는 읽기를 가르치는 새로운 방법에 대해 배우는 것을 좋아합니다. 하지만 최근에 이러한 방법들은 제가 학생에게 가르쳐야 할 것을 진정으로 가르치는 데에 효과적이지 못하다고 느꼈습니다.

저는 이것이 고학년에서 특히 그러하다고 생각합니다. 학생들이 이러한 수준에 도달하는 시간까지, 대부분의 학생은 유창하게 읽는 것을 학습했습니다. 그리고 교사가 그들의 성장을 인식하고 추적하기는 쉽지 않습니다. 이것이 제가 [독해 안내 모형]에 진정으로 감탄하는 이유입니다. 학생들과 이 모형을 사용했을 때, 저는 학생들이 좋은 독해 전략을 발달시키고 성공적으로 적용하는 것을 볼 수 있었습니다. 저는 학생들이 읽기에서의 독립적 수준으로 성장하는 것을 보고 감명받았습니다. 무엇보다 저는 학생들 사이에 매일 발생하는 문식성에 기반한 토의의 양에 놀랐습니다. 과거에, 소설 읽기가 대화를 유발하는 것은 치아를 뽑는 것처럼 드물었습니다. 그러나 지금은 교실 대화가 학습 경험의 자연스러운 부분이 되었습니다.

제가 [독해 안내하기]를 처음 실행하기 시작했을 때, 시간 문제에 대해 걱정했습니다. 전체 과정을 완성하는 데에 실제로 2~3일이 걸렸습니다. 그러나 모형, 모형의 적용, 전략 등을 직접 가르친 후에, 학생들과 저는 모형에 친숙해졌습니다. 지금 우리는 매일 그 과정을 완성하고 있습니다.

제가 모형을 처음 사용하기 시작했을 때, 저는 학생의 실제 읽기 시간이 줄어드는 것을 걱정했습니다. 저는 모형을 사용하기 전에, 읽기를 두 차시로 나누곤 했습니다. 전체집단 소설 공유하기와 교사 안내 소집단 읽기 또는 독서 서클이 그것입니다. 학생들은 또한 독해 질문에 답하는 데에 많은 시간을 소비했습니다. [독해 안내하기]를 사용한 후에, 저는 학생들이 [독해 안내 모형] 이전의 지도에서 실제로는 읽는 데에 아주 적은 시간을 보냈다는 것을 깨달았습니다. 지금 제가 교실을 둘러볼 때, 읽는 데에 많은 시간을 보내는 학생들을 봅니다. 학생들은 고등 수준의 사고를 적용하는 동안, 텍스트에 몰입하고 텍스트에 대한 대화에 참여합니다.

또 다른 시간 관련 쟁점은 계획입니다. 모형을 처음 적용할 때, 저는 계획하는 데에 많은 시간이 걸렸습니다. 모든 학생의 강점, 요구 사항, 흥미, 읽기 수준 등을 진정으로 고려하기 위해서는 많은 준비 시간이 필요합니다. 그러나 모형을 사용하면서, 저는 모든 학생의 요구 사항, 책무성, 진보를 잘 조직하고, 잘 인식할 수 있었습니다.

저는 이 모형으로 독해를 가르치는 것이 매우 기쁩니다. 저희 학생은 독해 전략을 학습하고, 협동하고, 성찰하며, 새로운 목표를 설정하는 것의 유익함을 누리고 있습니다. 자신의 능력 수준에 적절한 활동에 참여하고 있고, 여러 유형의 텍스트를 사용하고 있습니다.

이 모형은 교사로서 저에게도 유익함을 주었습니다. 저는 지금 개별 학생의 능력 및 요구 사항을 잘 이해하고 있습니다. 또한 그러한 요구 사항을 충족하기 위해 계획을 유연하게 수정하기도 합니다.

저는 이것이 최상의 접근법이라고 느끼지만, 학생들에게도 어떤 접근법이 가장 좋은지 물어보았습니다. 대부분의 학생은 [독해 안내하기]를 선호했습니다. 이유는 다음과 같았습니다.

"우리는 정말로 책을 깊게 탐구하고, 읽고 있는 것을 이해합니다."

"모형 때문에 책이 더 읽고 싶어져요."

2) 다른 교사의 반응

다음은 [독해 안내하기]에 관한 3-8학년 교사들의 성찰에서 발췌한 것이다.

> [독해 안내하기]는 현실적입니다. 구조가 따르기 쉽습니다. 모형이 유익할 것이라고 어느 정도 기대는 했지만, 그 이상이었습니다. 제가 더 잘 지도할 수 있는 방법을 알게 되어서 놀라고 기뻤습니다. 지속적 평가는 제가 더 깊은 방식으로 학생을 이해하도록 도왔습니다.

독해 전략 지도를 다루어 주어서 고맙게 생각합니다. 저희 학생은 7학년입니다. 이 중 많은 학생은 전략을 효과적으로 사용하는 방법을 알지 못했습니다.

이 모형은 교수·학습의 방향을 제시합니다. 저는 모형의 많은 구성 요소가 중요하다는 점을 알았습니다. 하지만 저는 항상 어떤 것이 빠졌다고 느꼈습니다. 모형과 평가 시스템은 저에게 지도를 위한 틀을 제공했고, 그것은 제가 필요로 했던 것입니다.

저희 학급의 모든 사람은 잘 알고 있습니다. 우리는 항상 목표를 인식합니다. 그리고 새로운 목표를 설정하는 것이 학습 경험의 일부라는 점을 압니다. 학생들은 교실 공동체의 일부라고 느끼고, 그 과정에서 학습 동기가 형성됩니다.

저는 8학년 학생들이 독해 센터에 흥미를 가질 것이라고는 전혀 생각하지 못했습니다. 그러나 제가 틀렸습니다! 그들은 정말로 모형에 빠져 있습니다. 그리고 학생들은 학습한 것을 동료와 함께 그리고 스스로 적용하는 빈번한 기회에 특별히 만족해하는 것으로 보입니다.

모든 학생은 다양한 수준과 유형의 텍스트를 사용하면서, 학습하고 있습니다. 학생들은 읽기에 새로운 흥미를 가집니다. 저는 더 이상 중간 수준의 학생들만을 가르치지 않습니다. 저는 모든 학생을 가르치고 있습니다. 학생들이 충분한 지원을 받으며, 더 도전적 텍스트에 몰입하는 많은 기회를 가진다는 점이 특히 중요하다고 생각합니다. 저희 학생들은 8학년입니다. 더 높은 수준의 텍스트에 접근하는 것은 그들에게 중요합니다.

저는 2학년에서 읽기를 가르치곤 했습니다. 이 모형은 더 나아가고, 3–8학년에서 읽기를 가르치기 위한 틀을 제공합니다. <교사 안내 소집단>에서뿐만 아니라 독해와 여러 가지 유형의 텍스트를 다루는 다른 상황에서도 그러합니다. 이 모형은 보다 포괄적 접근법입니다.

이 모형과 프로파일은 '개별화 교육'(differentiating instruction)에 적합합니다. 저는 개별 학생의 요구 사항을 지금 충족시키고 있습니다.

저를 포함하여 학급의 모든 사람은 루틴으로서 그 모형에 참여하는 데에 아주 능숙해졌습니다. 저는 이것을 특히 좋아합니다.

모형은 학생의 독해를 강화하기 위해 토의, 글쓰기, 그리기, 드라마, 음악, 실제적 과제를 사용합니다. 이는 학생의 흥미와 동기를 유발합니다. 저는 이것 때문에 [독해 안내하기]가 효과를 낸다고 생각합니다. 비록 다양한 양식의 반응이 학생에게 이롭다는 것을 알지만, 고학년 학생에게는 이러한 기회를 제공하지 않는 경향이 있기 때문입니다.

제가 모형을 처음 사용하기 시작했을 때, 직접교수법에 걸리는 시간에 대해 걱정했습니다. 그러나 학생들과 제가 그 모형에 친숙해짐에 따라, 시간 문제는 저절로 해결되었습니다.

일반 교사들의 반응에 더하여, 특수교육 교사들은 다양한 반응 양식의 통합을 특히 높게 평가하였다. '읽기 전문가'(reading specialists)[1]들은 <교사 안내 소집단>을 좋게 평가하였다. 부진한 학생을 일반 교실에 포함시키거나 분리시켜 지도할 수 있다는 점 때문이었다. 장학사와 행정가들은 지도의 틀, 다양한 수준의 텍스트에 대한 학생의 접근, 다양한 지도 상황 등을 높이 평가하였다.

---

1   교사와 특수교사 이외에 읽기 부진아 등을 전문적으로 지도하는 사람을 말한다.

종합적으로 [독해 안내하기]에 대한 교사들의 반응은 긍정적이었다. 문제가 된 요인은 시간이었다. 그러나 Kim 선생님과 다른 교사들이 성찰에서 언급했듯이, 학생과 교사가 교수·학습의 루틴으로서 모형에 익숙해짐에 따라, 모형을 적용하는 데에 드는 시간은 점점 줄어든다.

2. [독해 안내하기]에 대한 학생의 반응

학생들도 학생만이 할 수 있는 놀랄 만한 통찰력을 보여 주었다. 우리는 이 책의 각 장이 시작하는 부분에서 학생의 성찰 중 일부를 제시하였다. 다음은 학생의 성찰을 보여 주는 추가 사례이다.

저는 [독해 안내하기]를 좋아합니다. 이유는 다음과 같습니다. 이것을 하기 전에, 저는 읽기에 대해 꽤 안다고 생각했습니다. 하지만 지금 저는 읽는 동안 정말로 깊이 생각할 수 있습니다. 또한 읽기는 제가 생각했던 것 이상이었습니다. 저는 이전에 할 수 있었던 것보다 더 많이 할 수 있습니다. 우리는 항상 목표를 설정하고, 이를 달성하기 위해 활동합니다. 모형은 읽기 활동의 지침(road map)과 같습니다.

여러분이 독해하고 있을 때, 여러분의 두뇌는 카펫의 먼지를 빨아들이는 진공청소기와 같습니다. 먼지를 모두 빨아들이는 데에 많은 시간이 걸립니다. 하지만 여러분이 머릿속에 읽고 있는 것의 그림을 그릴 때, 그림은 모두 거기에 있습니다. 저는 제 책 바구니를 좋아합니다. 왜냐하면 거기에는 제가 읽고 싶고, 읽을 수 있는 책이 많기 때문입니다.

이제 읽기는 제가 생각하도록 합니다. 저는 그냥 읽기만 했고, 많이 좋아하지는 않았습니다. 하지만 지금 저는 읽기가 저의 모든 것이라고 생각합니다. 제가 읽고 싶은 것, 제가 읽을 수 있는 책, 다른 친구 및 선생님과 말하기, 제가 어떻게 전략을 사용하는지, 제가 센터에서 하는 것, 제가 생각하는 것 등이 저의 모든 것입니다.

5학년이었던 작년에 우리가 매일 했던 것은 묵독이었습니다. 그것은 재미없었고, 많이 배웠다는 생각이 들지 않았습니다. 하지만 [독해 안내하기]는 재미있고, 많이 배우고 있다는 생각이 저절로 듭니다. 우리는 [독해 안내하기] 시간 내내 읽고, 쓰고, 말하고, 듣습니다.

저는 책을 읽을 때, 머릿속에 그림을 그리는 것과 '이것이 의미를 구성하는가?' 하고 스스로 물어보는 것을 좋아합니다. 저는 이전에는 이런 경험을 하지 못했습니다. 모형은 제가 읽고 있는 것을 이해하도록 돕습니다.

우리가 때로는 모두 함께 있고, 때로는 함께 있지 않고, 그러고 나서 다시 함께 있는 것이 좋습니다. 그것은 우리가 같은 학급에 있고, 같은 학급에 있지 않고, 다시 같은 학급에 있는 것과 같습니다. 저는 목표를 설정하고, 목표를 얼마나 달성했는지 보여 주기 위해 여러 가지 활동을 하는 시간을 좋아합니다.

저에게 독해는 좋아하는 책에 대한 미스터리를 해결하는 것입니다. 저는 전략 및 협동 학습을 통해 그것을 합니다.

3. 우리 저자들의 성찰

우리 저자들은 모형을 실행하기 위해 교사들과 함께 활동하는 동안, 반복적으로 다음과 같은 아이디어가 중요함을 느꼈다.

- 읽기는 의미 구성 과정이다.
- 읽기는 사고 과정이다.
- 읽기는 사회적이다.
- 학생의 선택권이 중요하다.
- 박식한 교사가 핵심이다.
- 접근가능한 텍스트가 중요하다.
- 직접교수법이 중요하다.
- 독해 전략을 가르치기 위한 실행 가능한 틀이 필수적이다.

이러한 생각은 [독해 안내 모형]에서 다음과 같은 구성 요소로 구현되었다.

- 다양한 지도 상황
- 많은 장르의 통합
- 텍스트 구조에 대한 지식
- 역동적 집단 편성
- 안내된 실천부터 독립적 실천까지 실천을 위한 다양한 기회 제공: 교사
  와 학생, 동료와 학생, 학생 스스로
- 독립적 실천을 할 수 있는 좋은 상황 – 센터와 루틴
- 다양한 양식으로 반응할 기회 제공
- 능동적 참여자로서 학생과 교사
- 역동적 평가, 다양한 측정 기법, 성찰, 공유하기(발표하기), 목표 설정

요약하면, 독서 맥락의 모든 구성 요소는 독해를 촉진하기 위해 함께 작용한다. 우리는 또한 유능한 교사에게 다음과 같은 시간이 필요함을 인정한다.

독해 안내하기

- 독해 센터와 루틴을 개발하는 시간

- 텍스트의 수준을 구분하는 시간

- 개별 학생에 대한 정보를 모으고, 축적하고, 종합하는 시간

- 계획하고 가르치는 시간

4. 마무리

책 전체를 통해, 우리는 서문에서 언급한 독해에 대해 가장 자주 제기되는 질문에 답하였다. 우리는 독해가 무엇인지, 연구자들이 가장 좋은 독해 지도 방법으로 믿는 것은 무엇인지, 독해 전략을 어떻게 가르칠 수 있는지, 맥락이 어떤 역할을 하는지, 교실을 어떻게 효과적으로 조직하고 운영할 수 있는지, 독해를 어떻게 평가할 수 있는지 등을 설명하였다.

책의 첫 부분에서 우리는 다음과 같이 말한 적이 있다. 문식성 전문가로서 우리 모두는 독해에 대한 더 큰 개념적 및 실천적 지식을 추구하고 있다. 즉, 독해가 어떻게 기능하는지와 독해가 어떻게 교실의 교수·학습으로 통합될 수 있는지가 그것이다. 우리 저자들은 독자분들이 이 [독해 안내하기]를 학습한 후에, 두 가지 지식 모두 증가하기를 기대한다.

지도 아이디어(기법)와
활동 자료

1. 한눈에 보는 지도 아이디어(기법)

지도 아이디어	사용 시기	독해 전략	텍스트
미리 보기			
예상/반응 안내	읽기 전 읽은 후	미리 보기 점검하기	서사체 설명체
프리딕토그램 (Predict-o-Gram)	읽기 전 읽은 후	미리 보기 요약하기	서사체
읽기 전 계획(PreP)	읽기 전 읽은 후	미리 보기 연결하기	설명체
가능한 구절	읽기 전	미리 보기 연결하기	서사체
텍스트에 질문하기	읽기 전 읽는 중	미리 보기 연결하기 요약하기	서사체 설명체
의미 지도	읽기 전 읽은 후	미리 보기 단어들이 어떻게	서사체 설명체
이야기책 소개	읽기 전	미리 보기 단어들이 어떻게 연결하기	서사체 설명체
이야기의 첫인상	읽기 전	미리 보기 연결하기	서사체
자기 질문하기			
"나는 궁금해요" 진술문	읽기 전 읽는 중 읽은 후	자기 질문하기 미리 보기 연결하기	서사체 설명체

K-W-L과 K-W-L-S	읽기 전 읽는 중 읽은 후	자기 질문하기 미리 보기 연결하기	설명체
짝 질문하기	읽는 중 읽은 후	자기 질문하기 연결하기 점검하기	서사체 설명체
질문과 답의 관계	읽은 후	자기 질문하기 연결하기 점검하기	서사체 설명체
두껍고 얇은 질문	읽기 전 읽는 중 읽은 후	자기 질문하기 연결하기	서사체 설명체

연결하기

텍스트를 부호화하기	읽는 중	연결하기	서사체 설명체
연결 문장 만들기	읽은 후	연결하기	서사체 설명체
두 칸 기록장	읽기 전 읽는 중 읽은 후	연결하기 점검하기 요약하기	서사체 설명체
그림으로 연결하기	읽는 중 읽은 후	연결하기 시각화하기	서사체 설명체
마지막 말은 저에게	읽은 후	연결하기 평가하기	서사체 설명체

시각화하기

갤러리 이미지	읽은 후	시각화하기 연결하기	설명체

독해 안내하기

도해 조직자 / 시각 조직자	읽기 전 읽는 중 읽은 후	시각화하기 연결하기 요약하기	서사체 설명체
이미지 안내하기	읽기 전 읽은 후	시각화하기 연결하기	서사체 설명체
열린 마음 인물화	읽은 후	시각화하기 연결하기	서사체 설명체
늘어나는 스케치	읽은 후	시각화하기 연결하기	서사체 설명체

단어가 어떻게 작용하는지 알기(단어 학습)

개념도	읽기 전	단어들이 어떻게	서사체 설명체
문맥 단서	읽는 중	단어들이 어떻게	서사체 설명체
유추에 의한 해독	읽는 중	단어들이 어떻게	서사체 설명체
리스트-그룹-라벨	읽기 전 읽은 후	단어들이 어떻게 미리 보기 연결하기	설명체
가능한 문장	읽기 전 읽은 후	단어들이 어떻게 미리 보기 점검하기 요약하기	설명체
리벳(RIVET)	읽기 전	단어들이 어떻게 미리 보기	설명체
의미 자질 분석법	읽기 전	단어들이 어떻게 연결하기	서사체 설명체
유추에 의한 어휘	읽는 중	단어들이 어떻게	서사체 설명체

어휘 자기 수집 전략	읽은 후	단어들이 어떻게 연결하기	서사체 설명체

점검하기

책갈피 기법	읽는 중 읽은 후	점검하기 단어들이 어떻게 연결하기 평가하기	서사체 설명체
끼워 넣기	읽는 중	점검하기 연결하기	설명체
짝 독서 패턴	읽는 중	점검하기 연결하기 평가하기	서사체 설명체
무언가를 말해요	읽는 중	점검하기 연결하기	서사체 설명체
사고구술	읽기 전 읽는 중 읽은 후	모든 전략	서사체 설명체

요약하기

전기문 피라미드	읽은 후	요약하기 연결하기 점검하기	설명체
노랫말 요약	읽은 후	요약하기	서사체 설명체
이야기 피라미드	읽은 후	요약하기 연결하기 점검하기	서사체

독해 안내하기

짝 요약하기	읽은 후	요약하기 연결하기 점검하기	서사체 설명체
질문을 문단으로	읽기 전 읽는 중 읽은 후	요약하기 자기 질문하기	설명체
다시 말하기	읽은 후	요약하기	서사체
요약 주사위	읽기 전 읽는 중 읽은 후	요약하기	서사체 설명체

평가하기

토의 그물	읽은 후	평가하기 연결하기	서사체 설명체
평가적 질문하기	읽는 중 읽은 후	평가하기 자기 질문하기	서사체 설명체
일지 반응	읽는 중 읽은 후	평가하기 연결하기 요약하기	서사체 설명체
마음의 만남	읽은 후	평가하기	서사체 설명체
설득적 글쓰기	읽기 전 읽는 중 읽은 후	평가하기	서사체 설명체

독해 루틴

직접 읽기-사고 활동	읽기 전 읽는 중 읽은 후	미리 보기 연결하기 점검하기	서사체 설명체

독서 서클	읽은 후	연결하기 단어들이 어떻게 점검하기 요약하기 평가하기	서사체 설명체
작가에게 질문하기	읽는 중	연결하기 자기 질문하기 점검하기	서사체 설명체
상보적 교수법	읽기 전 읽는 중 읽은 후	미리 보기 자기 질문하기 점검하기 요약하기	서사체 설명체

2. 지도 아이디어(기법)의 절차

1) 예상/반응 안내 (Anticipation/Reaction Guide)

목적: 텍스트를 읽는 목적을 설정하기 위해,

　　　　선행 지식을 활성화하고 이를 텍스트와 연결하는 것을 촉진하기 위해

독해 전략: 미리 보기, 점검하기

텍스트: 서사체, 설명체

사용 시기: 읽기 전, 읽은 후

절차: ('예상/반응 안내'를 설명하고 시범보이면서 시작한다.)

　　1. 교사는 학생이 읽을 텍스트를 선정한다.

　　2. 교사는 학생이 동의나 반대로 응답할 3~5개의 일반적 진술문을 만든다. 직관적으로는 적절하지만, 텍스트를 읽으면 부당성을 입증할 수 있는 진술문을 만든다. 또는 직관적으로는 틀리지만, 텍스트를 읽으면 사실로 입증할 수 있는 진술문을 만든다. 학생에게 적절한 칸에 ∨ 표시를 함으로

써, 동의나 반대를 나타내게 한다.

3. 학생에게 자신의 원래 예측의 타당성이나 부당성을 입증하기 위해 텍스트를 읽게 한다.

4. 읽은 후에, 학생에게 자신의 원래 예측을 다시 살펴보게 하고, 필요하다면 수정하게 한다.

예시: (Seymour Simon[1979]의 *Animal Fact/Animal Fable*)

동의   반대

1. 박쥐는 밤에 보기 위해 눈과 귀를 사용한다.

_____ _____

2. 짱뚱어는 나무에 오를 수 있는 물고기이다.

_____ _____

3. 귀뚜라미의 울음소리는 기온에 따라 변한다.

_____ _____

출처: Readence, J.E., Bean, T.W., & Baldwin, R. (2000). *Content area reading: An integrated approach* (7th ed.). Dubuque, IA: Kendall/Hunt.

2) 프리딕토그램 (Pridect-o-Gram)

(253쪽의 활동지 참고)

목적: 서사체의 구성 요소를 사용하면서 이야기에 대해 예측하기 위해, 어휘를 소개하기 위해

독해 전략: 미리 보기, 요약하기

텍스트: 서사체

사용 시기: 읽기 전, 읽은 후

절차: ('프리딕토그램'을 설명하고 시범보이면서 시작한다.)

1. 교사는 학생의 예측을 활성화하기 위해 이야기에서 어휘를 선정한다. 어휘는 이야기의 구성 요소(즉, 등장인물, 배경, 문제, 행동, 해결 등)를 나타내야 한다.

2. 교사는 낱말이 이야기의 어떤 구성 요소에 대해 말하는지 학생에게 고르게 한다. 그리고 학생에게 '프리딕토그램' 활동지의 적절한 공간에 각각의 낱말을 쓰게 한다.

3. 학생은 이야기를 읽는다.

4. 교사는 학생과 함께 원래 예측을 다시 살펴보고, 필요하다면 수정한다. 학생은 이야기를 요약하거나 다시 말하기 위해 결과물을 활용한다.

출처: Blachowicz, C.L. (1986). Making Connections: Alternatives to the vocabulary notebook. *Journal of Reading*, 29, 643-649.

3) 읽기 전 계획 (Prereading Plan, PreP)

목적: 화제에 대한 선행 지식을 활성화하기 위해,

새로운 어휘를 소개하고 연결하기 위해

독해 전략: 미리 보기, 연결하기

텍스트: 설명체

사용 시기: 읽기 전, 읽은 후

절차: ('읽기 전 계획'을 설명하고 시범보이면서 시작한다.)

1. 교사는 화제에 대한 사고를 자극하기 위해 학생에게 하나의 단서 낱말을 제공한다.

2. 교사는 학생에게 그 화제에 관련된 낱말 및 개념을 브레인스토밍하게 한다. 교사는 학생이 말한 것을 칠판에 모두 적는다.

3. 교사는 낱말 및 개념을 목록화한 후에, 낱말을 제시한 학생에게 그 낱말을 제안한 이유를 물어본다. 학생과 함께 낱말 및 개념을 명료화한다.

4. 학생은 텍스트를 읽는다.

5. 읽은 후에, 학생은 낱말 및 개념의 원래 목록을 다시 살펴보고, 필요하다

면 수정한다.

출처: Langer, J. (1981). From theory to practice: A prereading plan. *Journal of Reading*, 25. 152-156.

4) 가능한 구절 (Probable Passages)

(254쪽의 활동지 참고)

목적: 이야기의 구성 요소를 사용하면서, 예측하기 위해

어휘를 소개하기 위해,

이야기 어휘를 사용하여 이야기 구조와 연결하기 위해

독해 전략: 미리 보기, 연결하기

텍스트: 서사체

사용 시기: 읽기 전

절차: ('가능한 구절'을 설명하고 시범보이면서 시작한다.)

1. 교사는 이야기에 나오는 핵심 어휘를 학생에게 소개한다. (이야기의 다양한 구성 요소를 나타내는 어휘를 선정한다.)

2. 학생은 제시된 핵심 어휘를 사용하여, 이야기의 구성 요소를 예측하는 문장을 만들어 본다. (교사가 '이야기 지도'(story map)를 제공하면, 이 과정에 도움이 된다.)

3. 교사는 학생이 예측하여 만들어 본 문장을 학급 전체와 공유하도록 한다.

4. 학생은 원래의 예측을 입증하거나 수정하기 위해 이야기를 읽는다.

예시: (Kevin Henkes[1991]의 *Chrysanthemum*)

핵심 어휘: Chrysanthemum, 무서운, 학교, 완벽하다, Victoria, 시들었다, 피었다, Mrs. Twinkle, 이름

이야기 지도: 위의 단어를 사용하면서, 각각의 이야기 구성 요소를 예측하
는 문장을 만드시오.

배경: 나는 이야기가 학교에서 일어난다고 생각한다.

등장인물: 등장인물의 이름은 Chrysanthemum, Victoria, Mrs. Twinkle
이다.

문제: 꽃이 피었을 때, 모습은 완벽했다. 하지만 꽃이 시들었고 무서워
보였다.

해결: 학생들은 학교를 위해 새로운 꽃을 사기로 결정했다.

출처: Wood, K. (1984). Probable Passages: A writing strategy. *The Reading Teacher*, 37, 496-499. 로부터 변형

5) 텍스트에 질문하기 (Questioning the Text)

(255쪽의 활동지 참고)

목적: '텍스트 구조' 및 '텍스트 지원 요소'에 대한 지식을 사용하여 독해를 촉진
하기 위해,

연결하고 정보를 요약하기 위해

독해 전략: 미리 보기, 연결하기, 요약하기

텍스트: 서사체, 설명체

사용 시기: 읽기 전, 읽는 중

절차: ('텍스트에 질문하기'를 설명하고 시범보이면서 시작한다.)

1. 텍스트를 읽기 전에, 교사는 다음과 같은 질문을 하면서 사고구술한다.(전
부 또는 취사 선택한 질문)

• 텍스트의 유형은 무엇이지? 서사체인가 설명체인가? 어떤 단서가 내가

이것을 알도록 도왔지?

- 이 텍스트는 어떤 질문에 답하게 될까?
- 나는 이 텍스트에 대해 어떤 질문을 가지지?
- 앞표지(제목, 표지 그림, 저자)는 어떤 단서를 제공하지? 목차 페이지는 어떤 단서를 제공하지?
- 책의 물리적 측면(크기, 길이, 글자 크기)은 나에게 무엇을 말하지?
- 작가는 친숙한가? 나는 작가에 대해 무엇을 알지? 나는 어떤 연결을 할 수 있지?
- 화제는 친숙한가? 나는 화제에 대해 무엇을 알지? 나는 어떤 연결을 할 수 있지?
- 장르와 문체는 나에게 어떤 단서를 제공하지?
- 요약문이 있는가? 요약문은 내가 무엇을 알도록 돕지?
- 뒤표지의 정보는 나에게 무엇을 말하지?

2. 교사는 소집단의 학생에게 텍스트와 질문을 제공한다. 학생이 텍스트에 질문하도록 안내한다.
3. 학생은 수집한 정보에 대해 토의한다.
4. 학생은 그 정보를 요약한다. 읽는 중에, 교사는 학생에게 새로운 정보를 추가하게 한다.

주의: 교사는 독해를 강화하기 위해 읽기 전과 읽는 중에 학생이 텍스트에 질문하도록 북돋운다.

출처: McLaughlin, M., & Allen, M.B. (2002). *Guided Comprehension: A Teaching model for grades 3-8*. Newark, DE: International Reading Association.

6) 의미 지도 (Semantic Map)

목적: 특정한 화제에 대한 지식을 활성화하고 조직하기 위해

독해 전략: 미리 보기, 단어가 어떻게 작용하는지 알기

텍스트: 서사체, 설명체

사용 시기: 읽기 전, 읽은 후

절차: ('의미 지도'를 설명하고 시범보이면서 시작한다.)

1. 교사는 텍스트의 주요 화제를 선정한다. 그것을 차트, 실물화상기, 칠판 등에 적는다. 그것 주위에 원을 그린다.

2. 교사는 학생에게 그 화제에 관련된 하위 화제들을 브레인스토밍하게 한다. 주요 화제와 하위 화제들을 연결하기 위해 선을 이용한다.

3. 교사는 학생에게 각각의 하위 화제와 관련하여 떠오르는 생각을 브레인스토밍하게 한다. 각각의 하위 화제 아래에 이러한 생각을 기록한다.

4. 학생은 텍스트를 읽는다. 그리고 학생은 새로운 지식을 반영하기 위해 '의미 지도'를 수정한다.

예시:

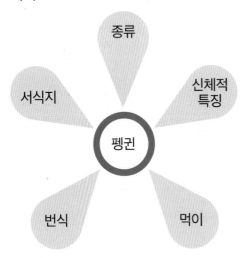

출처: Johnson, D.D., & Pearson, P.D. (1984). *Teaching reading vocabulary* (2nd ed.). New York: Holt, Rinehart and Winston.

독해 안내하기

7) 이야기책 소개 (Storybook Introductions)

목적: 읽기 전에, 책의 이야기·등장인물·어휘·문체 등을 소개하기 위해,

이야기에 대한 예측을 촉진하기 위해,

학생이 새로운 텍스트에 접근할 수 있도록 하기 위해

독해 전략: 미리 보기, 단어가 어떻게 작용하는지 알기, 연결하기

텍스트: 서사체, 설명체

사용 시기: 읽기 전

절차: ('이야기책 소개'를 설명하고 시범보이면서 시작한다.)

1. 교사는 텍스트를 미리 보고, 학생이 텍스트에 쉽게 접근할 수 있도록 소개할 준비를 한다. 소개할 내용에는 텍스트 구조, 전문 어휘, 언어 패턴, 어려운 부분 등이 포함될 수 있다.

2. 교사는 화제, 제목, 등장인물 등을 소개한다.

3. 교사는 학생이 개인적 경험이나 다른 텍스트와 관련지음으로써, 표지 및 텍스트의 삽화에 반응하도록 북돋운다.

4. 교사는 삽화를 훑어보는 동안, 절정까지의 플롯을 소개한다 (가능하다면, 결말은 알려주지 않는다). 이러한 과정 전체에 걸쳐, 교사는 학생이 개인적 경험이나 다른 텍스트와 연결하도록 지원하고, 다음에 무슨 일이 일어날지 예측하도록 북돋운다.

5. 교사는 학생에게 유용할 몇몇 문학적 언어, 책의 통사론, 전문 어휘, 반복적 문장 패턴 등을 소개한다

6. 학생은 텍스트를 읽는다. 그리고 나서 학생은 토의 및 다른 활동에 참여한다.

주의: 텍스트에 기초하여 그리고 학생의 능력 및 텍스트 유형과의 친숙성에 기초하여, 소개할 내용을 결정하는 것이 중요하다. 소개는 교사의 풍부한 소개로부터 더 짧고 보다 초점화된 소개, 간단한 소개까지 다양할 수 있다.

출처: Clay, M.M. (1991). Intruducing a new storybook to young readers. *The Reading Teacher*, 45, 264-273.

8) 이야기의 첫인상 (Story Impressions)

목적: 서사체 글쓰기에 대한 틀을 제공하기 위해,

이야기에 대한 예측을 북돋우기 위해,

이야기 구조와 이야기 어휘를 연결하기 위해

독해 전략: 미리 보기, 연결하기

텍스트: 서사체

사용 시기: 읽기 전

절차: ('이야기의 첫인상'을 설명하고 시범보이면서 시작한다.)

1. 교사는 이야기에 대한 단서를 주는 단어의 목록을 학생에게 제공한다. 이야기의 구성 요소(등장인물, 배경, 문제, 사건, 해결 등)에 관련된 단어를 선택한다.

2. 교사는 이야기에 나오는 것과 같이 단어를 연속적 순서로 나열한다. 단어를 아래 화살표로 연결한다. 단서의 목록을 학생들과 공유한다.

3. 소집단에서, 학생은 제시된 순서로 단서를 사용하면서, 이야기를 만든다.

4. 교사는 소집단의 학생에게 자신이 만든 이야기를 학급과 공유하게 한다. 그리고 학생은 이야기에 대해 토의한다.

5. 교사는 학급에게 원작 이야기를 읽어 준다. 그리고 학생에게 원작 이야기와 자신의 이야기를 비교·대조하게 한다.

예시: (John Reynolds Gardiner[1988]의 『조금만, 조금만 더』)

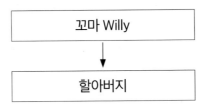

출처: McGinley, W., & Denner, P. (1987). Story impressions: A prereading/ prewriting activity. *Journal of Reading*, 31, 248-253.

9) "나는 궁금해요" 진술문 ("I Wonder" Statements)

목적: 자기 질문하기를 북돋우기 위해,

읽기 과정 동안 능동적 사고에 대한 모델을 제공하기 위해

독해 전략: 자기 질문하기, 미리보기, 연결하기

텍스트: 서사체, 설명체

사용 시기: 읽기 전, 읽는 중, 읽은 후

절차: ("나는 궁금해요" 진술문을 설명하고 시범보이면서 시작한다.)

1. 교사는 "나는 궁금해요"라는 진술문을 사용하면서, 말이나 글로 시범을

보여 준다. 생활 경험이나 세상뿐만 아니라 이야기의 사건이나 텍스트에 제시된 사실에 대해 궁금해 한다.

2. 교사는 학생이 세상이나 일상, 이야기의 사건, 텍스트에 제시된 사실 등에 대해 궁금해 하도록 안내한다.

3. 교사는 말이나 글로 궁금한 점을 공유하는 형식을 학생에게 제공한다. 이런 형식에는 "나는 궁금해요" 책이나 '생각하기-짝짓기-공유하기' 등이 있다.

4. 학생은 궁금한 점을 공유한다. 그리고 가능하면, 텍스트를 바탕으로 이에 대해 토의한다.

5. 교사는 학생이 이야기나 내용 교과 텍스트를 읽으면서, 궁금해 하도록 북돋운다. 학생은 궁금한 점을 바탕으로 후속 읽기나 탐구를 수행한다.

출처: Harvey, S., & Goudvis, A. (2000). *Strategies that work: Teaching comprehension to enhance understanding*, York, ME: Stenhouse.

10) 알고 있는 것 – 알고 싶은 것 - 알게 된 것 (Know-Want to Know-Learn, K-W-L)

(256-257쪽의 활동지 참고)

목적: 화제에 대한 학생의 선행 지식을 활성화하기 위해,

　　　읽기 목적을 설정하기 위해,

　　　화제에 대해 알고 있는 것을 입증하고, 수정하며, 확장하기 위해

독해 전략: 자기 질문하기, 미리 보기, 연결하기

텍스트: 설명체

사용 시기: 읽기 전, 읽는 중, 읽은 후

절차: ('K-W-L'을 설명하고 시범보이면서 시작한다.)

　　　1. 교사는 학생에게 특정 화제에 대하여 알고 있는 모든 것을 브레인스토밍

하게 한다. 교사는 학생에게 이런 아이디어를 K(Know) 칸에 쓰게 한다.

2. 다음으로, 교사는 학생에게 화제에 대해 알고 싶은 것을 W(Want to Know) 칸에 쓰게 한다.

3. 학생은 텍스트를 읽는다.(읽을 때, 학생은 L 칸에 학습한 새로운 아이디어, 사실, 개념 등을 메모할 수 있다.)

4. 교사는 학생에게 학습한 내용을 L(Learned) 칸에 쓰게 한다.

5. 학생은 '이미 알고 있는 것'을 수정하거나 입증하기 위해 K 칸을 다시 살펴본다.

6. 학생은 모든 질문에 답했는지 점검하기 위해 W 칸을 다시 살펴본다.

7. 학생은 완성된 K-W-L에 대해 토의한다.

출처: Ogle, D. (1986). K-W-L: A teaching model that develops active reading of expository text. *The Reading Teacher*, 39, 564-570.

변형: 알고 있는 것 - 알고 싶은 것 - 알게 된 것 - 더 알고 싶은 것

(Know - Want to Know - Learned - Still Want to Know, K-W-L-S)

교사는 학생에게 4번째 칸에 '더 알고 싶은 것'을 쓰게 한다. 교사는 학생이 이러한 질문에 대한 답을 찾도록 도울 계획을 세운다.

출처: Sippola, A.E. (1995). K-W-L-S. *The Reading Teacher*, 48, 542-543

11) 짝 질문하기 (Paired Questioning)

목적: 서사체 및 설명체 텍스트를 읽는 동안, 질문하기와 능동적 의사 결정하기에 참여하기 위해

독해 전략: 자기 질문하기, 연결하기, 점검하기

텍스트: 서사체, 설명체

사용 시기: 읽는 중, 읽은 후

절차: ('짝 질문하기'를 설명하고 시범보이면서 시작한다.)

1. 짝 활동이다. 학생은 짝과 텍스트의 제목이나 부제목을 읽는다.

2. 두 사람은 그 읽기 자료를 옆에 놓는다. 한 학생이 먼저 제목이나 부제목과 관련하여 마음속에 떠오르는 한 가지 질문을 한다. 다른 학생은 그 질문에 대해 합리적인 답을 하려고 노력한다. 그리고 나서 그들은 역할을 바꾼다.

3. 학생은 짝과 미리 정한 텍스트의 한 부분을 묵독한다.

4. 읽은 후에, 한 학생이 먼저 한 가지 질문을 한다. 다른 학생은 필요에 따라 텍스트를 사용하면서, 대답한다. 그리고 나서 그들은 역할을 바꾼다. 텍스트를 다 읽을 때까지, 학생은 짝과 이 과정을 계속한다.

5. 텍스트를 다 읽은 후에, 한 학생은 중요한 아이디어와 중요하지 않은 아이디어라고 생각한 것을 말한다. 그 이유도 설명한다. 다른 학생은 텍스트의 내용을 바탕으로 그것에 동의하거나 반대한다.

출처: Vaughn, J., & Estes, T. (1986). *Reading and reasoning beyond the primary grades*. Boston: Allyn & Bacon.

12) 질문과 답의 관계 (Question-Answer Relationship, QAR)

(258쪽의 활동지 참고)

목적: 자기 질문하기를 촉진하기 위해,

질문에 답하는 데에 필요한 정보의 출처에 초점을 둠으로써, 독해 질문에 답하기 위해

독해 안내하기

독해 전략들: 자기 질문하기, 연결하기, 점검하기

텍스트: 서사체, 설명체

사용 시기: 읽은 후

절차: ('질문과 답의 관계'를 설명하고 시범보이면서 시작한다.)

1. 교사는 '질문과 답의 관계'의 개념과 용어를 소개한다. 2가지 종류의 '질문과 답의 관계'가 있다는 점을 설명한다.

[책 속에] – 답은 텍스트에 있다.

[내 머릿속에] – 답은 학생의 이해 및 배경지식을 요구한다.

위의 2가지 종류에 대해 다시 또 2가지 종류의 '질문과 답의 관계'가 있다는 점을 설명한다.

[책 속에]

<바로 거기에> – 답은 한 문장에 있다.

<생각하고 찾기> – 답은 여러 문장이나 문단에 있지만, 텍스트에 있다.

[내 머릿속에]

<내 스스로> – 답은 자신의 배경지식에 의존한다.

<작가와 나> – 답은 자신의 배경지식과 책에서 알게 된 정보로 찾을 수 있다.

2. 교사는 '질문과 답의 관계'의 사용 방법을 사고구술한다. 답의 출처를 제시하고 말이나 글로 답하면서, 적절한 '질문과 답의 관계'를 선택하는 것을 시범보인다.

3. 교사는 하나의 짧은 텍스트와 관련 질문들을 소개한다. 교사는 소집단이

나 개인에게 그 텍스트 및 질문들로 활동하게 한다. 학생은 질문들에 답하고, 자신이 사용한 '질문과 답의 관계' 전략에 대해 말한다. 교사는 모든 타당한 대답을 수용한다.

4. 학생은 또 다른 텍스트로 '질문과 답의 관계'를 실천한다.

'질문과 답의 관계'의 지도 원리: 즉각적 피드백을 준다. 더 짧은 텍스트로부터 더 긴 텍스트로 나아간다. 집단 활동으로부터 독립적 활동으로 학생을 안내한다. 더 쉬운 과제로부터 더 어려운 과제로 전이한다.

출처: Raphael, T. (1986). Teaching children Question-Answer Relationships, revisited. *The Reading Teacher,* 39, 516-522.

13) 두껍고 얇은 질문 (Thick and Thin Questions)

목적: 텍스트에 관련된 질문을 만들기 위해,

　　　학생이 묻고 답하는 질문의 깊이를 스스로 식별하도록 돕기 위해,

　　　질문을 사용하여 텍스트에 대한 이해를 촉진하기 위해

독해 전략: 자기 질문하기, 연결하기

텍스트: 서사체, 설명체

사용 시기: 읽기 전, 읽는 중, 읽은 후

절차: ('두껍고 얇은 질문'을 설명하고 시범보이면서 시작한다.)

1. 교사는 '두꺼운 질문'과 '얇은 질문'의 차이를 학생에게 가르친다. 두꺼운 질문은 큰 그림 및 개념을 다룬다. 두꺼운 질문에 대한 대답은 뒤얽히고, 복잡하며, 개방적이다. 얇은 질문은 특정한 내용이나 낱말을 다룬다. 대답은 짧고, 폐쇄적이다.

2. 교사는 학생이 '두껍고 얇은 질문'을 만들도록 안내한다. 교사는 텍스트

의 한 부분을 읽어 준다. 그리고 학생에게 다음과 같은 프롬프트를 제공한다. 두꺼운 질문에 대해 "왜…?" 또는 "…이라면 어떨까?" 등이 있다. 얇은 질문에 대해 "얼마나 멀리…?" 또는 "언제…?" 등이 있다.

3. 교사는 학생에게 그들이 읽고 있는 텍스트에 대해 '두껍고 얇은 질문'을 만들게 한다. 학생은 [독해 안내 일지]에 질문을 쓸 수 있다. 또는 두꺼운 질문을 더 큰 접착 메모지에 쓰고, 얇은 질문을 더 작은 접착 메모지에 쓸 수 있다.

4. 학생은 소집단 및 학급에서 질문과 대답을 공유한다.

출처: Lewin, L. (1998). *Great performances*: *Creating classroom-based assessment tasks*. Alexandria, VA: Association for Supervision and Curriculum Development.

Harvey, S., & Goudvis, A. (2000). *Strategies that work: Teaching comprehension to enhance understanding*. York, ME: Stenhouse.

14) 텍스트를 부호화하기 (Coding the Text)

목적: 읽는 중에 연결하기 위해,

　　　읽기에 능동적으로 참여하기 위해

독해 전략: 연결하기

텍스트: 서사체, 설명체

사용 시기: 읽는 중

절차: ('텍스트를 부호화하기'를 설명하고 시범보이면서 시작한다.)

1. 교사는 읽어 주기와 사고구술을 사용하면서, 학생에게 연결하기의 예시들을 시범보인다. 이들은 '텍스트-자신, 텍스트-텍스트, 텍스트-세상' 연결 등을 포함할 수 있다.

2. 읽어 주는 동안, 교사는 연결을 유발하는 텍스트의 한 부분을 부호화하는 방법을 시범보인다. 이때 접착 메모지, 부호(T-S = 텍스트-자신, T-T = 텍스트-텍스트, T-W = 텍스트-세상), 연결한 내용을 설명하는 몇 가지 낱말 등을 사용한다.

3. 교사는 학생에게 짧은 텍스트를 읽고 부호화하기 위해 소집단에서 활동하게 한다. 교사는 학생에게 자신의 생각을 학급과 공유하게 한다.

4. 교사는 학생이 자신의 생각을 접착 메모지에 기록하면서, 텍스트를 부호화하도록 북돋운다. 그리고 학생은 이 메모지를 소집단 및 학급 토의의 기초로 사용한다.

예시: (Maya Angelou[1994]의 "On the Pulse of Morning")

텍스트-자신	텍스트-텍스트	텍스트-세상
우리가 이 시를 읽었을 때, 그것은 우리의 모든 조상이 다른 나라에서 여기로 왔다는 점을 상기시켰다.	이 시는 우리에게 "가지 않은 길"이라는 시를 상기시켰다. 왜냐하면 두 편의 시에서, 시인들은 우리가 어떤 선택을 하도록 북돋우는 상황을 서술하기 때문이다.	우리는 세상과 연결했다. 왜냐하면 그 시는 많은 민족에 대해 말하고, 모두가 희망차며 다시 꿈꿔야 한다고 제안하기 때문이다.

출처: Harvey, S., & Goudvis, A. (2000). *Strategies that work: Teaching comprehension to enhance understanding.* York, ME: Stenhouse.

15) 연결 문장 만들기 (Connection Stems)

목적: 읽는 동안 연결하는 구조를 제공하기 위해,

읽는 중에 성찰을 북돋우기 위해

독해 전략: 연결하기

텍스트: 서사체, 설명체

사용 시기: 읽은 후

절차: ('연결 문장 만들기'를 설명하고 시범보이면서 시작한다.)

1. 교사는 텍스트를 읽어 준 후에, 학생에게 하나의 문장(문형)을 보여 준다. 그리고 그것을 완성하는 과정을 사고구술한다. 교사는 연결한 내용을 설명하기 위해 텍스트의 내용과 개인적 경험을 사용한다.

2. 교사는 또 다른 텍스트를 읽어 주고, 학생이 짝과 함께 말로 그 문장을 완성하도록 안내한다.

3. 교사는 학생에게 짧은 텍스트를 짝과 함께 읽게 하고, 문장을 함께 완성하게 한다.

4. 학생은 완성한 문장을 토의나 일지 반응을 통하여 공유한다.

문장:

- 그것은 나에게 _____ 를 상기시킨다.
- 나는 _____ 를 기억한다.
- 나는 연결한다. 왜냐하면 _____ 이기 때문이다.
- 내가 _____ 처럼 했던 경험은 _____ 이다.
- _____ 했을 때, 나는 그 등장인물처럼 느꼈다.
- 만약 내가 그 등장인물이라면, 나는 _____ 할 텐데.

예시: (E.L. Konigsburg[1998]의 *The View from Saturday*)

- 새 학교에 가는 Julian은 내가 전학 갔을 때를 상기시킨다. Julian의 첫날은 나와 비슷했다.
- 나는 Nadia처럼 플로리다에 계신 할아버지를 찾아갔던 때를 기억한다.
- 나는 연결한다. 왜냐하면 나도 Ginger만큼 똑똑한 개를 키우기 때문이다.

- 내가 Julian의 다과회처럼 가졌던 경험은 영국에 살던 사람들이 여는 오후 파티에 갔을 때였다.
- Nadia가 바다거북에 대한 보고서를 쓰고 있었을 때, 나는 Nadia처럼 느꼈다. 왜냐하면 나도 작년에 바다거북에 대한 보고서를 썼고, 방학 때 몇 마리의 바다거북을 봤기 때문이다.
- 만약 내가 Mrs. Olinski라면, 누군가가 나를 장애인이라고 불러서 슬펐을 텐데.

출처: Harvey, S., & Goudvis, A. (2000). *Strategies that work: Teaching comprehension to enhance understanding*. York, ME: Stenhouse. 로부터 변형

16) 두 칸 기록장 (Double-Entry Journal)

(259-260쪽의 활동지 참고)

목적: 읽기 반응에 대한 구조를 제공하기 위해,

　　　텍스트에서 유의미한 부분을 결정하고, 이에 대해 개인적 연결을 하기 위해

독해 전략: 연결하기, 점검하기, 요약하기

텍스트: 서사체, 설명체

사용 시기: 읽기 전, 읽는 중, 읽은 후

절차: ('두 칸 기록장'을 설명하고 시범보이면서 시작한다.)

　　1. 교사는 학생에게 '두 칸 기록장'을 제공하거나 만들게 한다.

　　2. 교사는 기록장을 사용하는 방법을 설명한다. 기록장의 작성 절차와 예시를 시범보인다.(텍스트-자신, 텍스트-텍스트, 텍스트-세상 연결을 북돋운다.)

　　3. 학생은 텍스트를 읽는다.

　　4. 교사는 학생에게 텍스트의 핵심 사건, 아이디어, 주요 낱말, 인용문, 개념 등을 선택하게 하고, 종이의 왼쪽 칸에 그것을 쓰게 한다.

5. 교사는 학생에게 왼쪽 칸에 쓴 항목에 대해 떠오르는 생각을 오른쪽 칸에 쓰게 한다.

6. 학생은 기록장을 텍스트에 대한 토의의 도약판으로 사용한다.

출처: Tompkins, G.E. (1997). *Literacy for the 21ˢᵗ century: A balanced approach*. Upper Saddle River. NJ: Merrill.

17) 그림으로 연결하기 (Drawing Connections)

(261쪽의 활동지 참고)

목적: 읽는 동안 연결하는 구조를 제공하기 위해,
텍스트와 연결한 내용을 그림으로 표현하기 위해

독해 전략: 연결하기, 시각화하기

텍스트: 서사체, 설명체

사용 시기: 읽는 중, 읽은 후

절차: ('그림으로 연결하기'를 설명하고 시범보이면서 시작한다.)

1. 교사는 텍스트와 연결한 내용을 그림(도형, 선)으로 표현하는 방법을 시범보인다.

2. 교사는 학생에게 텍스트의 한 부분을 읽고 주고, 텍스트와 연결한 내용에 대해 사고구술한다. 텍스트와 연결한 내용을 그림으로 그리는 것을 시범보인다. 그리고 나서 교사는 텍스트와 연결한 내용을 한 문장이나 문단으로 쓴다.

3. 교사는 학생에게 텍스트의 또 다른 부분을 읽어 주고, 학생에게 자신이 텍스트와 연결한 내용을 그림으로 그리게 한다. 다음으로, 교사는 학생에게 자신이 텍스트와 연결한 내용을 한 문장이나 문단으로 쓰게 한다. 끝으로, 학생에게 소집단에서 그림을 공유하게 하고, 텍스트와 연결한 내용

을 설명하게 한다.

4. 교사는 학생이 스스로 읽고 있는 텍스트에 대해 그림을 그리도록 북돋운다. 그리고 텍스트와 연결한 내용을 한 문장이나 문단으로 쓰도록 북돋운다.

변형: 교사는 학생에게 텍스트와 연결한 내용을 그림으로 그리게 하는 것 대신에, 텍스트에서 본 것을 시각화하여 그림으로 그리게 할 수도 있다.

출처: McLaughlin, M., & Allen, M.B. (2002). *Guided Comprehension: A Teaching model for grades 3-8*. Newark, DE: International Reading Association.

18) 마지막 말은 저에게 (Save the Last Word for Me)

목적: 텍스트에 있는 정보 및 아이디어에 대해 토의하는 구조를 제공하기 위해, 텍스트에 제시된 정보와 연결하고, 정보를 평가하기 위해

독해 전략: 연결하기, 평가하기

텍스트: 서사체, 설명체

사용 시기: 읽은 후

절차: ('마지막 말은 저에게'를 설명하고 시범보이면서 시작한다.)

1. 학생은 텍스트를 읽는다.

2. 읽은 후에, 교사는 학생에게 다음과 같은 정보로 카드를 완성하게 한다.[2]

- 카드 왼쪽: 학생은 텍스트에서 하나의 아이디어, 구절, 인용문, 개념, 사실 등을 선택한다. 그것은 학생에게 새로운 것일 수도 있고, 이전의 생각을 입증하는 것일 수도 있으며, 학생이 반대하

---

2   카드의 왼쪽과 오른쪽으로 활용해도 되고, 앞면과 뒷면으로 활용해도 된다.

독해 안내하기

는 것일 수도 있다. 학생은 카드의 왼쪽에 자신이 선택한 것을 쓴다. 그리고 그것이 나온 쪽수도 쓴다.

- 카드 오른쪽: 학생은 왼쪽에 쓴 것에 대한 자신의 생각(반응)을 적는다.

3. 학생은 내용에 대해 토의하기 위해 소집단에 모인다.

4. 학생은 다음과 같은 절차로 토의한다.

- 한 학생이 자신의 카드의 왼쪽을 읽는다.

- 소집단에서 각각의 학생은 들은 내용에 대해 반응한다.

- 카드를 쓴 학생은 자신의 카드의 오른쪽을 발표함으로써, 마지막 말을 한다.

- 소집단의 모든 사람이 자신의 카드를 발표할 때까지, 이 과정을 반복한다.

예시: (G. Paulsen[1987]의 『손도끼』)

인용문	반응
그가 구조될 희망은 없었다. 희망은 사라졌다. 하지만 그의 지식 속에 희망이 있었다. 그가 배우고, 생존하며, 자신을 돌볼 수 있다는 사실에 희망이 있었다. 거친 희망, 그는 스스로 생각했다. 나는 거친 희망으로 가득하다. (p. 127)	저는 책의 이 부분을 선택했습니다. 왜냐하면 읽었을 때, 그것은 제 자신의 삶을 상기시켰기 때문입니다. 저는 다음과 같은 것에 대해 생각해 보았습니다. 얼마나 가끔 나는 알 필요가 있는 모든 것을 알고 그러고 나서 어떤 일이 일어난다고 생각하는가? 얼마나 가끔 나는 생존하기 위해 어떤 새로운 종류의 지식을 필요로 한다고 깨닫는가? 저희 할아버지가 돌아가셨을 때처럼 또는 저희 부모님이 교통사고를 당했을 때처럼, 저는 그러한 것들이 거친 희망을 필요로 했던 시간이라고 생각합니다.

출처: Short, K.G., Harste, J.C., & Burke, C. (1996). *Creating classrooms for authors and inquirers.* Portsmouth, NH: Heinemann.

19) 갤러리 이미지 (Gallery Images)

목적: 읽는 동안 마음속 이미지를 만들기 위해,

　　　시각화한 것을 공유하는 형식을 제공하기 위해

독해 전략: 시각화하기, 연결하기

텍스트: 설명체

사용 시기: 읽은 후

절차: ('갤러리 이미지'를 설명하고 시범보이면서 시작한다.)

　　1. 교사는 정보를 나타내기 위해 이미지를 사용하는 것의 개념을 설명한다. 내용 교과의 개념을 나타내는 2~4개의 다른 이미지의 예시를 보여 준다.

　　2. 소집단에서, 학생은 설명체 텍스트의 한 부분을 읽는다. 그리고 교사는 학생에게 포스터 크기의 종이에 2~4개의 이미지로 그 내용을 나타내게 한다. 학생은 교실이나 복도의 벽면에 이미지를 전시하여 갤러리를 만든다.

　　3. 교사는 학생에게 다양한 내용 교과에 대해 이미지를 만들게 한다.

출처: Ogle, D.M. (2000). Make it visual: A picture is worth a thousand words. In M. McLaughlin & M.E. Vogt (Eds.), *Creativity and innovation in content area teaching* (pp. 55-71). Norwood, MA: Christopher-Gorden.

20) 도해 조직자/시각 조직자 (Graphic Organizers/Visual Organizers)

(262-266쪽의 활동지 참고)

목적: 텍스트의 구조에 대한 시각적 모델을 제공하기 위해,

　　　정보 및 개념을 조직하는 것에 대한 형식을 제공하기 위해

독해 전략: 시각화하기, 연결하기, 요약하기

텍스트: 서사체, 설명체

사용 시기: 읽기 전, 읽는 중, 읽은 후

절차: ('도해 조직자/시각 조직자'를 설명하고 시범보이면서 시작한다.)

> 1. 교사는 학생에게 '도해 조직자'를 소개한다. 교사는 한 편의 텍스트를 읽고 텍스트의 내용을 도해 조직자에 메모함으로써, 사용 방법을 시범보인다.
>
> 2. 교사는 소집단의 학생에게 한 편의 텍스트를 독립적으로 읽게 하고, 텍스트의 내용을 적절한 도해 조직자로 표현하게 한다. 소집단은 활동 결과를 학급에 발표한다.
>
> 3. 학생은 텍스트의 구조와 사고 과정을 짝짓는 도해 조직자를 선택한다.

예시:

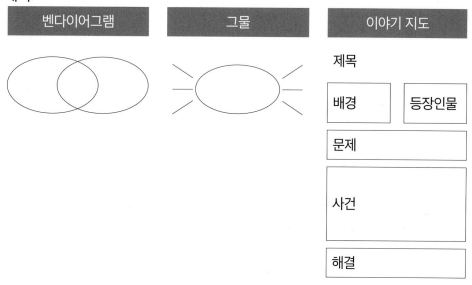

21) 이미지 안내하기 (Guided Imagery)

목적: 마음속 이미지를 만들기 위해,

　　　시각화한 것에 대해 토의하는 기회를 제공하기 위해

독해 전략: 시각화하기, 연결하기

텍스트: 서사체, 설명체

사용 시기: 읽기 전, 읽은 후

절차: ('이미지 안내하기'를 설명하고 시범보이면서 시작한다.)

1. 교사는 학생에게 눈을 감고, 마음속에 그림을 그리라고 한다. 짝과 활동하면 좋다. 교사는 학생에게 친숙한 것(예, 야구, 생일 파티, 애완동물, 불꽃놀이 등)에 대한 언어 자극을 제공하여, 짝끼리 서로 "본 것"(마음속 이미지)을 말하게 한다.

2. 교사는 학생에게 텍스트를 미리 보라고 한다. 삽화, 차트, 그래프 등을 보라고 하면 된다.

3. 교사는 학생에게 눈을 감고, 심호흡을 하며, 긴장을 풀라고 말한다. 교사는 학생이 텍스트의 화제에 대해 더 깊이 생각하도록 안내한다. 교사는 배경, 행동, 감각적 이미지, 정서 등에 대해 자세히 기술한다.

4. 교사는 학생에게 눈을 뜨게 하고, 마음속에 그린 그림을 소집단에서 공유하게 한다. 학생은 혼란스러운 것을 명료화하고, 질문에 답한다.

5. 그리고 나서 교사는 학생에게 '안내된 이미지'로부터 얻은 정보를 글로 쓰거나 그림으로 그리게 한다.

6. 끝으로, 교사는 학생에게 텍스트를 읽게 하고, 자신이 쓴 것이나 그린 것에 새로운 내용을 추가하게 한다. 학생은 자신의 생각을 다른 소집단과 공유한다.

출처: Lasear, D. (1991). *Seven ways of teaching: The artistry of teaching with multiple intelligences*. Palatine, IL: Skylight.

22) 열린 마음 인물화 (Open-Mind Portrait)

목적: 이야기에 대한 개인적 의미를 만들고 나타내기 위해, 등장인물의 관점을 이해하기 위해

독해 전략: 시각화하기, 연결하기

텍스트: 서사체, 설명체

사용 시기: 읽은 후

절차: ('열린 마음 인물화'를 설명하고 시범보이면서 시작한다.)

    1. 학생은 이야기의 등장인물 또는 전기문의 유명한 사람에 대한 인물화를 그리고 색칠한다.

    2. 학생은 인물화를 가위로 오린다. 다른 종이에 그것의 윤곽만 따라 그려서, 얼굴과 머리 모양을 만든다.

    3. 학생은 색칠한 인물화와 윤곽만 있는 인물화를 스테플러로 고정한다.

    4. 학생은 윤곽만 있는 인물화에 인물의 사고 및 감정을 그림으로 그리거나 글로 쓴다.

    5. 학생은 북 클럽, 독서 서클, 학급 만남 시간 등에서 '열린 마음 인물화'를 공유한다(발표한다).

변형: 학생은 큰 종이(A3 크기) 한 장을 반으로 접는다. 한쪽에는 책에 나온 등장인물에 대한 인물화를 그린다. 다른 한쪽에는 같은 모양의 인물화를 그리지만, 얼굴 특징은 채우지 않는다. 대신, 등장인물의 사고 및 감정을 나타내는 단어나 그림으로 얼굴을 채운다.

출처: Tompkins, G.E. (1997). *Literacy for the 21st century: A balanced approach*. Upper Saddle River. NJ: Prentice Hall.

23) 늘어나는 스케치 (Sketch to Stretch)

목적: 서사체나 설명체 텍스트에 대한 개인적 의미를 구성하고, 나타내며, 공유하기 위해,

    이해한 것을 스케치로 요약하기 위해

독해 전략: 시각화하기, 연결하기

텍스트: 서사체, 설명체

사용 시기: 읽은 후

절차: ('늘어나는 스케치'를 설명하고 시범보이면서 시작한다.)

1. 학생은 텍스트를 읽거나 듣는다. 그 후, 교사는 학생에게 텍스트가 자신에게 어떤 의미가 있었는지 스케치하라고 한다.

2. 교사는 학생이 다양하게 그릴 수 있도록 북돋운다. 개인적 의미를 나타내는 많은 방법이 있다는 점을 학생에게 확신시킨다.

3. 학생은 3~5명으로 이루어지는 모둠으로 모인다.

4. 학생은 모둠에서 자신의 스케치를 발표한다. 한 학생이 발표할 때, 다른 모둠원은 스케치에 대한 자신의 생각을 말한다. 일단 모둠원이 모두 말한 후에, 스케치를 그린 사람은 마지막으로 자신의 생각을 말한다.

5. 모둠의 모든 학생이 자신의 스케치를 발표할 때까지, 단계 4를 반복한다.

출처: Short, K.G., Harste, J.C., & Burke, C. (1996). *Creating classrooms for authors and inquirers*. Portsmouth, NH: Heinemann.

24) 개념도(Concept of Definition Map)

(267쪽의 활동지 참고)

목적: 새로운 어휘 및 화제와 연결하기 위해,

선행 지식과 새로운 정보를 연결함으로써, 개인적 의미를 구성하기 위해

독해 전략: 단어가 어떻게 작용하는지 알기

텍스트: 서사체, 설명체

사용 시기: 읽기 전

절차: ('개념도'를 설명하고 시범보이면서 시작한다.)

1. 교사는 탐구할 하나의 낱말을 선정하거나 학생에게 선정하게 한다. 그리고 그 낱말을 개념도의 가운데에 적는다.(예: 도시)

2. 교사는 학생에게 그 단어를 가장 잘 나타내는 하나의 폭넓은 범주를 결정하게 한다. 그리고 '그것은 무엇인가?' 부분에 쓰게 한다.(예: 도시는 장소이다)

3. 교사는 학생에게 그 단어를 설명하는 몇 가지 단어를 '그것의 특징은?' 부분에 쓰게 한다.(예: 시끄럽다, 혼잡하다, 빠르게 진행된다)

4. 교사는 학생에게 그 단어에 대한 특정한 예시를 '그것의 예시는?' 부분에 쓰게 한다.(예: 뉴욕, 시카고, 로스엔젤레스)

5. 교사는 학생에게 비교하게 한다.(예: 읍면)

6. 학생은 '개념도'에 대해 토의한다.

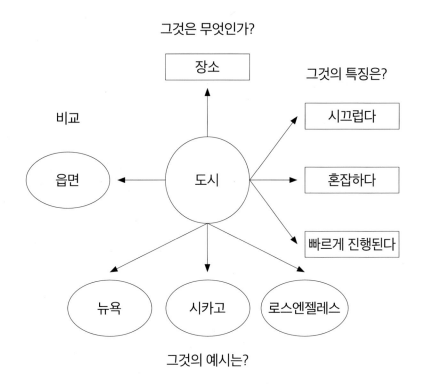

7. 학생은 텍스트를 읽는다. '개념도'를 다시 살펴보고, 수정하거나 추가한다.

출처: Schwartz, R., & Raphael, T. (1985). Concept of definition: A key to improving students' vocabulary. *The Reading Teacher*, 39, 198-205.

25) 문맥 단서 (Context Clues)

목적: 의미론과 통사론을 사용하여 모르는 단어의 뜻을 알아내기 위해, 다양한 단서 체계를 사용하여 텍스트의 의미를 구성하기 위해

독해 전략: 단어가 어떻게 작용하는지 알기

텍스트: 서사체, 설명체   **사용 시기:** 읽는 중

절차: ('문맥 단서'를 설명하고 시범보이면서 시작한다.)

1. 교사는 학생에게 8가지 유형의 '문맥 단서'를 설명하고, 각각의 예시를 제공한다.

   정의 – 모르는 단어를 아는 단어에 연결한다.

   예시/삽화 – 단어를 설명하기 위한 예시나 그림을 제공한다.

   비교/대조 – 단어를 비교하거나 대조한다.

   논리 – (직유법과 같이) 단어를 이치에 맞게 연결한다.

   어근과 접사 – 독자가 단어의 뜻을 알 수 있도록 유의미한 어근과 접사를 제공한다.

   문법 – 독자가 단어의 뜻을 알 수 있도록 문법적으로 맞는 단서를 제공한다.

   원인과 결과 – 원인과 결과 구조는 독자가 단어의 뜻을 가정하도록 한다.

   분위기와 어조 – 단어의 분위기에 대한 설명은 독자가 단어의 뜻를 가정하도록 한다.

2. 교사는 읽어 주기와 사고구술을 사용하면서, 텍스트에서 하나의 어렵거나 낯선 단어의 뜻을 알아내기 위해 단서 사용을 시범보인다. (사고구술은 문맥에 기초하여, 가장 효과적인 단서를 시범보인다.) 독자는 모르는 단어의 뜻을 알아내기 위해 몇 가지 단서를 사용한다.

3. 만약 문맥이 충분한 정보를 제공하지 않는다면, 교사는 단어의 뜻을 알아내는 다른 전략을 시범보인다.

출처: Tompkins, G.E. (2001). *Literacy for the 21st century: A balanced approach* (2nd ed.). Upper Saddle River. NJ: Prentice Hall.

Vacca, R.T., & Vacca, J.L. (1999). *Content area reading: Literacy and learning across the curriculum* (6th ed.). New York: Longman.

26) 유추에 의한 해독 (Decoding by Analogy)

목적: 압운(rime)을 통해 유추하여 낯선 단어를 해독하기 위해

독해 전략: 단어가 어떻게 작용하는지 알기

텍스트: 서사체, 설명체

사용 시기: 읽는 중

절차: ('유추에 의한 해독'을 설명하고 시범보이면서 시작한다.)

1. 교사는 학생에게 일반적 철자 패턴을 사용하는 고빈도 단어를 가르친다.

2. 교사는 이러한 예시 단어들로 단어 벽보를 만든다.

3. 교사는 사고구술을 사용하면서, 낯선 단어를 해독하기 위해 이러한 패턴을 사용하는 방법을 시범보인다.

4. 교사는 학생에게 새로운 단어를 유추하여 해독해 볼 기회를 제공한다. 필요에 따라 학생에게 말로 단서를 제공한다.

5. 교사는 학생이 새로운 단어를 해독하고 글자를 쓸 때, 이 전략을 사용하도록 북돋운다.

예시: 새로운 단어 = attentive

"선생님은 이 단어를 몰라요. 하지만 선생님은 이 단어의 몇 부분을 우리의

단어 벽보에서 알 수 있어요. 선생님은 at, ten, give 등의 단어에서 동일한 패턴을 봐요. 선생님이 글에서 이 단어를 해독하기 위해 그런 패턴을 사용할 때, at + ten + tive라고 읽을 수 있어요. 그것은 attentive를 말해요. 이제 선생님은 문장을 읽고, attentive가 거기에서 의미가 통하는지 확인할 필요가 있어요."

출처: Gaskins, I.W., Ehri, L.C., Cress, C., O'Hara, C., & Donnelly, K. (1996). Procedures for word learning: Making discoveries about words. *The Reading Teacher*, 50, 2-18.

27) 리스트-그룹-라벨 (List-Group-Label)

목적: 화제에 대한 선행 지식을 활성화하기 위해,

　　　 개념을 더 분명히 이해하기 위해

독해 전략: 단어가 어떻게 작용하는지 알기, 미리 보기, 연결하기

텍스트: 설명체

사용 시기: 읽기 전, 읽은 후

절차: ('리스트-그룹-라벨'을 설명하고 시범보이면서 시작한다.)

　　1. 교사는 칠판에 하나의 단서 단어를 쓴다.

　　2. 교사는 학생에게 그 화제에 관련된 단어를 브레인스토밍하게 한다. 교사는 학생이 말한 단어를 모두 칠판에 적는다.

　　3. 교사는 그 중 어떤 단어를 제거해야 하는지와 그 이유에 대한 토의를 이끈다.

　　4. 교사는 학급을 3~4명으로 이루어지는 모둠으로 나눈다. 교사는 모둠에게 단어를 다발짓게 하고, 각 다발(그룹)에 라벨을 붙이게 한다.

　　5. 교사는 모둠이 다발을 학급에 발표하도록 하고, 그렇게 다발지은 이유도 말하도록 한다. (다발 및 라벨이 타당하다면, 틀린 답은 없다.)

6. 교사는 학생에게 텍스트를 읽게 한다. 그 후에, 학생에게 다발을 다시 살펴보게 하고, 필요하다면 수정하게 한다.

출처: Maring, G., Furman, G., & Blum-Anderson, J. (1985). Five cooperative learning strategies for mainstreamed youngsters in content area classrooms. *The Reading Teacher*, 39, 310-313.

28) 가능한 문장 (Possible Sentences)

목적: 텍스트와 텍스트에 제시된 핵심 개념에 대한 이해를 향상시키기 위해, 어휘를 사용하여 텍스트의 내용을 예측하기 위해

독해 전략: 단어가 어떻게 작용하는지 알기, 미리 보기, 점검하기, 요약하기

텍스트: 설명체

사용 시기: 읽기 전, 읽은 후

절차: ('가능한 문장'을 설명하고 시범보이면서 시작한다.)

1. 교사는 텍스트에서 어려운 단어 6~8개를 선택한다. 이를 칠판에 쓴다.

2. 교사는 텍스트에서 쉬운 단어 4~6개를 선택한다. 이를 칠판에 쓴다.

3. 교사는 단어의 뜻을 정의한다. 가능하면, 교사는 학생이 자신의 배경지식을 사용하면서, 단어의 뜻을 정의하도록 한다.

4. 교사는 학생(개인 또는 모둠)에게 각 문장에 적어도 2개의 단어를 사용하면서, 문장을 만들게 한다. 교사는 학생이 발표한 문장을 칠판에 쓴다.

5. 교사는 학생에게 칠판에 쓴 문장을 입증하고, 수정하며, 확장하기 위해 텍스트를 읽게 한다.

6. 읽은 후에, 학생은 원래 문장을 살펴보고, 필요하다면 수정한다. 새로운 내용을 문장 목록에 추가한다. 학생은 수정된 문장 목록을 요약문을 쓰기 위한 기초 자료로 활용한다.

출처: Stahl, S., & Kapinus, B. (1991). Possible sentences: Predicting word meaning to teach content area vocabulary. *The Reading Teacher*, 45, 36-43.

29) 리벳(RIVET)

목적: 화제에 대한 선행 지식을 활성화하기 위해,

예측하기 위해,

어휘를 소개하기 위해,

특정 단어의 철자법을 시범보이기 위해

독해 전략: 단어가 어떻게 작용하는지 알기, 미리 보기

텍스트: 설명체

사용 시기: 읽기 전

절차: ('리벳'을 설명하고 시범보이면서 시작한다.)

1. 교사는 글에서 6~8개의 흥미롭고 중요한 단어를 선택한다.

2. 교사는 단어에 순서를 정한 다음, 글자 수만큼 밑줄만 그어 놓는다.(이것을 복사하여 학생에게 나누어 줄 수도 있다.)

3. 교사는 첫 번째 단어의 글자를 하나씩 채운다. 학생은 교사를 따라 활동지에 단어를 채운다. 교사는 학생에게 무슨 단어인지 예측하도록 요구한다.

4. 교사는 목록에서 각각의 단어에 대해 이 과정을 계속한다.

5. 교사는 학생이 단어의 뜻을 확실히 이해하도록 하고, 이를 발표하도록 한다.

6. 교사는 단어 목록을 사용하면서, 학생에게 텍스트에 대해 예측하게 한다. 학생은 예측한 내용을 기록한다.

7. 교사는 학생이 단어 목록을 바탕으로 질문을 하도록 북돋운다. 학생은 질문을 기록한다.

8. 학생은 텍스트를 읽는다. 예측한 내용을 다시 살펴보고, 이를 입증하거나 수정한다. 단어 목록에 관한 질문에 답한다.

예시: (Gail Gibbons[1992]의 *Stargazers*)

1. _____ _____ _____ _____ (STAR)
   　　S　　　T

2. _____ _____ _____ _____ _____ _____ (GALAXY)
   　　G　　　A　　　L

출처: Cunningham, P. (1995). *Phonics they use*. New York: HarperCollins.

30) 의미 자질 분석법 (Semantic Feature Analysis)

(268쪽의 활동지 참고)

목적: 특정 단어나 개념에 관련된 속성을 예측하기 위해,

　　　읽기나 탐구의 목적을 설정하기 위해,

　　　예측한 내용을 입증하기 위해

독해 전략: 단어가 어떻게 작용하는지 알기, 연결하기

텍스트: 서사체, 설명체　　　**사용 시기**: 읽기 전

절차: ('의미 자질 분석법'을 설명하고 시범보이면서 시작한다.)

　　1. 교사는 하나의 화제와 그 화제에 관련된 단어나 범주를 선택한다. '의미 자질 분석법' 차트의 왼쪽 칸에 그 단어를 쓴다.

　　2. 교사는 단어에 관련되는 특성을 선택한다. 차트의 위쪽에 특성을 쓴다.

　　3. 교사는 학생에게 어떤 특성이 각 단어에 관련되는지 예측하게 한다. 만약 단어가 해당 특성(자질)을 갖추고 있으면 + 표시를 하고, 그렇지 않으면 - 표시를 하며, 잘 모르면 ? 표시를 한다.

　　4. 학생은 예측한 내용에 대해 토의한다. 교사는 학생에게 그 특성을 선택

한 이유를 설명하게 한다.

5. 학생은 텍스트를 읽는다. 필요에 따라 차트를 수정한다.

6. 교사는 학생에게 완성된 차트를 소집단에서 공유하게 한다. 그러고 나서 학급 전체와 토의하게 한다.

예시:

+ = 예 - = 아니오 ? = 모른다	특성 범주	머리카락/털	알을 낳는다	온혈이다	새끼를 보살핀다	물에 산다	공기를 마신다	아가미
	물고기			—		+		
	새							
	포유류	+		+		?		
	양서류	—						

출처: Johnson, D.D., & Pearson, P.D. (1984). *Teaching reading vocabulary* (2nd ed.). New York: Holt, Rinehart and Winston.

31) 유추에 의한 어휘 (Vocabulary by Analogy)

목적: 학생이 아는 단어와 새로운 단어를 연결하도록 돕기 위해,

학생이 형태소를 사용하여 모르는 단어의 뜻을 알아내도록 돕기 위해

독해 전략: 단어가 어떻게 작용하는지 알기

텍스트: 서사체, 설명체

사용 시기: 읽는 중

절차: ('유추에 의한 어휘'를 설명하고 시범보이면서 시작한다.)

1. 교사는 학생에게 일반적 어근, 접두사, 접미사를 가르친다. 그리고 각각의 예시를 제공한다.

어근 – graph, psych, scope, script

접두사 - tele, pre, trans, un

접미사 - oloy, ship, ment, hood

2. 교사는 이와 같은 예시로 단어 벽보나 개인별 단어 차트를 만든다.

3. 교사는 사고구술을 사용하면서, 낯선 단어의 뜻을 알아내기 위해 이와 같은 단어의 부분을 사용하는 방법을 학생에게 시범보인다.

4. 교사는 학생에게 유추로 새로운 단어의 뜻을 알아낼 기회를 제공한다. 필요에 따라 학생에게 말로 단서를 제공한다. 학생에게 학급용 단어 벽보를 활용하도록 안내한다.

5. 교사는 학생이 읽는 동안 접하는 낯선 단어의 뜻을 알아내기 위해 이 전략을 사용하도록 북돋운다.

예시: 새로운 단어 = autobiography (자서전)

"선생님은 이 단어를 몰라요. 하지만 선생님은 단어 벽보를 토대로 단어의 부분을 알 수 있어요. 선생님은 auto가 자신을 의미하고, bio가 삶을 의미하며, graph가 글쓰기를 의미한다는 것을 알아요. 이를 합치면, 이 단어가 자신의 삶에 대해 쓴 어떤 것을 의미한다고 생각해요."

출처: McLaughlin, M., & Allen, M.B. (2002). *Guided Comprehension: A Teaching model for grades 3-8*. Newark, DE: International Reading Association.

32) 어휘 자기 수집 전략 (Vocabulary Self-Collection Strategy, VSS)

목적: 학생에게 어휘 학습에 참여하는 동기를 부여하기 위해, 어휘를 확장하기 위해

독해 전략: 단어가 어떻게 작용하는지 알기, 연결하기

텍스트: 서사체, 설명체

사용 시기: 읽은 후

절차: ('어휘 자기 수집 전략'을 설명하고 시범보이면서 시작한다.)

1. 교사는 학생(모둠 또는 개인)에게 전에 읽은 텍스트에서 단어를 선택하게 한다. 이 단어는 학생이 더 공부하고 싶어 하는 것이다. 교사 또한 단어를 선택한다.

2. 교사는 학생에게 단어, 문맥, 단어가 나온 위치, 자신이 생각하는 단어의 뜻, 학급이 그 단어를 공부해야 하는 이유 등을 말하게 한다.

3. 교사는 학생이 말한 단어를 모두 받아들이고, 이를 칠판에 기록한다. 단어에 대한 더 많은 토의를 북돋운다.

4. 교사는 학습을 위해 미리 결정한 수로 단어 목록을 좁히고, 단어의 정의를 다듬는다.

5. 교사는 학생에게 어휘 일지에 최종 단어 목록과 정의를 기록하게 한다.

6. 교사는 단어의 의미 용법을 강화하는 수업을 계획한다.

7. 교사는 후속 과제, 다른 학습 경험, 시험 등에서 단어를 활용한다.

출처: Haggard, M.R. (1986). The vocabulary self-collection strategy: Using student interest and world knowledge to enhance vocabulary growth. *Journal of Reading*, 29, 634-642.

33) 책갈피 기법 (Bookmark Technique)

목적: 읽는 동안 독해를 점검하기 위해,

　　　텍스트의 여러 측면에 대한 평가적 판단을 내리기 위해

독해 전략들: 점검하기, 단어가 어떻게 작용하는지 알기, 연결하기, 평가하기

텍스트: 서사체, 설명체

독해 안내하기

사용 시기: 읽는 중, 읽은 후

절차: ('책갈피 기법'을 설명하고 시범보이면서 시작한다.)

    1. 교사는 학생에게 A4 종이를 네 부분으로 접고 자름으로써, 4개의 책갈피를 만들게 한다. (이를 미리 준비할 수 있다.)

    2. 학생이 읽을 때, 교사는 학생에게 의사 결정을 하게 하고, 책갈피에 다음과 같은 특정 정보를 기록하게 한다. 쪽수도 기록하게 한다.

    책갈피 1 – 가장 흥미로운 부분에 대해 쓰거나 그린다.

    책갈피 2 – 혼란스러운 것을 쓰거나 그린다.

    책갈피 3 – 학급에서 토의할 필요가 있다고 생각하는 단어를 쓴다.

    책갈피 4 – 자율 선택 (예, 좋아하는 삽화, 그래프, 또 다른 초점 단어 등을 메모한다)

    3. 학생은 완성된 책갈피를 바탕으로 텍스트에 대해 토의한다.

출처: McLaughlin, M., & Allen, M.B. (2002). *Guided Comprehension: A Teaching model for grades 3-8*. Newark, DE: International Reading Association.

34) 끼워 넣기 (효과적 읽기 및 사고하기에 대한 상호작용적 주석 체계)

(INSERT, Interactive Notation System to Effective Reading and Thinking)

목적: 성찰의 기회를 제공하기 위해,

    선행 지식과 텍스트의 내용을 연결하기 위해

독해 전략: 점검하기, 연결하기

텍스트: 설명체

사용 시기: 읽는 중

절차: ('끼워 넣기'를 설명하고 시범보이면서 시작한다.)

    1. 교사는 '끼워 넣기' 방법을 가르치기 위해 직접교수법에 참여하고, 사고

구술한다.

2. 교사는 학생에게 화제를 소개한다. 학생에게 화제에 대해 이미 아는 것의 목록을 브레인스토밍하도록 요구한다.

3. 교사는 학생에게 다음과 같은 주석 체계를 가르친다.

만약 글의 내용이	여백에 이러한 주석을 표시한다.
• 여러분이 생각했던 것을 입증한다면, (여러분이 "나는 그것을 알아."라고 말하게 한다면,)	∨ 체크 표시를 넣는다
• 여러분이 생각했던 것과 모순된다면, (여러분이 "나는 다르게 생각했어."라고 말하게 한다면,)	- 빼기 표시를 넣는다.
• 여러분에게 새롭다면, (여러분이 "나는 그것을 알지 못했어."라고 말하게 한다면,)	+ 더하기 표시를 넣는다.
• 여러분에게 헷갈린다면, (여러분이 "이것은 무엇을 의미하지?"라고 물어보게 한다면,)	? 물음표를 넣는다.

4. 학생이 텍스트의 다양한 부분을 읽을 때, 교사는 학생이 정보전달 글의 여백이나 접착 메모지에 주석 체계를 사용하도록 북돋운다. 예를 들어, 학생이 읽고 있는 정보가 브레인스토밍한 목록에 있다면, 학생은 체크 표시(∨)를 한다. 만약 정보가 새롭다면(목록에 없다면), 학생은 더하기 표시(+)를 한다. 만약 정보가 브레인스토밍한 목록에 있는 정보와 모순된다면, 학생은 빼기 표시(-)를 한다. 만약 정보가 헷갈린다면, 학생은 물음표(?)를 한다.

5. 학생이 읽고 기호를 넣는 것을 끝마친 후에, 학생은 그 정보를 토의의 기초 자료로 사용한다. 학생은 더 많은 정보를 찾고, 질문에 답하며, 새 질문을 제기한다.

독해 안내하기

출처: Vaughn, J., & Estes, T. (1986). *Reading and reasoning beyond the primary grades*. Boston: Allyn & Bacon.

35) 짝 독서 패턴 (Patterned Partner Reading)

목적: 다른 사람과의 상호작용적 읽기에 대한 구조를 제공하기 위해, 전략적 읽기를 촉진하기 위해

독해 전략: 점검하기, 연결하기, 평가하기

텍스트: 서사체, 설명체

사용 시기: 읽는 중

절차: ('짝 독서 패턴'을 설명하고 시범보이면서 시작한다.)

1. 학생은 텍스트 및 짝을 선택한다.

2. 학생은 짝과 읽을 텍스트의 양을 결정한다. 그리고 읽을 때 다음 패턴 중 어떤 것을 사용할지 결정한다.

- "역할 교대" 날: 짝과 텍스트를 읽어 주는 역할을 교대한다.

- "질문하기" 날: 짝과 한 페이지를 묵독한다. 그러고 나서 다음 페이지로 넘어가기 전에, 서로에게 그 페이지에 대한 한 가지 질문을 한다.

- "접착 메모지" 날: 짝과 가장 흥미로운 것, 가장 중요한 것, 가장 혼란스러운 것 등을 접착 메모지로 표시한다.

- "예측하기-읽기-토의하기" 날: 짝과 텍스트에 대해 예측하고, 예측한 내용을 입증하거나 반박하기 위해 읽으며, 결과를 토의한다. 그리고 이를 반복한다.

- "읽기-멈추기-다시 말하기" 날: 짝과 읽고, 생각하기 위해 멈추며, 읽은 내용을 교대로 다시 말한다. 그리고 이를 반복한다.

- "연결하기" 날: 짝과 미리 정한 양을 읽는다. 그러고 나서 텍스트-자신, 텍스트-텍스트, 텍스트-세상 연결 등에 대해 말한다.

- "시각화하기" 날: 짝과 텍스트의 한 부분을 읽고, 마음속으로 그린 그림을 말한다.
- "선택하기" 날: 짝과 어떤 패턴을 사용할지 선택한다.

출처: Cunningham, P., & Allington, R. (1999). *Classroom that work: They can all read and write* (2nd ed.). New York: Addison-Wesley. 로부터 변형

36) 무언가를 말해요 (Say Something)

목적: 읽는 동안 텍스트와 연결하기 위해,

짧은 읽기와 토의를 통해 독해를 강화하기 위해

독해 전략: 점검하기, 연결하기

텍스트: 서사체, 설명체

사용 시기: 읽는 중

절차: ('무언가를 말해요'를 설명하고 시범보이면서 시작한다.)

1. 교사는 학생이 읽을 텍스트를 선택한다. 그리고 짝과 활동하게 한다.

2. 교사는 학생이 읽다가 정지할 지점을 정한다.

3. 교사는 학생에게 정지 지점까지 읽게 한다. 그리고 나서 짝과 텍스트에 대해 "무언가를 말하게" 한다.

4. 교사는 짝끼리 다음 정지 지점을 선택하도록 허용한다. (만약 텍스트에 부제목이 있다면, 이를 정지 지점으로 사용할 수 있다.) 학생이 텍스트를 다 읽을 때까지, 단계 3과 4를 반복한다.

출처: Short, K.G., Harste, J.C., & Burke, C. (1996). *Creating classrooms for authors and inquirers*. Portsmouth, NH: Heinemann. 로부터 변형

독해 안내하기

37) 사고구술 (Think-Alouds)

목적: 읽기 과정 동안 능동적 사고에 대한 모델을 제공하기 위해

독해 전략: 미리보기, 시각화하기, 점검하기, 자기 질문하기, 연결하기, 단어가 어떻게 작용하는지 알기, 요약하기, 평가하기

텍스트: 서사체, 설명체

사용 시기: 읽기 전, 읽는 중, 읽은 후

절차: ('사고구술'을 설명하고 시범보이면서 시작한다.)

1. 교사는 학생에게 사고구술할 텍스트를 고른다. 텍스트는 전략적 사고를 적용하기에 적합하면 좋다.

2. 교사는 읽기 전에, 텍스트에 대해 예측한 내용을 공유하고, 그 이유를 설명한다. (예를 들어, "제목[또는 표지]을 보니, 선생님은 _____라고 예측해요. 왜냐하면 _____이기 때문이에요.")

3. 교사는 읽는 중에, 사고구술을 통하여 다음과 같은 전략을 시범보인다.

   • 예측하기/예측한 내용을 입증하기/예측한 내용을 수정하기

   ("선생님은 _____라고 생각하고 있었어요. 하지만 지금은 _____라고 예측해요.",

   "선생님은 그 일이 일어날 것이라고 생각했어요. 왜냐하면 _____이기 때문이에요.")

   • 시각화하기: 마음속에 그림을 그리기

   ("선생님이 지금 마음속으로 보고 있는 것은 _____예요.")

   • 연결하기

   ("이것은 선생님에게 _____를 상기시켜요.", "이것은 _____와 같아요.")

   • 점검하기

   ("이 부분은 헷갈려요", "선생님은 반복해서 읽을(또는 계속 읽을, 또는 다른 사람의 도움을 구할) 필요가 있어요.", "이것은 선생님이 예상했던 것이 아니에요.")

   • 모르는 단어의 뜻을 알아내기

   ("선생님은 그 단어를 몰라요. 하지만 그것은 _____처럼 보여요.", "그 단어는 틀림없이 _____를 의미할 거예요. 왜냐하면 _____이기 때문이에요.")

4. 교사는 몇 차례 시범보인 후에, 학생이 짝과 함께 실천하도록 안내한다.

5. 궁극적으로, 교사는 학생이 이 기법을 스스로 사용하도록 북돋운다.

출처: Davey, B. (1983). Think-aloud - modeling the cognitive processes of reading comprehension. *Journal of Reading*, 27, 44-47.

38) 전기문 피라미드 (Bio-Pyramid)

(269쪽의 활동지 참고)

목적: 한 사람의 생애를 요약하기 위해,

　　　요약하는 글쓰기에 대한 형식을 제공하기 위해

독해 전략: 요약하기, 연결하기, 점검하기

텍스트: 설명체

사용 시기: 읽은 후

절차: ('전기문 피라미드'를 설명하고 시범보이면서 시작한다.)

　　1. 한 사람의 생애에 대해 읽은 후에, 교사는 학생에게 '전기문 피라미드' 쓰기의 형식을 보여 준다.

　　　첫째 줄 - 인물 이름

　　　둘째 줄 - 그 사람을 기술하는 두 단어

　　　셋째 줄 - 그 사람의 유년기를 기술하는 세 단어

　　　넷째 줄 - 그 사람이 극복해야 했던 문제를 나타내는 네 단어

　　　다섯째 줄 - 그의 업적 중 하나를 진술하는 다섯 단어

　　　여섯째 줄 - 두 번째 업적을 진술하는 여섯 단어

　　　일곱째 줄 - 세 번째 업적을 진술하는 일곱 단어

　　　여덟째 줄 - 인류가 그 업적으로부터 어떻게 이로움을 얻었는지 진술하는 여덟 단어

2. 학급 전체가 '전기문 피라미드'를 함께 만든다.

3. 교사는 모둠이나 짝끼리 '전기문 피라미드'를 만들게 한다.

4. 학생은 완성된 피라미드를 바탕으로 토의한다.

출처: Macon, J.M. (1991). *Literature response*. A paper presented at the Annual Literacy Workshop, Anaheim, CA.

39) 노랫말 요약 (Lyric Summaries)

(270쪽의 활동지 참고)

목적: 서사체나 설명체 텍스트의 요약에 대한 대안적 형식을 제공하기 위해, 다양한 양식(modes)으로 요약하는 기회를 제공하기 위해, 내용 학습과 예술 활동을 연결하기 위해

독해 전략: 요약하기

텍스트: 서사체, 설명체

사용 시기: 읽은 후

절차: ('노랫말 요약'을 설명하고 시범보이면서 시작한다.)

1. 교사는 학생과 함께 요약하기에 대해 검토한다. 학생에게 서사체나 설명체 텍스트의 요약에 필요한 정보의 유형(구성 요소)을 말하도록 한다.

2. 교사는 친숙한 곡(유행가, 락, 재즈, 동요)에 대한 노랫말로 요약할 수 있다는 점을 학생에게 설명함으로써, 이 활동의 음악적 측면을 소개한다.

3. 교사는 학생에게 친숙한 멜로디를 선택하고, 그것을 '노랫말 요약'의 배경 음악으로 사용한다. 교사는 첫 번째 줄을 쓰고, 학생이 다음 줄을 제안하도록 한다. '노랫말 요약'이 완성되면, 학급 친구들과 함께 불러 본다.

4. 모둠별로 '노랫말 요약'을 하기 위해, 교사는 모둠에게 잘 아는 멜로디와 최근에 공부한 화제를 선택하게 한다. 최근에 읽은 이야기나 내용 교과

텍스트에서 화제를 선택하게 한다.

5. 모둠별로 학급 친구들에게 발표한다.

출처: McLaughlin, M., & Allen, M.B. (2002). *Guided Comprehension: A Teaching model for grades 3-8.* Newark, DE: International Reading Association.

40) 이야기 피라미드 (Narrative Pyramid)

(271쪽의 활동지 참고)

목적: 서사체 텍스트를 요약하기 위해,

요약하는 글쓰기에 대한 형식을 제공하기 위해

독해 전략: 요약하기, 연결하기, 점검하기

텍스트: 서사체

사용 시기: 읽은 후

절차: ('이야기 피라미드'를 설명하고 시범보이면서 시작한다.)

1. 이야기를 읽은 후에, 교사는 학생에게 '이야기 피라미드' 쓰기의 형식을 보여 준다.

첫째 줄 - 등장인물의 이름

둘째 줄 - 등장인물을 기술하는 두 단어

셋째 줄 - 배경을 기술하는 세 단어

넷째 줄 - 문제를 기술하는 네 단어

다섯째 줄 - 사건을 기술하는 다섯 단어

여섯째 줄 - 또 다른 사건을 기술하는 여섯 단어

일곱째 줄 - 세 번째 사건을 기술하는 일곱 단어

여덟째 줄 - 문제에 대한 해결을 기술하는 여덟 단어

독해 안내하기

2. 학급 전체가 '이야기 피라미드'를 함께 만든다.

3. 교사는 학생이 읽은 이야기에 대해 모둠이나 짝끼리 '이야기 피라미드'를 만들게 한다.

4. 학생은 완성된 피라미드를 토의 자료로 사용한다.

예시: (Patricia Polacco[1998]의 『고맙습니다, 선생님』)

트리샤

예술적 감각적

미시간 그리고 캘리포니아

트리샤는 읽기에 어려움을 겪었다

그녀는 읽는 체하는 것을 배웠다

에릭이라는 이름의 한 소년이 그녀를 비웃었다

선생님은 그녀가 잘 읽지 못한다는 점을 알아차렸다

폴커 선생님의 도움을 받으며 그녀는 읽는 것을 배웠다

출처: Waldo, B. (1991). Story pyramid. In J.M. Macon, D. Bewell, & M.E. Vogt (Eds.), *Responses to literature: Grades K-8* (pp. 23-24). Newark, DE: International Reading Association.

41) 짝 요약하기 (Paired Summarizing)

목적: 짝과 함께 서사체나 설명체 텍스트를 요약하고, 이해한 내용과 혼란스러운 내용을 분명히 표현하는 형식을 제공하기 위해

독해 전략: 요약하기, 연결하기, 점검하기

텍스트: 서사체, 설명체

사용 시기: 읽은 후

절차: ('짝 요약하기'를 설명하고 시범보이면서 시작한다.)

1. 학생은 짝과 텍스트를 읽고, 각자 '다시 말하기'한 것을 글로 쓴다. 내용을 상기하기 위해 텍스트를 다시 참조할 수 있다. 하지만 다시 보고 있는 동안에는 글을 쓰지 않아야 한다.

2. '다시 말하기' 글쓰기가 완성될 때, 짝끼리 종이를 교환하고 서로의 글을 읽는다. 그리고 짝의 종이에 대한 요약문을 쓴다.

3. 학생은 짝과 요약문을 비교하거나 대조한다. 토의는 다음과 같은 점에 초점을 두어야 한다.

   • 각자 이해한 내용을 분명히 표현하기
   • 이해할 수 없는 내용을 확인하기
   • 친구 및 교사에게 도움을 구하기 위해 질문을 만들기

4. 학생은 전체 학급 토의에서 이해한 내용과 질문을 공유한다.

출처: Vaughn, J., & Estes, T. (1986). *Reading and reasoning beyond the primary grades*. Boston: Allyn & Bacon.

42) 질문을 문단으로 (Questions Into Paragraphs, QuIP)

(272쪽의 활동지 참고)

목적: 탐구를 시작하고 글쓰기를 구조화하는 틀을 제공하기 위해

독해 전략: 요약하기, 자기 질문하기

텍스트: 설명체

사용 시기: 읽기 전, 읽는 중, 읽은 후

절차: ('질문을 문단으로'를 설명하고 시범보이면서 시작한다.)

1. 학생은 탐구할 화제를 선택하고, '질문을 문단으로' 활동지의 위쪽에 화제

를 쓴다.

2. 학생은 화제에 관련된 3가지 폭넓은 질문을 생성한다.

3. 학생은 질문에 답하기 위해 2가지 출처를 찾고 읽는다. 활동지에 출처의
   제목을 쓴다.

4. 학생은 활동지에 질문에 대한 답을 기록한다.

5. 학생은 정보를 문단으로 종합한다. (교사가 종합하기와 문단 쓰기를 시범보이는 것
   이 좋다.)

6. 학생은 모둠이나 짝끼리 문단을 공유한다.

출처: McLaughlin, E.M. (1987). QuIP: A writing strategy to improve
comprehension of expository structure. *The Reading Teacher*, 40, 650-
654.

43) 다시 말하기 (Retelling)

(273쪽의 활동지 참고)

목적: 서사체 텍스트에 대한 성찰을 촉진하기 위해,
서사체 텍스트를 요약하는 형식을 제공하기 위해

독해 전략: 요약하기

텍스트: 서사체

사용 시기: 읽은 후

절차: ('다시 말하기'를 설명하고 시범보이면서 시작한다.)

1. 교사는 학생에게 이야기와 주요 내용(등장인물, 배경, 문제, 해결을 위한 시도, 해
   결 등)에 대한 '다시 말하기' 활동의 목적을 설명한다.

2. 교사는 이야기를 읽어 준 후에, '다시 말하기'를 시범보인다. 학급은 교사가
   포함한 구성 요소에 대해 토의한다. ('이야기 지도'(story map)나 다른 '도해 조직자'

가 도움이 될 수 있다.)

3. 교사는 또 다른 이야기를 학생에게 읽어 준다. 그리고 소집단의 학생에게 그 이야기를 다시 말하게 한다. (교사는 이야기의 구성 요소(등장인물, 배경, 문제, 해결을 위한 시도, 해결 등) 카드를 학생에게 나누어 줄 수 있다.)

4. 교사는 학급과 정보를 공유하고, 차트나 실물화상기에 기록한다. 학급은 이야기의 구성 요소가 모두 다루어졌는지 확인하기 위해 '다시 말하기'를 검토한다.

5. 교사는 학생이 구두 프리젠테이션, 글쓰기, 시각적 프리젠테이션, 극화 등을 사용하면서, '다시 말하기'를 하도록 격려한다.

출처: Morrow, L.M. (1985). Retelling stories: A strategy for improving children's comprehension, concept of story, oral language complexity. *The Elementary School Journal*, 85(5), 647-661.

44) 요약 주사위 (Summary Cubes)

(274쪽의 활동지 참고)

목적: 사실적 정보를 요약하거나 이야기의 핵심 내용을 다시 말하는 구조를 제공하기 위해

독해 전략: 요약하기

텍스트: 서사체, 설명체

사용 시기: 읽기 전, 읽는 중, 읽은 후

절차: ('요약 주사위'를 설명하고 시범보이면서 시작한다.)

1. 교사는 학생에게 주사위 만들기 활동에 대해 설명한다. 주사위의 각 면에 들어갈 정보를 소개한다.

2. 교사는 읽어 주기와 사고구술을 통하여 서사체나 설명체 텍스트의 핵심

아이디어를 결정하는 과정을 시범보인다. 핵심 아이디어는 주사위에 적을 내용과 관련된다.

3. 교사는 학생이 소집단별로 텍스트를 읽고, '요약 주사위'를 만들도록 안내한다.

4. 학생은 학급과 아이디어를 공유하고, '요약 주사위'를 전시한다.

5. 학생이 나중에 서사체 및 설명체 텍스트를 읽을 때, 교사는 학생이 요약 주사위를 만들도록 장려한다.

주사위에 대한 정보

	선택 사항 1	선택 사항 2	선택 사항 3	선택 사항 4
1면	누가?	제목	동물	화제
2면	무엇을?	등장인물	서식지	하위 화제 1 및 세부 내용
3면	어디서?	배경	먹이	하위 화제 2 및 세부 내용
4면	언제?	문제	신체 특징	하위 화제 3 및 세부 내용
5면	왜?	해결	분류	요약
6면	어떻게?	주제	삽화	삽화

출처: McLaughlin, M., & Allen, M.B. (2002). *Guided Comprehension: A Teaching model for grades 3-8*. Newark, DE: International Reading Association.

45) 토의 그물 (Discussion Web)

(275쪽의 활동지 참고)

목적: 화제에 대한 대화의 구조를 제공하기 위해,
비판적으로 사고할 기회를 제공하기 위해

독해 전략들: 평가하기, 연결하기

텍스트: 서사체, 설명체

사용 시기: 읽은 후

절차: ('토의 그물'을 설명하고 시범보이면서 시작한다.)

1. 교사는 텍스트를 읽고, 텍스트에 기초한 양면적 질문을 생성한다. 그 질문을 '토의 그물'의 중앙에 쓴다.

2. 교사는 학생에게 질문에 대한 찬성 및 반대 입장의 근거를 텍스트에서 찾게 한다. 학생은 모둠별로 활동한다.

3. 교사는 학생이 질문과 답에 대해 토의하고, 모둠·짝·개인별로 합의에 이르도록 장려한다. 학생은 자신의 생각을 정당화할 것이다.

4. 학생은 그물의 바닥에 결론을 쓴다.

5. 학생은 결론에 도달하기 위해 사용한 근거를 제시된 공간에 쓴다.

6. 학급은 결론과 근거에 대해 토의한다.

출처: Alvermann, D. (1991). The discussion web: A graphic aid for learning across the curriculum. *The Reading Teacher*, 45, 92-99.

46) 평가적 질문하기 (Evaluative Questioning)

목적: 자기 질문하기와 평가적 사고를 촉진하기 위해

독해 전략: 평가하기, 자기 질문하기

텍스트: 서사체, 설명체

사용 시기: 읽는 중, 읽은 후

절차: ('평가적 질문하기'를 설명하고 시범보이면서 시작한다.)

1. 교사는 평가적 질문에 초점을 두면서, 다양한 수준의 질문하기의 중요성을 설명한다.

2. 교사는 읽어 주기와 사고구술을 사용하면서, 평가적 질문을 만들고 답하는 것을 시범보인다. 평가적 질문을 만들고 답하기 위해 사용되는 신호 단어와 인지적 작용을 설명한다.

   신호 단어: 옹호하다, 판단하다, 정당화하다

   인지적 작용: 평가하기, 판단하기, 옹호하기, 정당화하기

3. 교사는 흔한 텍스트를 사용하면서, 학생이 소집단에서 텍스트를 읽고 평가적 질문을 만들도록 안내한다. 한 번에 하나씩, 교사는 소집단에게 질문을 공유하게 하고, 학급의 나머지 학생이 답하도록 허용한다. 학생은 각각의 질문에 답하기 위해 사용한 인지적 과정에 대해 토의한다.

4. 교사는 학생이 평가적 질문을 사용하여, 자신이 읽은 텍스트에 대한 성찰 및 대화에 참여할 기회를 제공한다.

출처: Chiardello, A.V. (1998). Did you ask a good question today? Alternative cognitive and metacognitive strategies. *Journal of Adolescent & Adult Literacy*, 42, 210-219.

47) 일지 반응 (Journal Responses)

목적: 읽고 있는 텍스트에 대해 글쓰기로 반응하기 위해,

　　　성찰과 비판적 사고의 기회를 제공하기 위해

독해 전략: 평가하기, 연결하기, 요약하기

텍스트: 서사체, 설명체

사용 시기: 읽는 중, 읽은 후

절차: ('일지 반응'을 설명하고 시범보이면서 시작한다.)

1. 교사는 학생에게 반응을 기록하기 위한 일지를 제공한다.

2. 교사는 학생에게 텍스트에 대한 좋은 반응의 예시를 보여 준다. 교사는

학생이 사려 깊은 반응에는 어떤 것들이 있는지 확인하도록 한다.

3. 교사는 텍스트의 한 부분을 읽어 주고, 사려 깊은 반응을 사고구술한다. 그것이 사려 깊은 이유를 학생과 이야기한다.

4. 교사는 텍스트의 또 다른 부분을 읽어 주고, 학생에게 사려 깊은 반응을 쓰게 한다. 학생은 소집단에서 자신의 반응을 공유한다.

5. 학생은 독립적 읽기 동안, 일지의 윗부분이나 왼쪽 여백에 날짜와 텍스트의 제목을 쓴다.

6. 학생은 텍스트를 읽은 후에, 다양한 반응 방식 중 하나로서 '일지 반응'을 사용한다.

7. 교사는 학생이 소집단이나 전체 학급에서 반응을 공유하도록 북돋운다.

예시:

'일지 반응' 프롬프트(질문):

- 가장 마음에 드는 부분은 무엇이었나요? 설명해 보세요.
- 이것을 읽고 느낀 점은 무엇이었나요? 설명해 보세요.
- 이 장에서 무엇이 중요했나요? 여러분은 어떻게 알았나요?
- 새롭게 학습한 내용은 무엇인가요? 설명해 보세요.
- 여러분 자신과 연결한 것은 무엇인가요? 설명해 보세요.

48) 마음의 만남 (Meeting of the Minds)

목적: 글에 나온 사실로 자신의 관점을 뒷받침하기 위해, 토론과 평가적 사고를 촉진하기 위해

독해 전략: 평가하기

텍스트: 서사체, 설명체

사용 시기: 읽은 후

절차: ('마음의 만남'을 설명하고 시범보이면서 시작한다.)

1. 교사는 학생에게 '마음의 만남'에 참여하는 방법을 가르친다. 이는 화제에 대해 서로 다른 입장을 지닌 두 인물 사이의 토론 형식이다.

2. 교사는 절차를 시범보이기 위해 소수의 학생을 선택한다. 각각의 학생에게 하나의 역할을 준다. 사회자, 최소한 2명의 등장인물, 요약자 등이다. 사회자는 등장인물이 답할 질문을 제기한다. 등장인물은 텍스트의 내용을 바탕으로 자신의 관점을 뒷받침해야 한다. 요약자는 제시된 정보를 요약한다. 교사는 학생이 미리 정해진 질문에 답하기 위해 토론 형식을 사용하도록 준비시킨다. 교사는 학생과 함께 전체 학급에게 '마음의 만남'을 시범보인다. 교사는 전체 학급과 함께 '마음의 만남' 활동에 대해 논의한다. 이때 질문거리를 찾고, 성찰하며, 활동의 의미를 요약한다.

3. 교사는 학급을 8~10명으로 이루어지는 집단으로 나눈다. 교사는 4~5명의 학생에게 '마음의 만남'에 참여하게 하고, 다른 학생에게는 청중 역할을 하게 한다. 그리고 나서 학생에게 역할을 바꾸게 한다. 교사는 학생에게 연중 수시로 여러 서사체 및 설명체 화제를 다루는 '마음의 만남'에 참여하게 한다.

출처: Richard-Amato, P.A. (1988). *Making it happen: Interaction in the second language classroom*. New York: Longman. 으로부터 변형

49) 설득적 글쓰기 (Persuasive Writing)

목적: 근거를 바탕으로 관점을 표현하기 위해,

　　　화제에 관한 다양한 관점에 대한 이해를 길러 주기 위해

독해 전략: 평가하기

텍스트: 서사체, 설명체

사용 시기: 읽기 전, 읽는 중, 읽은 후

절차: ('설득적 글쓰기'를 설명하고 시범보이면서 시작한다.)

1. 교사는 쟁점에 대한 2가지 관점을 포함하는 기사 한 편을 읽음으로써, 학생에게 화제를 소개한다.

2. 교사는 화제에 대한 서로 다른 관점을 공유하기 위해 사고구술을 사용한다.

3. 교사는 한쪽을 선택하고, 그 선택을 옹호하기 위해 설득적으로 글을 쓴다. 이 과정 전체에 걸쳐 사고구술을 한다. 교사는 주장을 뒷받침하는 근거를 제시해야 한다.

4. 교사는 학생과 함께 글에 대해 논의한다. 그리고 교사는 학생이 화제에 대한 자신의 생각을 표현하도록 북돋운다.

5. 그러고 나서 교사는 학생이 '설득적 글쓰기'에 참여하도록 안내한다. 이때 교사는 학생에게 다른 기사를 제공하고, 설득적으로 글을 쓰는 학생의 능력을 비계 설정한다.

6. 교사는 다른 지도 상황에서 최근 사건, 등장인물의 선택, 역사적 사건 등을 사용하면서, 학생이 참여할 추가 기회를 제공한다.

출처: McLaughlin, M., & Allen, M.B. (2002). *Guided Comprehension: A Teaching model for grades 3-8*. Newark, DE: International Reading Association.

3. 독해 루틴의 절차

1) 직접 읽기-사고 활동 / 직접 듣기-사고 활동

(Directed Reading-Thinking Activity / Directed Listening-Thinking Activity)

목적: 학생이 텍스트에 대해 예측하도록 북돋우기 위해,

작가의 단서를 사용하여, 유의미한 연결과 예측을 하기 위해,

텍스트에 대한 능동적 읽기나 듣기를 장려하기 위해

독해 전략: 미리 보기, 연결하기, 점검하기

텍스트: 서사체, 설명체

사용 시기: 읽기 전, 읽는 중, 읽은 후

절차: ('직접 읽기-사고 활동'이나 '직접 듣기-사고 활동'을 설명하고 시범보이면서 시작한다.)

1. 학생은 책의 제목과 표지를 살펴본다. 교사는 다음과 같이 묻는다. "여러분은 이 이야기(또는 책)가 무엇에 대한 것이라고 생각하나요? 설명해 보세요." 학생은 자신이 예측한 내용과 근거를 말한다. 이는 선행 지식을 활성화하도록 돕는다.

2. 학생은 텍스트에서 지정된 정지 지점까지 읽는다. 교사는 학생에게 자신이 예측한 내용을 검토하고, 새로운 예측을 하며, 새로운 예측에 대한 근거를 설명하도록 요구한다.

3. 텍스트가 끝날 때까지 단계 2를 반복한다.

4. 학생은 유용한 것, 놀라운 것, 혼란스러운 것(헷갈리거나 모호한 것) 등에 대해 진술하면서, 자신이 예측한 내용에 관해 성찰한다.

'직접 읽기-사고 활동'을 사용하기 위한 다른 아이디어

- 학생은 말, 글쓰기, 그림 그리기 등으로 예측할 수 있다.
- '직접 듣기-사고 활동'을 위해, 학생은 이야기를 듣는다. 교사는 미리 선택한 다양한 지점에서 멈춘다. 그리고 학생에게 자신이 예측한 내용을 검토하고, 새로운 예측을 하며, 새로운 예측에 대한 근거를 말하도록 요구한다.

출처: Stauffer, R. (1973). *Directing the reading-thinking process*. New York: Harper & Row.

2) 독서 서클 (Literature Circles)

(2장 참고)

목적: 다양한 관점으로 텍스트에 대해 말하는 구조를 학생에게 제공하기 위해, 사회적 학습의 기회를 제공하기 위해

독해 전략: 연결하기, 단어가 어떻게 작용하는지 알기, 점검하기, 요약하기, 평가하기

텍스트: 서사체, 설명체

사용 시기: 읽은 후

절차: ('독서 서클'을 설명하고 시범보이면서 시작한다.)

1. 학생은 읽을 책을 선택하고, 선택한 책에 기초하여 집단을 구성한다.

2. 집단별로 만나서 스케줄(얼마나 많이 읽을지, 언제 만날지 등)을 정한다.

3. 학생은 읽을 때 메모하면서, 미리 정해진 양의 텍스트를 독립적으로 읽는다. 자신의 [독해 안내 일지]에 메모를 기록한다. 메모는 '독서 서클' 내에서 학생의 역할과 텍스트에 대한 개인적 연결을 반영할 수 있다. '독서 서클' 내에서의 역할은 모임 때마다 달라야 한다.

4. 책을 다 읽을 때까지, 학생은 텍스트에 대한 아이디어를 토의하기 위해 정기적으로 만난다.

5. 교사는 학생에게 [독해 안내하기]의 단계 2에서 '독서 서클'에 참여할 기회를 제공한다.

출처: Daniels, H. (1994). *Literature Circles: Voice and choice in the student-centered classroom*. York, ME: Stenhouse.

독해 안내하기

3) 작가에게 질문하기 (Questioning the Author, QtA)

(2장 참고)

목적: 텍스트에 대한 이해를 촉진하기 위해,

토의를 촉진하는 질문을 사용하여, 협동적으로 텍스트의 의미를 구성하기 위해

독해 전략: 연결하기, 자기 질문하기, 점검하기

텍스트: 서사체, 설명체

사용 시기: 읽는 중

절차: ('작가에게 질문하기'를 설명하고 시범보이면서 시작한다.)

1. 교사는 주요 내용과 잠재적 문제들을 결정하기 위해 텍스트를 읽는다.

2. 교사는 토의에 사용할 텍스트의 몇몇 부분을 선택한다. 이때 단계 1에서 결정한 사항을 고려한다. 즉, 교사는 학생이 의미를 구성하는 데에 중요한 부분을 선택한다.

3. 교사는 학생을 주요 내용으로 이끌 질문을 만든다. 토의를 시작하기 위한 초기 질문을 만든다. 초기 질문에 대한 학생의 응답을 예상하면서, 후속 질문을 만든다. 교사는 토의에 초점을 두고 이동하기 위해 후속 질문을 사용한다.

4. 교사는 학생이 토의를 촉진하는 질문을 사용하면서, 텍스트를 읽도록 안내한다.

5. 학생이 '작가에게 질문하기'에 능숙해지면, [독해 안내하기]의 단계 2에서 독립적 독해 루틴으로서 사용하게 한다.

예시 질문:

초기

• 작가는 여기에서 무엇을 말하려고 하나요?

• 작가의 메시지는 무엇인가요?

• 작가는 무엇에 대해 말하고 있나요?

후속

- 작가는 여기에서 무엇을 의도하나요?

- 작가는 이것을 분명히 설명했나요?

- 이것은 작가가 이전에 우리에게 말했던 것과 의미가 통하나요?

- 이것은 작가가 여기에서 우리에게 말했던 것과 어떻게 연결되나요?

- 작가는 우리에게 이유를 말하나요?

- 여러분은 왜 작가가 이것을 지금 우리에게 말한다고 생각하나요?

서사체

- 지금 상황은 이 등장인물을 어떻게 바라보나요?

- 작가는 무언가 변했다는 점을 어떻게 여러분이 알게 했나요?

- 작가는 우리를 위해 이것을 어떻게 해결했나요?

- 작가가 등장인물에 대해 우리에게 말했던 점을 확인해 봅시다. 여러분은 등장 인물이 앞으로 어떤 행동을 할 것이라고 생각하나요?

출처: Beck, I.L., McKeown, M.G., Hamilton, R.L., & Kucan, L. (1997). *Questioning the author: An approach to enhance student engagement with text*. Newark, DE: International Reading Association.

4) 상보적 교수법 (Reciprocal Teaching)

(2장 참고)

목적: 소집단 상황에서 독해 전략(예측하기, 질문하기, 점검하기, 요약하기)을 사용하는
　　　형식을 제공하기 위해,
　　　소집단이 텍스트의 의미를 구성하도록 촉진하기 위해,
　　　사고 및 학습을 점검하기 위해

독해 전략: 미리 보기, 자기 질문하기, 점검하기, 요약하기

텍스트: 서사체, 설명체

사용 시기: 읽기 전, 읽는 중, 읽은 후

절차: ('상보적 교수법'을 설명하고 시범보이면서 시작한다.)

1. 교사는 '상보적 교수법'의 절차와 4가지 독해 전략(예측하기, 질문하기, 점검하기, 요약하기)을 설명한다.

2. 교사는 실제적 텍스트와 사고구술을 사용하면서, 4가지 전략을 시범보인다.

3. 교사는 전체 학급에게 4가지 전략에 대한 반응을 제공함으로써, 학생이 비슷한 유형의 사고에 참여하도록 안내한다. 다음과 같은 문장(프롬프트)을 활용하면 좋다.

예측하기

나는 _____라고 생각한다.

나는 _____라고 확신한다.

나는 _____에 대해 궁금하다.

나는 _____라고 상상한다.

나는 _____라고 가정한다.

질문하기

나는 어떤 연결을 할 수 있는가?

이것은 나의 생각을 어떻게 뒷받침하는가?

점검하기

나는 _____부분을 이해하지 못했다.

나는 _____에 대해 더 알 필요가 있다.

요약하기

내가 읽은 것에서 중심내용은 _____이다.

4. 교사는 학생을 4명으로 이루어지는 집단에 배치한다. 그리고 '상보적 교수법'의 기초로 사용하기 위해 동일한 텍스트의 복사본을 제공한다.

5. 교사는 각 학생에게 4가지 전략 중 하나와 문장(프롬프트)을 제공한다.

6. 교사는 학생에게 '상보적 교수법'에 참여하게 한다.

7. 교사는 학생에게 '상보적 교수법'의 과정과 텍스트의 독해에 관해 성찰하게 한다.

8. 학생에게 [독해 안내하기]의 단계 2에서 독립적 독해 루틴으로서 '상보적 교수법'에 참여할 기회를 제공한다.

출처: Palincsar, A.S., & Brown, A.L. (1986). Interactive teaching to promote independent learning from text. *The Reading Teacher*, 39, 771-777.

4. 학습지 양식

1) 프리딕토그램

단어

인물	배경

문제	행동	해결(결과)

2) 가능한 구절(문장 만들어 보기)

배경

등장인물

문제

사건

해결

독해 안내하기

3) 텍스트에 질문하기

글의 유형은? / 서사체인가? 또는 설명체인가? / 어떤 단서로 그것을 알 수 있는 가?

이 글은 어떤 질문에 답할 것인가?

이 글에 내가 제기할 수 있는 질문은?

표지(제목, 표지 그림, 작가)는 어떤 단서를 제공하나? 목차를 통해 알 수 있는 것은?

책의 외형적 측면(크기, 길이, 인쇄 크기)으로 알 수 있는 것은?

작가는 친숙한가? 작가에 대해 알고 있는 것은? 작가와 관련하여 어떤 연결을 할 수 있을까?

주제는 친숙한가? 주제에 대해 알고 있는 것은? 주제와 관련하여 어떤 연결을 할 수 있을까?

장르와 문체는 어떤 단서를 제공하는가?

요약문이 있나? 요약문은 내게 어떤 도움이 되는가?

뒤표지 정보는 무엇을 알려 주나?

글에 대해 지금 알고 있는 것을 요약해 보자.

---

4) K-W-L

주제:

Know (알고 있는 것, 또는 안다고 생각하는 것)	Want to know (알고 싶은 것)	Learned (알게 된 것)

독해 안내하기

5) K-W-L-S

주제:

Know (알고 있는 것, 또는 안다고 생각하는 것)	Want to know (알고 싶은 것)	Learned (알게 된 것)	Still Want to know (더 알고 싶은 것)

6) 질문과 답의 관계(QAR)

• 책 속에

• 바로 거기에 - 답은 글의 한 문장 안에 있어요.

• 생각하고 찾기 - 답은 글의 여러 문장에 걸쳐 있어요.

• 내 머릿속에

• 작가와 나 - 답은 자신의 배경지식과 책에서 알게 된 정보로 찾을 수 있어요.

• 내 스스로 - 답은 자신의 배경지식을 이용해서 찾을 수 있어요.

7) 두 칸 기록장1

생각 (떠오르는 낱말)	성찰/반응 (낱말과 관련하여 생각나는 것 적어 보기)

8) 두 칸 기록장2

생각/이야기에서 읽은 문장 (이야기를 읽고 생각나는 낱말이나 문장)	나의 생각 (왼쪽에 적은 것과 관련하여 떠오르는 것 적어 보기)

9) 그림으로 연결하기

이야기를 읽으며 연결한 것을 그림으로 표현해 보세요.

그림을 한두 문장으로 설명해 보세요.

10) 이야기 순서도

제목

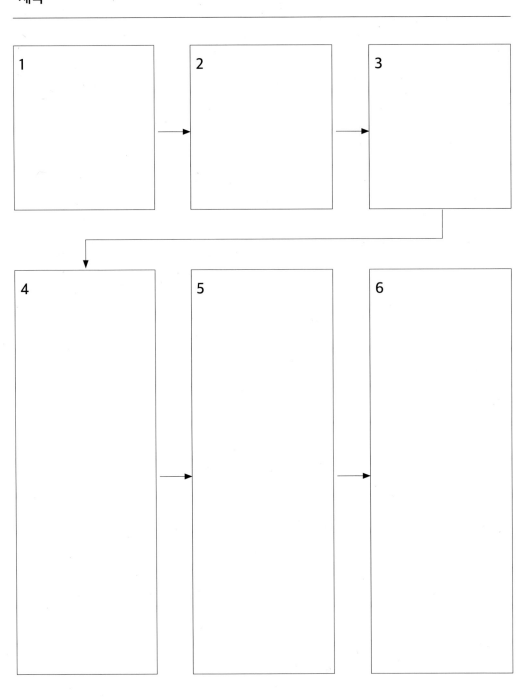

1

2

3

4

5

6

독해 안내하기

11) 벤 다이어그램(공통점과 차이점)

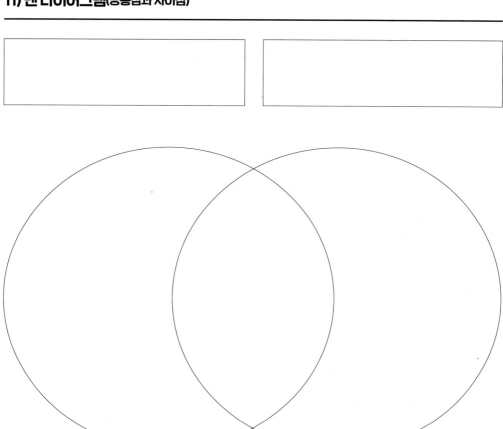

12) 이야기 지도

제목

배경	등장인물

문제

사건 1

사건 2

사건 3

사건 4

사건 5

해결(결과)

주제

13) 중심 생각 표

중심 내용

세부 내용

14) 비교/대조 표

이야기의 구성 요소

제목	인물	배경	문제	해결

독해 안내하기

15) 개념도

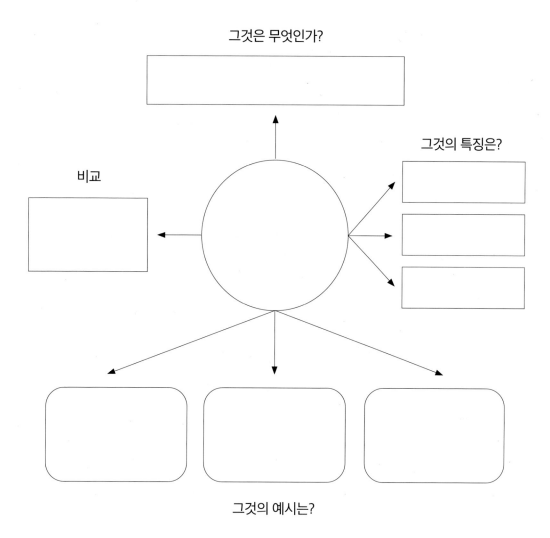

그것은 무엇인가?

그것의 특징은?

비교

그것의 예시는?

16) 의미 자질 분석하기

범주	특성						

독해 안내하기

17) 전기문 피라미드

1._____
인물 이름

2._____ _____
이 사람을 두 낱말로 표현하면?

3._____ _____ _____
이 사람의 어린 시절을 세 낱말로 표현하면?

4._____ _____ _____ _____
이 사람이 극복해야 했던 시련을 네 낱말로 표현하면?

5._____ _____ _____ _____
이 사람의 업적 중 하나를 다섯 낱말로 표현하면?

6._____ _____ _____ _____ _____ _____
두 번째 업적을 여섯 낱말로 표현하면?

7._____ _____ _____ _____ _____ _____
세 번째 업적을 일곱 낱말로 표현하면?

8._____ _____ _____ _____ _____ _____ _____ _____
사람들이 이 인물로부터 어떤 도움을 받았는지 여덟 낱말로 표현하면?

18) 노랫말 요약

책 제목	
고른 멜로디	
1절	
2절	
후렴구 (혹은, 3절)	

독해 안내하기

19) 이야기 피라미드

1._____

등장인물 이름

2._____ _____

인물을 두 낱말로 표현하면?

3._____ _____ _____

배경을 세 낱말로 표현하면?

4._____ _____ _____ _____

문제 상황을 네 낱말로 표현하면?

5._____ _____ _____ _____

일어난 사건 중 하나를 다섯 낱말로 표현하면?

6._____ _____ _____ _____ _____ _____

또 다른 사건을 여섯 낱말로 표현하면?

7._____ _____ _____ _____ _____ _____

세 번째 사건을 일곱 낱말로 표현하면?

8._____ _____ _____ _____ _____ _____ _____

문제 상황에 대한 결과를 여덟 낱말로 표현하면?

20) 질문을 문단으로

탐구 주제:

질문	답	
	자료:	자료:
1		
2		
3		

21) 다시 말하기(요약 카드 만들기)

인물 카드	배경 카드
(그림)	(그림)
(설명)	(설명)

사건 카드	결과 카드
(그림)	(그림)
(설명)	(설명)

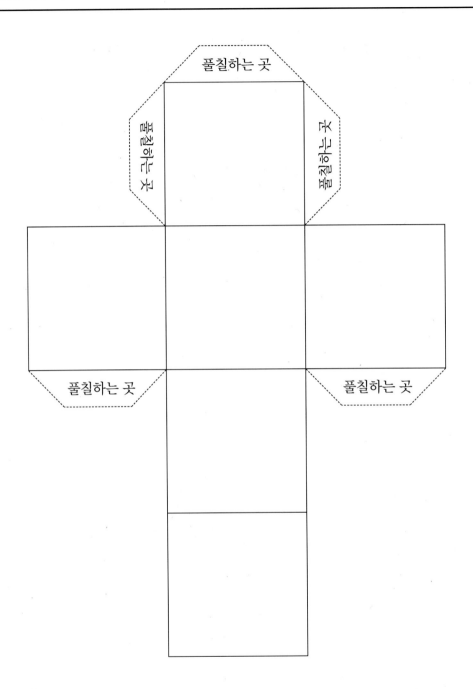

23) 토의 그물

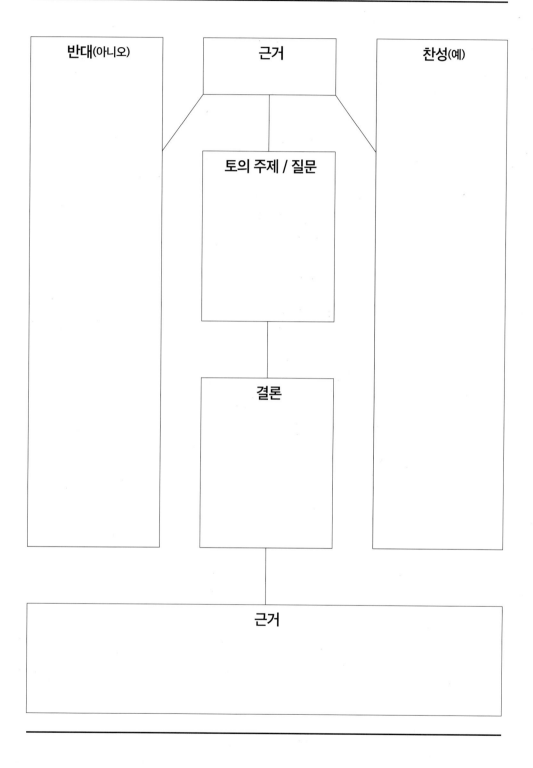

반대(아니오)

근거

찬성(예)

토의 주제 / 질문

결론

근거

독해 센터와 루틴의
조직·운영을 위한
학습지 양식

1) 센터 활동의 성찰

이름:	날짜:

센터 :

센터 활동을 하며 내가 할 수 있었던 것

배운 것

다음 활동에서 하고 싶은 것

2) 센터 활동 자기 평가

이름:	날짜 :

센터:

활동 목표

잘한 것

잘했다고 생각한 까닭

새로운 목표

독해 안내하기

3) 센터 활동 자기 평가 준거

센터:

오늘 센터에서의 자기 활동을 생각해 보고 수행 정도를 평가해 보세요.

	아쉬움	보통	잘함	매우 잘함
활동을 완수함.	1	2	3	4
규칙을 잘 따름.	1	2	3	4
자신만의 해석을 함.	1	2	3	4
발표를 잘함.	1	2	3	4
글을 읽고 연결하기를 잘함.	1	2	3	4
다양하게 반응함.	1	2	3	4

< 하고 싶은 말 >

이름: _____   날짜: _____

4) 독해 안내하기 단계2 운영하기

선택 1: 참여 기록지

참여 학생	세션1	세션2

선택 2: 센터 회전 순서

모둠＼센터				
(예) 파랑	1	2	3	4
(예) 초록	2	3	4	1
(예) 빨강	3	4	1	2
(예) 노랑	4	1	2	3

5) 센터 참여 기록지(센터 비치용)

센터: 주: _____월 _____주

센터에 참여 후, 방문한 요일에 활동 기록을 남겨 주세요.

이름 \ 요일	월	화	수	목	금

6) 센터 참여 기록지(교사용)

이름 ＼ 센터					

7) 프로젝트 선택표

각 열에서 아이디어를 하나씩 골라 주제에 대한 프로젝트를 수행해 보세요.

<보기>

기능	주제/화제(사막)	결과물/수행 활동
다시말하기	특성	삼행시 짓기
설명하기	생존을 위한 기후	사실/우화 책 만들기
묘사하기	이용 및 혜택	삽화 그리기
구성하기	환경	다이아몬드 시
그림 그리기	수명/한살이	보고서
보여주기	평균	신문기사
시연하기	보호	프레젠테이션
비교하기	사막	노래
분류하기		연극
구성하기		콜라주
예측하기		모형 제작
상상하기		
디자인하기		
평가하기		
지원하기		

*예시 프로젝트: 다이아몬드 시를 이용하며 선인장이 사는 환경을 바다와 비교하기

기능	주제/화제(　　　　　)	결과물/수행 활동
다시말하기		삼행시 짓기
설명하기	하위 주제	사실/우화 책 만들기
묘사하기	특성	삽화 그리기
구성하기	생존을 위한 기후	다이아몬드 시
그림 그리기	이용 및 혜택	보고서
보여주기	환경	신문기사
시연하기	수명/한살이	프레젠테이션
비교하기	평균	노래
분류하기	보호	연극
구성하기		콜라주
예측하기		모형 제작
상상하기		
디자인하기		
평가하기		
지원하기		

내 프로젝트 :

이름:　　　　　　　　　　　날짜:

8) 책 만들기

기본 책 만들기

1. 종이를 8등분이 되게 접는다. 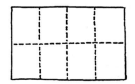	2. 세로면을 기준으로 반접기 한 후, 그림처럼 접은 면부터 중심부쪽으로 한 면만 자른다. 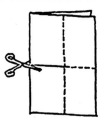
3. 펼쳐서 쫙 펼치면 이렇게 칼집이 나 있을 것이다. 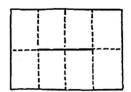	4. 이제 그림처럼 접는다. 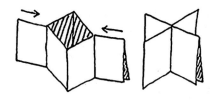
5. 앞 뒤 표지와 여섯 면이 있는 책이 완성된다. 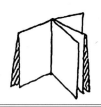	

등을 맞댄(도자도)책 만들기

도자도(dos a dos)란 두 사람이 등을 맞대고 앉는 소파나 마차를 의미하는 불어 표현이다. 두 사람이 등을 맞대고 앉아 있을 때, 그들은 서로 다른 것을 볼 수도 있고, 같은 것을 다른 관점에서 볼 수도 있다. 이 책은 한 권에 두 권이 있는 책이라고 보면 된다.(한 권에 서너 권, 원하는 권 수만큼 가능하다.) 각자의 관점과 이야기를 담을 수 있는 공간이 있어 다른 사람과 주고받는 대화 일지를 구성하는 아주 좋은 방법이 될 수 있다. 자기 책을 가지고 있으면서도 다른 사람들의 생각, 질문, 감정에 반응할 수 있다. 도자도 책을 만들어 보면서 서로의 반응을 확인해 보자!

독해 안내하기

1. 종이 한 장을 절반으로 자른다. 그 중 하나를 세 부분으로 똑같이 접어 Z자 모양이 되게 한다. 이것은 표지가 된다.

2. (내지 만들기) 종이를 절반씩 접어 V자 형태로 만든다. V자 종이를 여러장 만들어 완전히 겹친 다음, 접힌 부분을 스테플러로 고정시킨다. 이를 두 세트 만든다.

3. 만든 내지를 두 부분에 끼워 넣고 양쪽의 표지를 꾸민다.

9) 독해 안내 일지

독해 안내 일지

10) 시 바꾸어 쓰기

발

나는 발이지요.

_____

_____

_____ 발이지요

때로는 바보처럼

_____ 발이지요.

그러나 나는

_____

_____의 발

_____

_____의 발

_____

_____의 발

_____

_____의 발

그러나 나는

_____

_____

그런 발이지요.

※위의 시 틀은 권오삼 시인의 '발'(1981, 아동문학평론)을 이용한 시 바꾸어 쓰기입니다.

11) 독서 서클 자기 평가표

이름: 날짜:

텍스트 :

1. 토론 참여도를 평가해 보세요.

       적절히 잘함.   너무 많이 함.   너무 적게 함.   전혀 하지 않음.

2. 독서 서클을 위해 준비한 것은?

3. 독서 서클에서 배운 것은?

4. 모둠 토론을 평가해 보세요.

         활발했음   보통   지루했음

5. 오늘 토론이 얼마나 도움이 되었나요?

         매우 도움이 됨   약간 도움이 됨   도움이 되지 않음

6. 오늘은 어떤 점이 잘 되었나요? 개선해야 할 점은?

12) 낱말 만들기 및 쓰기 센터

오늘의 미스터리(추리) 낱말은? _____

두 글자 낱말

_____ , _____ , _____

세 글자 낱말

_____ , _____ , _____

네 글자 낱말

_____ , _____ , _____

다섯 글자 이상의 낱말

_____ , _____ , _____

<낱말 만들고 쓰기>

❖ 선생님께 받은 낱말을 토대로 아래의 자음과 모음을 사용하여 새로운 낱말을 만들어 보세요.

모음	자음	
1	7	13
2	8	14
3	9	15
4	10	16
5	11	17
6	12	18

13) 미스터리(추리) 피라미드

1. _____

탐정 이름

2. _____ _____

탐정을 두 낱말로 표현해 보세요.

3. _____ _____ _____

피해자를 세 낱말로 표현해 보세요.

4. _____ _____ _____ _____

범인이나 범죄(사건) 장면을 네 낱말로 표현해 보세요.

5. _____ _____ _____ _____ _____

사건의 동기를 다섯 낱말로 표현해 보세요.

6. _____ _____ _____ _____ _____ _____

범인 찾기를 방해하는 것을 여섯 낱말로 표현해 보세요.

7. _____ _____ _____ _____ _____ _____ _____

범인 발견에 도움이 되는 정보를 일곱 낱말로 표현해 보세요.

8. _____ _____ _____ _____ _____ _____ _____ _____

사건이 어떻게 해결되었는지 여덟 낱말로 표현해 보세요.

독해 안내하기

14) 추리 소설 용의자 찾기

이름: 날짜:
_____

예측
(누가 범인이라고 생각합니까?)
_____

_____

_____

용의자	용의자	용의자
( )	( )	( )
단서:	단서 :	단서:

결론
(누가 범인입니까? 왜 그렇게 생각합니까?)

_____

_____

_____

_____

_____

_____

15) 패턴 책 조직자 1

제목: _____

다행히도

불행히도 _____

_____

다행히도

불행히도 _____

_____

다행히도

불행히도 _____

_____

다행히도

불행히도 _____

_____

다행히도

불행히도 _____

_____

다행히도

불행히도 _____

_____

다행히도

불행히도 _____

_____

다행히도

불행히도 _____

_____

독해 안내하기

16) 패턴 책 조직자 2

사실 혹은 꾸며낸 것

❶ 사실, 혹은 꾸며낸 것

답:

근거:

❷ 사실, 혹은 꾸며낸 것

답:

근거:

17) 패턴 책 조직자 3

중요한 책	
세부 사항	세부 사항

_____에 관해 중요한 것은

_____ 이다.

세부 사항	세부 사항

그러나 _____에 관해 중요한 것은

_____ 이다.

18) 시 양식 1

< 5행시(Cinquain) >

주제 낱말

주제어를 묘사하는 두 낱말

주제어의 동작을 나타내는 세 개의 꾸며 주는 낱말

주제어와 관련된 느낌을 묘사하는 네 낱말

주제어를 한번 더 언급하거나 주제어와 관련한 동의어

< 다이아몬드 시(Diamante) >

주제 낱말

주제어를 묘사하는 꾸며 주는 낱말

주제어에 대해 말하는 세 낱말

네 개의 낱말 - 앞의 두 개는 주제어와 관련이 있고, 뒤의 두 개는 그 반대와 관련한 낱말

주제어의 반의어에 대해 말하는 세 낱말

주제어의 반의어를 묘사하는 두 낱말

주제어의 반의어

---

19) 시 양식 2

< 인물 시 >

이름	
성격(특징) 네 가지	
관련된 사람이나 형제	
관심사	
느낀 것	
필요로 한 것	
세상에 준 영향	
두려워했던 것	
바라던 세상	
살았던 곳	

< 정의 시 >

(	) 란?
는	다.
는	다.
는	다.
는	다.
는	다.
는	다.
그래서	는 다.

독해 안내하기

20) 작가에게 질문하기 자기 평가표

이름: 날짜 :

텍스트 :

1. 활동 참여도를 평가해 보세요.

     적절히 잘함.   너무 많이 함.   너무 적게 함.   전혀 하지 않음.

2. 작가에게 질문하기 활동을 통해 글에 대해 새롭게 알게 된 점이 있나요? 어떤 새로운 통찰을 얻었나요?

3. 이 글이 말하려고 하는 중심 생각은 무엇인가요? 왜 그렇게 생각하나요?

4. 모둠 활동을 평가해 보세요.

         활발했음   보통   지루했음

5. 오늘 활동이 얼마나 도움이 되었나요?

       매우 도움이 됨   약간 도움이 됨   도움이 되지 않음

6. 오늘은 어떤 점이 잘 되었나요? 개선해야 할 점은 무엇인가요?

21) 필수 및 선택 활동 양식

이름: 날짜: ___ 월 ___ 주

센터를 방문했다면 ○표시를 하세요.
(D – 매일 운영되는 센터, W – 주 1회 운영되는 센터)

	센터	월	화	수	목	금
D						
D						
W						
W						
W						
W						
W	내가 선택한 센터 ( )					
W	내가 선택한 센터 ( )					

22) 상보적 교수법 자기 평가표

이름 :   날짜:

텍스트 :

1. 활동 참여도를 평가해 보세요.

    적절히 잘함.   너무 많이 함.   너무 적게 함.   전혀 하지 않음.

2. 상보적 교수법 활동을 통해 글에 대해 새롭게 알게 된 점이 있나요? 어떤 새로운 통찰을 얻었나요?

3. 이 글이 말하려고 하는 중심 생각은 무엇인가요? 왜 그렇게 생각하나요?

4. 모둠 활동을 평가해 보세요.

        활발했음   보통   지루했음

5. 오늘 활동이 얼마나 도움이 되었나요?

    매우 도움이 됨   약간 도움이 됨   도움이 되지 않음

6. 오늘은 어떤 점이 잘 되었나요? 개선해야 할 점은 무엇인가요?

23) 단어 탐정 - 단어판 도해조직자(단어 탐정 벽보)

ㄱ	ㄴ	ㄷ
ㄹ	ㅁ	ㅂ
ㅅ	ㅇ	ㅈ
ㅊ	ㅋ	ㅌ
ㅍ	ㅎ	

독해 안내하기

24) 나만의 추리 소설 쓰기

사건(범죄)의 장면을 그리고, 설명하세요.

네 가지 실마리를 써 보세요.(두 개는 독자들이 범인을 찾는 데 도움을 주는 것이고, 다른 두 개는 범인을 찾는 데 방해되는 것이어야 합니다)

탐정, 용의자, 피해자 중 한 명을 골라 이를 표현하는 것을 네 개 적어 보세요.

이 추리 소설이 어떻게 해결될 것인지 써 보세요.

독서 반응 프롬프트(질문과 지시)

학생은 텍스트를 읽고 텍스트에 반응할 프롬프트(질문)를 선택할 수 있다. 학생의 강점을 활용하려면, 학생에게 다양한 유형의 반응 프롬프트를 제공하는 것이 좋다.

1) 쓰기에 초점을 둔 반응 활동 프롬프트

1. 이야기 속으로 들어가세요. 자신의 추리를 설명해 보세요.

2. 자신이 등장인물 중에 한 사람이라고 생각해 보세요. 등장인물이 되어 그 날의 일기를 써 보세요.

3. 저자에게 이야기의 전편이나 후속 편을 쓰도록 설득하는 편지를 써 보세요.

4. 소설이 전개되고 있는 시대에 알맞은 신문 기사를 써 보세요.

5. 앞으로 이야기가 어떻게 전개될까요? 다음 장(章)을 구상해 보세요.

6. 자기 관점에서 주인공에게 조언하는 편지를 써 보세요.

7. 어떤 등장인물에 대해 다른 등장인물의 관점에서 찬사(칭찬할 점)를 써 보세요.

8. 결말을 다시 쓰고, 왜 이렇게 마무리했는지 설명해 보세요.

9. 미래의 독자를 위해 개인적으로 추천하는 글을 써 보세요.

10. 소설의 배경이 되는 시대를 조사해 보세요. 시간의 경과에 따른 중요한 변화를 탐구 센터에 보고하는 보고서를 써 보세요.

11. 다른 관점에서 이야기를 다시 써 보고, 이것이 이야기를 어떻게 변화시켰는지 토론해 보세요.

12. '디어 어비(Dear Abby)' 형식을 사용하여 이야기 속 문제나 갈등을 설명하고, '어비(Abby)' 역할을 맡아 답변을 작성해 보세요.[1]

13. 자신의 경험을 인물의 경험과 관련지어, 이야기 속의 인물에게 편지를 써 보세요.

14. 소설의 주제를 다루는 짧은 이야기나 시를 써 보세요.

15. 소설의 다음 장(章)을 써서, 교실이나 학교 도서관에서 게시해 보세요.

16. 자신이 출판사 대표라고 가정해 보세요. 책 원고의 출판을 수락하거나 거절한 이유를 설명하는 편지를 저자나 삽화가에게 써 보세요.

17. 배경을 바꾸면 이야기에 어떤 영향을 주게 될지 설명해 보세요.(예: 『나무꾼과 선녀』 이야기를 서울을 배경으로 했다면, 이야기가 어떻게 바뀌었을까요?)

18. 벤다이어그램을 그려서 소설과 영화 버전의 공통점과 차이점을 찾아 보세요.

19. 소설의 주요 구성 요소에 관한 스토리보드(이야기 흐름표)를 만들어 보세요.

20. 장(章)별로 차트를 만들어 등장인물, 줄거리, 주제, 상징하는 것에 대한 정보를 기록해 보세요.

21. 소설 전체 또는 한 장(章)을 다른 장르로 다시 써 보세요.(예: 이야기를 연극 대본으로 쓰면서 감독, 프로그램 디자이너, 의상 디자이너, 배우 등의 역할을 맡을 사람을 조직해 보기)

22. 자신이 등장인물 중 한 명이고, 다른 인물에 대해 쓴 시나 메모가 자신의 주머니에서 떨어졌다고 상상해 보세요. 그 쪽지에 뭐라고 써 있었을까요?

23. 이 책을 읽어야 하는지 읽지 말아야 하는지 설득하는 에세이를 써 보세요. 의견을 뒷받침하는 구체적 근거도 써 보세요.

---

1 'Dear Abby'는 고민에 대해 조언을 해 주는 미국의 인기 있는 칼럼을 말한다. 이야기 속 인물의 문제나 고민에 대해 상담가의 역할이 되어 조언해 주는 편지를 써 보는 활동을 할 수 있다.

독해 안내하기

24. 친구나 부모님, 선생님께 책에 대해 말하는 편지를 써 보세요.

25. 이 소설을 같은 시기에 읽은 다른 소설과 비교하거나 대조해 보세요. 그리고 소설과 관련한 이슈들이 현재의 시사 사건과 어떻게 관련되는지 말해 보세요.

26. 책의 주제곡을 쓰고, 주제곡을 불러 보세요.

27. 영화나 비디오의 부분을 읽고 있는 소설(혹은 동화)의 사건과 비교하거나 대조해 보세요.

28. 저자에게 이메일을 보내거나 작가의 웹사이트나 블로그를 방문해 보세요. 기자 회견에서 배운 것을 요약해 보세요. (3장 참조)

2) 프로젝트 수행 활동 프롬프트(질문)

1. 소설과 관련하여 반 전체 또는 모둠별로 박물관 전시를 기획해 보세요.(예: 책이 집필된 때의 의복, 음악, 스포츠 경기, 운송 수단 등)

2. 이야기에 관한 그림 연대표(흐름표)를 제작해 보세요. 연대표를 창의적으로 디자인해 보세요.

3. 소설에 대해 다양하게 반응해 보세요.(예: 연극, 노래, 그림, 프로젝트 수행 등)

4. 기념품 가방이나 독후감 가방을 만들어 보세요.(이야기의 다양한 측면을 나타내는 구체적 소품을 모아서)

5. 책의 한 장(章)을 독자 극장(Reader Theatre)으로 만들어 보세요.

6. 책 속 등장인물을 찾는 전단(수배 전단)을 만들어 보세요.

7. 책의 한 장면이나 한 장(章)을 4컷 만화로 표현해 보세요.

8. 이야기를 바탕으로 "나는 ~하다"라는 문장을 만들어 보세요.(예, "나는 ~라고 생각한다", "나는 ~라고 느낀다", "나는 ~를 이해하지 못한다") 혹은 소설을 바탕으로 "등장인물은 ~하다"라는 문장을 만들어 보세요.(예: 『앵무새 죽이기』에서, "스카우트는 ~라고 생각한다", "스카우트는 ~라고 느낀다")

9. 이야기의 배경에 관한 여행 안내 책자(브로슈어)를 만들어 보세요.

10. 책을 판매할 때 다른 사람이 책에 관심을 가질 수 있도록 광고용 책띠(book jacket)를 만들어 보세요. 결말이 드러나지 않게 이야기의 일부를 간단히 소개할 수도 있고, 등장인물이 되어 이야기의 일부를 연기하는 것처럼 표현해도 좋습니다.

11. 이야기의 한 장면을 예술적으로 표현하고, 그 장면을 선택한 이유를 설명해 보세요.

12. 소설, 단편소설, 연극, 시에서 발췌한 내용과 그것에 대해 학생이 비평한 것을 포함하여, 녹음 파일을 만들어 보세요.

13. 교실의 한 부분을, 읽고 있는 책의 시대처럼 꾸며 보세요.

14. 소설 속 인물 중 한 명의 관점에서 스크랩북을 만들어 보세요. 스크랩한 내용이 등장인물에게 왜 중요한지를 친구들에게 설명해 보세요.

15. 소설을 바탕으로 한글 자음모음 조각보 만들기를 해 보세요.

16. 책에 대해 웹페이지를 만들어 보세요.

17. 등장인물들이 가장 좋아할 만한 요리책이나 음식 메뉴판을 만들어 보세요.

18. 소설 속 인물 중 한 명의 관점에서 타임캡슐을 만들어 보세요. 포함될 물건의 중요성에 대해 적어 보세요. 현재 타임캡슐을 개봉했다고 하고, 신문 기사도 써 보세요.

19. 소설의 주요 내용으로 아동 도서(이야기책 또는 한글 학습용 글자책)를 만들어 보세요.

20. 책의 시간적, 공간적 배경에 대해 신문 기사를 써 보세요.

21. 다른 사람이 소설을 읽도록 등장인물과 사건을 묘사하는 광고(오디오, 영상, 인쇄물)를 만들어 보세요.

22. 소설이 영화로 나온다고 가정하고, 영화 예고편을 영상으로 만들어 보세요.

23. 소설의 특정 장면이나 장(章)에 맞는 배경 음악을 구하거나 만들어 보세요. 자신이 선택한 음악이 책의 해당 부분과 어떤 점에서 관련되는지 설명도 해 보세요.

24. 소설 속 주요 갈등을 해결할 수 있는 제품을 개발해서 홍보해 보세요.

25. 두 등장인물 간의 갈등 부분과 효과적 의사소통 기술을 사용했을 때 해결이 되

는 부분을 영상이나 각본으로 만들어 보세요. (학생에게 갈등 장면을 보여 주고, 이를 토론해 봅니다. 그 후, 보다 효과적 의사소통으로 해결이 된 부분을 보여 주고, 또 토론해 봅니다.)

26. 소설에서 기억에 남는 인용구를 사용하여, 그림책이나 노래의 후렴구를 만들어 보세요.

27. 저자의 삶을 조사하고 알게 된 것을 창의적 발표를 통해 공유해 보세요.

3) 토크쇼나 게임(놀이)을 포함하는 반응 활동 프롬프트

1. 자신이 진행하는 토크쇼의 게스트가 등장인물이라면, 묻고 싶은 4가지 질문은 무엇인가요? 등장인물과 소설에 대해 알고 있는 것을 바탕으로 게스트(등장인물)의 답변을 예측해 보세요. (오디오나 영상, 연극으로 만들어 볼 수 있습니다.)

2. 소설의 문학적 요소(인물, 배경 등)를 전제로 하는 게임이나 게임쇼를 만들어 보세요.

3. 소설을 바탕으로 '도전 골든벨'이나 '장학퀴즈'와 같은 퀴즈쇼 질문을 만들어 보세요.

4. 소설과 관련한 질문을 개발하여 놀이를 해 보세요. 질문을 접어 상자에 넣으세요. 상자에서 질문을 뽑아 응답하면서, 게임에 참여할 수 있습니다.

4) 인물에 초점을 둔 반응 활동 프롬프트

1. 이야기 속 다른 인물의 관점에서 주인공에게 한 가지 말을 할 수 있었다면, 어떤 말을 했을까요? 그리고 어느 시점에서 말했을까요? 그 말이 이야기의 결과에 어떤 영향을 줄 것이라고 생각하나요?

2. 등장인물이 다른 성별이 된다면, 이야기가 어떻게 바뀔 것 같나요? 이야기와 자신의 경험을 바탕으로 그 생각을 뒷받침해 보세요.

3. 이야기에 인물을 추가하거나 빼 보고, 왜 이런 선택을 했는지 말해 보세요.

4. 책에 등장하는 인물 중에 가장 존경하는 인물을 고르고, 그 이유를 말해 보세요.

5. 책에서 어떤 인물을 신뢰하는지 혹은 신뢰하지 않는지 설명해 보세요. 그리고 자신의 생각을 뒷받침하는 근거를 책 속에서 찾아보세요.

6. 특정 인물이 되어 독백을 해 보세요. 왜 그런 선택을 했는지 설명해 보세요.

7. 인물을 선택해서 글 속에서 인물의 특징을 찾아 적어 보세요. 인물이 받으면 감사해할 것 같은 선물을 기술해 보세요. 자신의 선택과 책을 연결해 보세요.

8. 책의 인물이 다른 책의 인물이 처한 상황에 대해 해결책을 제시하도록 해 보세요.

9. 소설 속 주요 인물의 성격 특성을 발전시킨 다음, 인물을 현대의 상황에 넣어 새로운 이야기를 만들어 보세요.

10. 읽은 책 중에서 한 가지 주제를 고르고, 그것을 토대로 청소년 소설 속 인물과 고전 소설 속 인물이 함께 나오는 장면을 써 보세요.

11. 다양한 책 속의 인물을 조합하여 새로운 이야기를 써 보세요.

12. 소설에서 한 인물을 선택하고, 그 인물이 이야기의 결말 부분에서 어떻게 변했는지 나타내 보세요. 이 인물의 다음 인생은 어떨지 예측해 보세요.

13. 좋아하는 장면을 묘사한 엽서를 꾸며 보고, 등장인물에게 엽서를 써 보세요.
   (자기가 등장인물에게 써도 되고, 다른 등장인물이 보내는 것처럼 써도 됩니다.)

14. 인물과 인물의 행동에 관한 간단한 조사 활동(4~5가지)을 해 보세요. 학급 친구를 대상으로 의견 조사를 해 보고, 보고서를 만들어 발표하고 토론해 보세요.

15. 소설 속 등장인물인 것처럼 작가에게 글을 쓰고, 이야기와 인물 발달의 측면에 대해 질문해 보세요.(예: 『앵무새 죽이기』를 읽은 후, 자신이 톰 로빈슨이라고 생각해 보세요. 그리고 작가 하퍼 리에게 왜 배심원단이 그를 무죄로 판결하게 하지 않았는지 질문해 보세요.) 같은 책을 읽은 다른 학생이 작가의 입장에서 답하게 해도 좋습니다.

16. 등장인물로 삼행시(아크로스틱)를 지어 보세요. 그런 다음 삼행시에 대해 예술적 해석을 해 보세요.(예: 인물 이름 글자로 모빌을 디자인하고, 글자에 설명을 붙여 보세요.)

17. 이야기 속의 인물이라고 생각하고, 그 역할에 알맞은 목소리를 내 보세요.

독해 안내하기

18. 책을 영화로 만들었을 때, 자신 또는 친구가 특정한 인물 연기를 어떻게 해낼 수 있을지 말해 보세요.

19. 인물을 잘 표현할 만한 그림과 낱말로 인물 콜라주를 만들어 보세요.

20. 원작으로부터 20년 후에 만들어지는 소설의 속편에서 어떤 일이 일어날지 말해보세요.(예: 주인공이 어디에 있을지, 어떤 행동을 할지, 어떤 업적을 이룰지, 어떤 기쁨과 슬픔을 경험할지, 어떤 목표를 세울지 등)

21. 두 인물 사이에 어떤 대화가 오갈지 적어 보세요.

22. 인물 관계도를 만들어 보세요. (벽에 게시할 만한 크기로)

23. 인물을 시각화하거나 그려 보세요.

24. 인물의 삶에서 고점과 저점을 나타내는 인물 감정 그래프를 만들어 보세요. 이야기 속의 장면들로 여러분의 생각을 뒷받침해 보세요.

25. 책 속 인물과 자신 사이에 공통점과 차이점을 벤다이어그램에 표현해 보세요. (예: 소설 속에서 가장 좋아하지 않는 인물을 골라 자신과의 공통점과 차이점을 찾아보세요. 바람직하지 않은 성격이 있다면, 그런 성격을 없애기 위해 어떤 조언을 할 것인지도 생각해 보세요.)

26. 책에서 주요 인물 외의 인물(조연)이 서로 어떻게 반응하는지 보여 주세요. 이런 인물이 전체 이야기에 어떤 식으로 기여하는지 말해 보세요.

27. 읽고 있는 책의 등장인물이 연기할 수 있다고 생각하는 다른 소설을 골라 보세요. 그 인물이 어떤 역할을 할지, 왜 이 역할에 효과적일지 말해 보세요.

28. 인물에 관해 책의 처음 모습과 결말 부분의 모습으로 양면 가면을 만들어 보세요. 인물이 어떻게 변화했는지 말해 보세요.

29. 지역 사회 인사를 학교 수업에 초청하여, 소설의 주제에 관한 전문 지식을 공유해 보세요. (모험, 생존, 역사 등)

5) 작가 입장에서 반응해 보는 프롬프트

1. 책을 쓴 이유를 설명하고, 쓴 것을 평가해 보세요. 지금이라면 무엇을 다르게

할 수 있을지, 작가의 문체가 독자에게 어떤 영향을 미칠지 생각해 보세요.

2. 이야기에서 하나의 사건을 바꿀 수 있다면, 어떤 것을 바꾸고 싶나요? 바꾼 사건이 이야기 전반에 어떤 영향을 미칠까요?

3. 소설이 영화로 만들어지는 것에 대해 어떻게 생각하나요? 찬성한다면, 주인공으로 누구를 캐스팅하고 싶나요?

4. 다른 독자를 수용할 수 있도록 글을 어떻게 바꾸어 볼 수 있나요? (예: 초등학생이 독자라면, 어떻게 바꾸겠습니까?)

5. 책의 제목을 고른 이유는 무엇인가요? 글에 잘 어울릴 만한 또 다른 제목을 제시해 보세요.

6. 서사적 요소 등의 문학적 장치를 가르치면서, 자신의 소설을 더 연구해 보세요.(예: 전래 동화와 변형된 동화를 비교하여 이야기의 시점을 설명하기, 『퀴즈 왕들의 비밀』을 사용하여 직유법을 가르치기 등)

7. 책을 쓰는 동안 자신의 생각에 영향을 주면서 배우고, 깨닫고, 느꼈던 것에 대해 말해 보세요.

수준별 책 자료

여기에 제시된 수준별 책 자료는 교사, 교육청, 출판사 등이 개발한 것이다. 책의 수준은 대략적 수준에 해당한다. 학생들이 텍스트를 읽는 것은 배경지식이나 동기 등과 같은 여러 요인에 의해 영향을 받는다.

1) 개별 교사가 운영하는 웹사이트

가. Bruce Ellis 선생님의 아동 도서 자료

Teacher Resource Center

읽기 수준별로 440권의 책 제목 제시

읽기 수준의 범위: 1.0~8.9학년

http://www.tamu-commerce.edu/coe/shed/espinoza/s/ellis-b-rdlevl.html

예시 책

level	제목	저자
1.0	*Goodnight Moon*	M. W. Brown
1.6	*Polar Bear, Polar Bear, What Do You Hear?*	B. Martin Jr.
2.0	*Freckle Juice*	J. Blume

2.6	*The Very Hungry Caterpillar*	E. Carle
3.0	*The Mitten*	J. Brett
3.6	*The Emperor and the Nightingale*	H. C. Anderson
4.0	*Dear Mr. Henshaw*	B. Clearly
4.6	*Fudge-a-mania*	J. Blume
5.0	*Where the Red Fern Grows*	W. Rawls
5.6	*The Mouse and the Motorcycle*	B. Clearly
6.0	*Charlotte's Web*	E. B. White
6.6	*Charlie and the Chocolate Factory*	R. Dahl
7.0	*Treasure Island*	R. L. Stevenson
7.9	*Little women*	L. M. Alcott
8.1	*Grimm's Fairy Tales*	Grimm
8.5	*Adventures of Tom Sawyer*	M. Twain
8.9	*Rip Van Winkle*	W. Irving

2) 교육청에서 운영하는 웹사이트

① Oster 초등학교, 산 호세, 캘리포니아

http://www.unionsd.org/oster/artestsbylevel.html

예시 책

Level	제목	저자
1.0	*Goodnight Moon*	M. W. Brown
1.5	*Henry and Mudge and the Wild Wind*	C. Rylant
2.0	*Nate the Great and the Pillowcase*	M. Sharmat & R. Weinman
2.5	*Two Bad Ants*	C. Van Allsburg

3.0	*Cam Jansen and the Mystery of the Dinosaur Bones*	D. Adler
3.5	*Encyclopedia Brown Takes the Case*	D. Sobol
4.0	*Dear Mr. Henshaw*	B. Cleary
4.5	*Chocolate Fever*	R. Smith
5.0	*Maniac Magee*	J. Spinelli
5.5	*A Wrinkle in Time*	M. L' Engle
6.0	*Charlotte's Web*	E. B. White
6.5	*The Black Pearl*	S. O'Dell
7.0	*Bridge to Terabithia*	K. Paterson
7.5	*The Secret Garden*	F. Burnett
8.3	*Jacob Have I Loved*	K. Paterson
8.5	*The Incredible Journey*	S. Burnford
9.0	*Frederick Douglass*	P. McKissack
9.8	*Journey to the Center of the Earth*	J. Verne

② Portland 공립학교, 포트랜드, 오레건

http://www.pps.k12.or.us/instruction-c/literacy/leveled_books

예시 책

Level	제목	저자
1.0	*Are You My Mother?*	P.D. Eastman
1.5	*The Carrot Seed*	R. Krauss
2.0	*The Doorbell Rang*	P. Hutchins
2.5	*Madeline's Rescue*	L. Bemelmans
3.0	*Grandfather's Journey*	A. Say

3.5	*Alexander and the Terrible, Horrible, No Good Very Bad Day*	J. Viorst
4.0	*Ice Magic*	M. Christopher
4.5	*Beezus and Ramona*	B. Cleary
5.0	*Where the Red Fern Grows*	W. Rawls
5.5	*The Fighting Ground*	Avi
6.0	*The Flunking of Joshua T. Bates*	S. Shreve
6.3	*Tuck Everlasting*	N. Babbit
7.1	*James and the Giant Peach*	R. Dahl
7.6	*Anne of Green Gables*	L. M. Montgomery
8.5	*The Incredible Journey*	S. Burnford

3) 출판사에서 제공하는 수준별 책 자료

① Houghton Mifflin사의 수준별 읽기 자료

유치원부터 초등 6학년을 대상으로 하는 600권의 책 제목 제시

글 없는 그림책부터 충분한 길이의 청소년 소설까지 제시

A-B 수준의 책: 첫 번째 수준의 책으로, 발생적 독자(잠재적 독자)를 위한 책이
다. 이제 막 읽기 행동을 배우는 중의 독자에게 적합하다.

예시:

See What We Can Do

Nat at Bat

Cat on the Mat

Once Upon a Dig

The Bug Hut

독해 안내하기

C-G 수준의 책: 두 번째 수준의 책으로, 초기 독자를 위한 책이다. 독자에 따라 읽기 능력과 요구의 범위가 나타나고 있다. 어떤 독자는 단어를 해독하기 시작한 수준이고, 어떤 독자는 간단한 문장을 읽을 수 있고, 어떤 독자는 텍스트의 몇 줄을 읽을 수 있다. 이런 독자에게 적합하다.

예시:

Curious George Rides a Bike

Benny's pennies

One Hundred Hungry Ants

Ira Sleeps Over

Sheep in a Jeep

H-M 수준의 책: 세 번째 수준의 책으로, 전환하는 독자에게 적합하다. 독자는 읽기 행동의 초기 발달을 잘 보여주고 있다. 유창한 독자가 되려는 독자를 위해 적합하다.

예시:

Curious George Flies a Kite

What Do Authors Do?

The Wednesday Surprise

The Dive

Mufaro's Beautiful Daughters

N-R 수준의 책: 네 번째 수준의 책으로, 스스로 독서 능력을 확장하는 독자를 위한 책이다. 독자는 여러 텍스트에 읽기 전략을 적용하는 유창한 독자에 해당한다. 이 수준의 책은 조금 복잡하고 길이가 길어지기 시작한다.

예시:

I Am Rosa Parks

Sarah, Plain and Tall

Jumanji

The Boy Who Loved to Draw

Mark McGwire: Home Run Hero

S-Z 수준의 책: 다섯 번째 수준의 책으로, 능숙한 독자를 위한 책이다. 능숙한 독자는 문식성을 학습에 잘 적용한다. 독서 경험이 많아지고, 여러 목적으로 책을 읽는다. 독자는 언어가 의미, 목적, 기능을 가지고 있다는 것을 안다. 독자는 단어를 이해하는 세련된 전략을 구사할 줄 알고, 의미를 비판적으로 구성하기 위해 읽고, 다시 읽을 줄 알며, 문학 작품에서 미세한 뜻의 차이(뉘앙스, nuance)를 이해한다. 능숙한 독자는 계속적으로 능력을 발달시키고, 이해하는 텍스트의 길이도 점점 길어진다.

예시:

Anastasia at Your Service

Pyramid

Growing Up in Coal Country

Number the Stars

Eileen Collins: First Woman Commander in Space

② Great Source Education Group

도서: 흥미 있는 챕터북(chapter book)[1]

---

1   챕터북(chapter book)은 몇 개의 장(章)으로 나누어져 있는 책이다.

Beginning: Grades K-2	
Grades 1-2	*Norma Jean, Jumping Bean*
	Parakeet Girl
	R is for Radish
	Dragon's Scales
	Dinosaur Babies

Intermediate: Grades 2-4	
Grade 3	*Brave Maddie Egg*
	Silver
	Little Swan
	Slam Dunk Saturday
	Soccer Mania!
Grade 4	*The Stories Huey Tells*
	Adventure in Alaska
	Harriet's Hare
	Harry's Mad
	Babe: The Gallant Pig

Advanced: Grades 4-6	
Grade 5	*The Night Crossing*
	The Secret of the Seal
	Black-Eyed Susan
	Dear Levi
	Toliver's Secret

Grade 6	*Crash*
	Dog Years
	Some Friends
	There's a Boy in the Girl's Bathroom
	Dogs Don't Tell Jokes

③ National Geographic School 출판사

읽기 내용: 내용교과 독서, 3~6학년 대상

읽기 수준 범위: 2학년(상위 수준)부터 5학년까지

American Communities Across Time	Kids Make a Difference
A Whaling Community of the 1840s	*Kids Care for the Earth*
A Homesteading Community of the 1880s	*Kids Are Citizens*
An Immigrant Community of the 1900s	*Kids Communicate*
A Suburban Community of the 1950s	*Kids Manage Money*
Communities Across America Today	*Kids Are Consumers*

Civilizations Past to Present: Voices From America's Past	
Egypt	*Colonial Life*
Greece	*The Spirit of a New Nation*
Rome	*Our Journey West*
China	*Blue or Gray? A Family Divided*
Mexico	*Our New Life in America*

Travels Across America: Seeds of Change in America's History	
The Northeast	Two Cultures Meet: Native American and European
The Southeast	The Industrial Revolution
The Midwest	Building the Transcontinental Railroad
The Southwest	The Age of Inventions
The West	The Great Migration

평가 양식

1) 독서 태도 조사(1)

이름: _____ 날짜: _____

1. 나는 읽기가 _____ 라고 생각한다. 그 이
   유는 _____ 이기 때문이다.

2. 나는 내가 _____ 한 독자라고 생각한다. 그
   이유는 _____ 이기 때문이다.

3. 나는 _____ 은(는) 좋은 독자라고 생각한다.
   그 이유는 _____ 이기 때문이다.

4. 나는 쓰기가 _____ 라고 생각한다. 그 이유
   는 _____ 이기 때문이다.

5. 나는 내가 _____ 한 필자라고 생각한다. 그
   이유는 _____ 이기 때문이다.

6. 나는 _____ 은(는) 좋은 필자라고 생각한다.
   그 이유는 _____ 이기 때문이다.

2) 독서 태도 조사(2)

※ 다음 문항를 읽고, 자신과 가까운 것에 표시하세요.

	매우 그렇다	약간 그렇다	약간 아니다	매우 아니다
나는 시간이 나면 읽는다.				
나는 책 선물 받기를 좋아한다.				
나는 내가 읽고 싶은 것을 고르기 좋아한다.				
나는 비오는 날 책 읽기를 좋아한다.				
나는 텔레비전을 보는 것보다 책 읽기를 좋아한다.				
나는 잡지를 보기도 한다.				
나는 친구에게 글쓰기를 좋아한다.				
나는 학교에서 쓰기를 좋아한다.				
나는 컴퓨터로 글을 쓰기도 한다.				
나는 내 글을 고쳐 쓰기도 한다.				

3) '독해 안내하기' 독서 발달 기록표

이름: _____   날짜: _____

학생 배경 정보

흥미:

독자로서 자기 인식(3월):

독자로서 자기 인식(12월):

필자로서 자기 인식(3월):

필자로서 자기 인식(12월):

표시 방법

- NO(Not Observed, 잘 보이지 않음): 학생이 이 전략을 사용하지 못함
- E(Emerging, 나타나고 있음): 학생이 이 전략을 사용하려고 함.
- D(Developing, 발달하는 중): 학생이 이 전략을 가끔 사용하고 있음.
- C(Consistent, 익혔음): 학생이 이 전략을 익혀서 효과적으로 사용하고 있음.

읽기 수준	3월	9월	12월
독립적 수준 (자기 주도적 수준)			
지도적 수준 (교사 조력적 수준)			
전략 사용			
미리 보기			
자기 질문하기			
연결하기			
시각화하기			
어휘 활용하기			
점검하기			
요약하기			
평가하기			

특이 사항

4) 독서 흥미 조사

이름: _____ 날짜: _____ 년   월   일

1. 작년에 좋아했던 과목은? 올해는 어떤 과목을 좋아할 것 같은가? 왜 그런가?

2. 좋아하는 책은? 이유는?

3. 도서관의 회원증(회원카드)이 있는가? 얼마나 자주 도서관에 가는가?

4. 책을 선물로 받게 된다면, 무엇에 관한 책을 받고 싶은가?

5. 꿈이나 소원은 무엇인가?

6. 학교를 졸업한 후에 어떤 직업을 가지고 싶은가?

7. 학교를 하루 쉬게 된다면, 하루를 어떻게 보내고 싶은가?

8. 누가 선물로 잡지를 구독하게 해 준다면, 어떤 잡지를 고를 것인가? 그 이유는?

9. 경연 대회에 참가하여 우승했다고 가정하자. 우승자에게 세계적으로 유명한 사람을 누구든 만날 수 있게 해 준다면, 누구를 만나고 싶은가? 그 사람과 어떤 이야기를 나누고 싶은가?

10. 서점에 가서 어떤 책이든 원하는 책 세 권을 가질 수 있게 해 준다면, 어떤 책을 고르고 싶은가?

5) 문식 경험 조사하기(문식성의 역사)

　다음은 검사 문항이라기보다는 학생이 자신의 문식(文識性) 경험에 대해 생각해 보도록 하는 대화에 가깝다. 교사는 학년을 고려하여 학생이 전부 답하도록 해도 되고, 일부만 선택해서 물어보아도 된다.

　　1. 읽기 및 쓰기와 관련된 자신의 가장 오래된 기억은?
　　2. 읽을 수 있기 전에, 읽을 수 있는 척하였는가? 책을 처음으로 읽었던 때를 기억할 수 있겠는가?
　　3. 형제자매, 혹은 친구와 함께 읽거나 쓰는가?
　　4. 쓰려고 했던 가장 처음의 시도(끄적이기, 그리기 등)를 기억할 수 있겠는가?
　　5. 신문이 집으로 배달되는가? 다른 사람이 신문 읽는 것을 본 적이 있는가? 신문을 읽은 적이 있는가?
　　6. 잡지를 구독하고 있는가? 부모님이나 형제자매는 잡지를 구독하고 있는가?
　　7. 부모님은 북클럽에 가입하고 있는가? 부모님은 개인 서재가 있는가? 부모님은 즐거움을 위해 책을 읽으시는가?
　　8. 편지(생일 카드, 감사 메시지 등)를 주고받는가?
　　9. 처음 받았던 읽기나 쓰기 수업이 생각나는가? 어떤 자료를 사용했는가? 어떤 활동을 하였는가?
　　10. 초등학교 때, 즐거움을 위해 읽었던 경험이 있는가?
　　11. 초등학교 때, 즐거움을 위해 썼던 경험이 있는가?
　　12. 초등학교 때, 읽으려고 처음으로 골랐던 책을 기억할 수 있는가?
　　13. 초등학교 때, 첫 쓰기 과제가 기억나는가?
　　14. 초등학교 때, 보고서를 썼는가? 그 경험에 관련하여 생각나는 것은 무엇인가?

15. 초등학교 때, 어떤 목적으로 읽기와 쓰기를 하였는지 기억나는가? 읽기와 쓰기 수업 중에 특별히 기억나는 수업이 있는가? 사용한 교과서나 자료를 설명할 수 있겠는가?

16. 좋아했던(그래서 내려놓기 싫었던) 첫 책은 무엇이었는가?

17. 인생의 변화를 가져온 책을 읽은 기분을 느껴 본 적이 있는가?

18. 친구와 책을 교환했던 기억이 있는가?

19. 특정한 나이에 특정 장르(예를 들어, 미스터리, 전기 등)를 많이 읽은 경험이 있는가? 왜 그런 책을 읽었다고 생각하는가?

20. 언제 처음으로 서점에 갔는가? 그곳은 어땠는가?

21. 자신의 인생에서 변함없이 좋아하는 책은 무엇인가?

22. 읽은 책이 영화로 제작된 경우가 있는가? 그 둘(책과 영화) 중에 어떤 쪽을 좋아하는가?

23. 읽고 쓰는 능력 때문에 자신의 삶은 어떤 점에서 달라졌는가?

24. 지금은 독자인가? 현재 읽고 있는 것은 무엇인가?

25. 지금은 필자인가? 현재 쓰고 있는 것은 무엇인가?

독해 안내하기

6) 초인지 전략 점검표

이야기를 더 잘 이해하기 위해 읽기 전, 중, 후에 자신이 어떻게 하는지 생각해 보세요. 다음에 제시된 네 가지 선택지 중에 자신과 가장 가까운 것을 골라 보세요. 정답이 따로 있는 것은 아닙니다. 단지 어떤 활동이 자신의 행동에 가까운지 고르면 됩니다. 선택지에 ○ 표시를 하세요.

I. 다음 각 문항에서 네 가지 선택지 중 하나를 고르시오. 읽기 전 활동으로 이야기를 더 잘 이해하는 데 가장 도움이 되는 것을 고르시오.

1. 읽기 전에, 다음과 같이 하는 것이 좋다.
   ① 이야기가 몇 쪽인지 본다.
   ② 어려운 낱말을 사전에서 모두 찾아본다.
   ③ 이야기에서 일어날 일을 예측해 본다.
   ④ 이야기에서 실제 일어난 것을 생각한다.

2. 읽기 전에, 다음과 같이 하는 것이 좋다.
   ① 이야기의 내용을 알아보기 위해 그림을 살펴본다.
   ② 이야기를 읽는 데 시간이 얼마나 걸릴지 결정한다.
   ③ 모르는 낱말을 소리 내 읽어 본다.
   ④ 이야기가 의미가 잘 통하는지 점검해 본다.

3. 읽기 전에, 다음과 같이 하는 것이 좋다.
   ① 다른 사람에게 이야기를 읽어 달라고 부탁한다.
   ② 이야기의 내용을 알기 위해 제목을 읽어 본다.
   ③ 대부분의 단어가 장모음이나 단모음으로 되어 있는지 점검한다.
   ④ 그림이 순서대로 제시되어 있는지, 의미는 통하는지 점검한다

4. 읽기 전에, 다음과 같이 하는 것이 좋다.

  ① 누락된 페이지가 있는지 확인한다.

  ② 확실치 않은 낱말의 목록을 정리한다.

  ③ 제목과 그림을 이용하여 이야기에서 일어날 일을 예측한다.

  ④ 마지막 문장을 읽고, 이야기 어떻게 끝날 것인지 알게 된다.

5. 읽기 전에, 다음과 같이 하는 것이 좋다.

  ① 왜 내가 그 이야기를 읽으려고 하는지를 확인한다.

  ② 어려운 낱말을 사용하여 일어날 일을 추측한다.

  ③ 의미가 잘 통하지 않을 때는 그 부분을 다시 읽어서 이해하려고 한다.

  ④ 어려운 낱말에는 도움을 요청한다.

6. 읽기 전에, 다음과 같이 하는 것이 좋다.

  ① 일어난 일의 주요 내용 모두를 회상한다.

  ② 이야기에서 대답하고 싶은 질문을 스스로에게 해 본다.

  ③ 하나 이상의 의미를 가지고 있는 낱말의 의미에 대해 생각해 본다.

  ④ 3음절 이상의 낱말을 찾기 위해 이야기를 살펴본다.

7. 읽기 전에, 다음과 같이 하는 것이 좋다.

  ① 이 이야기를 전에 읽은 적이 있는지 점검한다.

  ② 이야기를 읽기 위한 이유로서 질문과 추측을 사용한다.

  ③ 읽기 전에 모든 낱말을 소리 낼 수 있는지 확인한다.

  ④ 이야기의 제목에 대해 더 좋은 것이 없나 확인한다.

8. 읽기 전에, 다음과 같이 하는 것이 좋다.

  ① 책에 있는 그림에서 내가 이미 알고 있는 것을 생각한다.

독해 안내하기

② 이야기가 몇 쪽으로 되어 있는지 살펴본다.

③ 이야기에서 다시 읽기에 가장 좋은 부분을 고른다.

④ 이야기를 누군가에게 읽어 준다.

9. 읽기 전에, 다음과 같이 하는 것이 좋다.

① 이야기를 소리 내 읽는 연습을 한다.

② 이야기를 잘 기억하기 위해 중요한 부분을 다시 말한다.

③ 이야기의 등장인물이 어떤 사람일지 생각한다.

④ 이야기를 읽을 수 있는 충분한 시간이 있는지 결정한다.

10. 읽기 전에, 다음과 같이 하는 것이 좋다.

① 이야기를 이해하고 있는지 점검한다.

② 낱말이 하나 이상의 의미가 있는지 점검한다.

③ 이야기가 어디에서 일어날지 생각한다.

④ 모든 중요한 세부 사항을 열거한다.

Ⅱ. 다음 각 문항에서 네 가지 선택지 중 하나를 고르시오. 읽는 중 활동으로 이야기를 더 잘 이해하는 데 가장 도움이 되는 것을 고르시오.

11. 읽는 중에, 다음과 같이 하는 것이 좋다.

① 이야기를 매우 천천히 읽어서 어떤 중요한 부분도 놓치지 않도록 한다.

② 이야기가 무엇에 관한 것인지 알아보기 위해 제목을 읽는다

③ 그림에서 빠진 것이 있는지 살펴본다.

④ 지금까지 일어난 이야기를 말해 봄으로써, 이야기를 이해하고 있는지 점검한다.

12. 읽는 중에, 다음과 같이 하는 것이 좋다.

    ① 잠시 읽기를 멈추고, 지금까지의 내용을 잘 이해하고 있는지 확인하기
       위해 주요 내용을 말해 본다.

    ② 무슨 일이 일어났는지 빨리 알 수 있도록 이야기를 빨리 읽는다.

    ③ 무엇에 관한 이야기인지 알 수 있도록 이야기의 처음과 끝만 읽는다.

    ④ 너무 어려운 부분은 읽지 않고 넘어간다.

13. 읽는 중에, 다음과 같이 하는 것이 좋다.

    ① 어려운 낱말을 사전에서 모두 찾아본다.

    ② 이해가 안 된다면, 읽던 책은 치우고 다른 책을 읽는다.

    ③ 다음에 무슨 일이 일어날지 예상하는 데 도움이 되도록 제목과 그림에
       대해 계속 생각한다.

    ④ 남은 쪽수가 얼마나 되는지 계속 확인한다.

14. 읽는 중에, 다음과 같이 하는 것이 좋다.

    ① 이야기를 읽는 데 시간이 얼마나 걸릴지 계속 확인한다.

    ② 읽기 전에 했던 질문에 대답할 수 있는지 확인한다.

    ③ 이야기가 무엇에 관한 것인지 알아보기 위해 제목을 읽는다.

    ④ 사진이나 그림에 누락된 정보를 추가한다.

15. 읽는 중에, 다음과 같이 하는 것이 좋다.

    ① 누군가 나에게 이야기를 읽어 주게 한다.

    ② 읽은 쪽수를 확인한다.

    ③ 주요 등장인물의 목록을 만든다.

    ④ 내 예상이 맞았는지 틀렸는지 확인한다.

독해 안내하기

16. 읽는 중에, 다음과 같이 하는 것이 좋다.

   ① 등장인물이 실제 인물인지 확인한다.

   ② 다음에 어떤 일이 일어날지 예상해 본다.

   ③ 그림은 나를 혼동시키므로 보지 않는다.

   ④ 누군가에게 이야기를 읽어 준다.

17. 읽는 중에, 다음과 같이 하는 것이 좋다.

   ① 스스로 질문한 것에 대해 답하려고 노력한다.

   ② 읽고 있는 것과 이미 알고 있는 것을 혼동하지 않으려고 노력한다.

   ③ 이야기를 묵독한다.

   ④ 새로운 어휘를 정확하게 말하고 있는지 확인한다.

18. 읽는 중에, 다음과 같이 하는 것이 좋다.

   ① 내 예상이 맞을지 틀릴지 알아내려고 노력한다.

   ② 놓친 낱말은 없는지 확인하기 위해 다시 읽는다.

   ③ 왜 이것을 읽고 있는지 결정한다.

   ④ 읽은 것을 첫 번째, 두 번째, 세 번째 등등 이런 식으로 나열한다.

19. 읽는 중에, 다음과 같이 하는 것이 좋다.

   ① 새로운 어휘를 알고 있는지 확인한다.

   ② 이야기의 어떤 부분도 놓치지 않으려고 노력한다.

   ③ 이미 알고 있는 낱말이 얼마나 되는지 확인한다.

   ④ 앞으로 일어날 일을 예상하는 데 도움이 되도록 이야기 속에 있는 내용
     과 이미 알고 있는 것을 계속 생각한다.

20. 읽는 중에, 다음과 같이 하는 것이 좋다.

 ① 상황이 이해되지 않을 경우, 어떤 내용인지 파악하기 위해 몇 군데를 다시 읽거나 미리 읽는다.

 ② 어떤 내용인지 확실히 이해하기 위해 천천히 읽는다.

 ③ 의미가 통하도록 결말 부분을 바꾸어 본다.

 ④ 내용을 명확히 이해하는 데 도움이 되도록 사진이나 그림이 충분한지 확인한다.

Ⅲ. 다음 각 문항에서 네 가지 선택지 중 하나를 고르시오. 읽은 후 활동으로 이야기를 더 잘 이해하는 데 가장 도움이 되는 것을 고르시오.

21. 읽은 후에, 다음과 같이 하는 것이 좋다.

 ① 실수 없이 얼마나 많은 쪽수를 읽었는지 센다.

 ② 이야기를 흥미있게 만들기 위해 이야기와 어울리는 충분한 그림이 있는지 확인한다.

 ③ 이야기를 읽는 목적을 달성했는지 확인한다.

 ④ 원인과 결과에 밑줄을 긋는다.

22. 읽은 후에, 다음과 같이 하는 것이 좋다.

 ① 중심 내용에 밑줄을 긋는다.

 ② 잘 이해했는지 확인하기 위해 글 전체의 요점을 다시 말해 본다.

 ③ 모든 낱말을 바르게 읽었는지 확인하기 위해 이야기를 다시 읽는다.

 ④ 이야기를 소리 내 읽는 연습을 한다.

23. 읽은 후에, 다음과 같이 하는 것이 좋다.

　① 이야기가 무엇에 관한 것인지 알기 위해 제목을 읽고 내용을 훑어본다.

　② 그냥 지나친 낱말은 없는지 확인한다.

　③ 무엇이 내가 좋은 예측을 하게 했는지 또는 나쁜 예측을 하게 했는지 생각한다.

　④ 이야기에서 다음에 무슨 일이 일어날지 예상한다.

24. 읽은 후에, 다음과 같이 하는 것이 좋다.

　① 어려운 낱말을 사전에서 모두 찾아본다.

　② 가장 좋은 부분을 소리 내 읽는다.

　③ 누군가 나에게 이야기를 읽어 주게 한다.

　④ 이야기를 읽기 전에 내가 이미 알고 있었던 것과 이야기가 얼마나 일치하는지 생각한다.

25. 읽은 후에, 다음과 같이 하는 것이 좋다.

　① 내가 이야기의 주인공이었다면, 어떻게 행동할지 생각한다.

　② 좋은 읽기 연습을 위해 이야기를 묵독한다.

　③ 무슨 일이 일어날지 알아보기 위해 이야기의 제목과 그림을 살펴본다.

　④ 가장 잘 이해한 것들의 목록을 만든다.

점수를 매겨 봅시다.

1) 초인지 전략에 해당하는 것은 아래와 같습니다.

Ⅰ. 읽기 전	Ⅱ. 읽은 중	Ⅲ. 읽은 후
1. ③	11. ④	21. ③
2. ①	12. ①	22. ②
3. ②	13. ③	23. ③
4. ③	14. ②	24. ④
5. ①	15. ④	25. ①
6. ②	16. ②	
7. ②	17. ①	
8. ①	18. ①	
9. ③	19. ④	
10. ③	20. ①	

2) 검사한 학생은 초인지 전략을 얼마나 사용하고 있나요?

7) 초인지 전략 활용 읽기 자각에 관한 점검표

읽기에서 어려움을 겪을 때, 대처할 수 있는 방법은 여러 가지입니다. 어떤 방법이 가장 좋을까요? 아래 질문에 대해 효과적이라고 생각하는 방법에 체크 표시를 해 보세요.(중복 체크 가능)

1. 낱말을 접했는데 무슨 뜻인지 모르면, 어떻게 하나요?

　① 뜻을 알아내기 위해 주변의 낱말을 활용한다.

　② 사전이나 전문가 같은 외부 자원을 활용한다.

　③ 일시적으로 무시하고 설명을 기다린다.

　④ 소리를 내 본다.

2. 문장이 무엇을 의미하는지 모르면, 어떻게 하나요?

　① 다시 읽는다.

　② 모든 어려운 낱말을 소리 내 본다.

　③ 단락의 다른 문장들을 생각해 본다.

　④ 완전히 무시한다.

3. 과학이나 사회 교과의 글을 읽으면서, 중요한 정보를 기억하기 위해 무엇을 할 것인가요?

　① 이해하지 못한 부분은 그냥 지나친다.

　② 중요한 내용에 대해 스스로 질문해 본다.

　③ 가장 중요한 부분에 대해 기억해야 할 필요를 느낀다.

　④ 내가 이미 알고 있는 것과 연결시킨다.

4. 책을 읽기 전에, 책을 더 잘 읽을 수 있도록 어떤 계획을 세우나요?

　① 특별한 계획은 필요하지 않고, 과제를 완수하기 위해 바로 읽기 시작한다.

　② 책의 주제와 관련하여 알고 있는 것을 생각한다.

　③ 왜 읽는지를 떠올린다.

　④ 가능한 한 빠른 시간 내에 다 읽어 버리려고 다짐한다.

5. 왜 다시 돌아가서 읽은 부분을 또 읽을까요?

　① 이해하지 못했기 때문이다.

　② 구체적이거나 뒷받침하는 내용을 명확히 하기 위해서이다.

　③ 기억하는 것이 중요하기 때문이다.

　④ 탐구를 위해 밑줄을 긋거나 요약하기 위해서이다.

6. 읽는 동안 특정한 문장을 이해하지 못했다고 아는 것은 어떤 것을 의미할까요?

　① 그 문장에 소개된 새로운 낱말이나 개념에 대해 적절한 연관성을 찾지 못했을 것이다.

　② 작가가 그 부분을 명확하게 전달하지 못했을 것이다.

　③ 두 문장이 의도적으로 서로 모순적일 것이다.

　④ 문장이 무엇을 뜻하는지 찾는 것은 독자가 읽는 것을 느리게 할 뿐이다.

7. 교과서를 읽을 때, 다음 중 어떤 것을 하나요?

　① 교과서의 난이도에 따라 속도를 조절한다.

　② 일반적으로 일정하고 안정적인 속도로 읽는다.

　③ 이해하지 못한 부분은 그냥 지나친다.

　④ 읽고 있는 것에 대해 계속 예측하며 읽는다.

독해 안내하기

8. 글을 읽고 있는 동안, 다음 중 어떤 것이 중요하나요?

 ① 읽는 부분의 핵심 내용을 아는지 또는 모르는지에 대해 안다.

 ② 읽고 있는 내용과 관련하여 아는 것이 무엇인지 안다.

 ③ 혼란스러운 부분은 흔하고, 이런 부분은 무시할 수 있다는 것을 안다.

 ④ 이해를 돕기 위해 다양한 전략을 사용할 수 있다는 것을 안다.

9. 읽으면서 혼란스러운 부분이 나왔을 때, 어떻게 하나요?

 ① 명확히 이해할 때까지 계속 읽는다

 ② 다음 부분을 읽고도 여전히 이해가 안 되면, 뒤로 돌아가 다시 읽는다.

 ③ 혼란스러운 부분은 보통 중요하지 않으니 그냥 지나친다.

 ④ 표현된 부분들이 서로 일치하는지 확인한다.

10. 한 장(章)에서 어떤 문장들이 가장 중요하나요?

 ① 거의 모든 문장이 중요하다. 그렇지 않다면 거기에 나올 필요가 없었을 것이다.

 ② 중요한 세부 사항이나 사실을 포함하는 문장들이다.

 ③ 주요 내용과 직접적으로 연관된 문장들이다.

 ④ 가장 상세한 내용을 담고 있는 문장들이다.

점수를 매겨 봅시다.

1) 초인지 전략에 대해 잘 인식하고 있다는 응답은 아래와 같습니다.

1. ①②③
2. ①③
3. ②③④
4. ②③
5. ①③④
6. ①②③
7. ①④
8. ①②④
9. ①②④
10. ②③

2) 검사한 학생은 초인지 전략을 읽기 자각에 얼마나 활용하고 있나요?

독해 안내하기

8) 읽기 동기 조사를 위한 대화하기

이름: _____ 날짜: _____ 년 _____ 월 _____ 일

A. 문학 텍스트

프롬프트(이 시나리오는 학생이 자연스러운 대화에 참여하도록 설계됨): 선생님은 좋은 책을 읽고 있어. 그러니까…… 선생님이 어젯밤에 읽은 책에 관해 말하는거야. 선생님은 선생님이 읽었던 좋은 이야기나 책에 관해서 말하는 것을 즐겨. 오늘 선생님은 네가 읽고 있는 책에 관해 듣고 싶어.

1. 네가 이번 주나 지난 주에 읽었던 것 중에 가장 흥미로웠던 이야기나 책에 관해 말해 주렴. 생각할 시간을 줄게.(시간을 주고 기다린다.) 이제, 말해 줄 수 있니?
   자세히 묻기(캐묻기): 더 말해 줄 수 있니? 다른 게 또 있을까?

   _____

   _____

2. 이 이야기는 어떻게 알았니? 어떻게 찾았어?

   _____

   _____

   ☐ 숙제여서   ☐ 학교에서

   ☐ 스스로 선택함   ☐ 학교 밖에서

3. 이 이야기가 왜 흥미로웠어?

   _____

B. 정보 텍스트

프롬프트(이 시나리오는 학생이 자연스러운 대화에 참여하도록 설계됨): 우리는 종종 무언가에 대해 알아보거나 배우기 위해 책을 읽어. 정보를 얻기 위해 읽기도 하지. 선생님 제자 한 명이 생각나. 그 친구는 무언가에 대해 가능한 한 많이 알고 싶어서 책을 아주 많이 읽었지. 이제 선생님은 네가 읽고 있는 정보를 주는 책에 관해 들어 보고 싶어.

1. 네가 최근에 배웠던 중요한 것들에 대해서 생각해 봐. 선생님으로터 배운 것이나 텔레비전에서 본 것 말고, 책이나 신문류 등에서 배웠던 것 말이야. 무엇에 관해 읽었니?(시간을 주고 기다린다.) 이제 네가 알게 된 것들에게 대해 이야기해 줄 수 있니?

   자세히 묻기(캐묻기): 더 말해 줄 수 있니? 다른 게 또 있을까?

   _____

   _____

2. 이 책(또는 기사)은 어떻게 알았니? 어떻게 찾았어?

   _____

   _____

   ☐ 숙제여서   ☐ 학교에서

   ☐ 스스로 선택함   ☐ 학교 밖에서

3. 이 책(또는 기사)은 너에게 왜 중요해?

   _____

   _____

독해 안내하기

C. 일반적 읽기

1. 어제 집에서 무언가를 읽었니? (○, ×) 무엇을 읽었니?

2. 오늘 읽고 있는 책이 학교(책상 서랍, 사물함, 학급 문고 등)에 있니?(○, ×) 그 책에 대해 말해 주렴.

3. 가장 좋아하는 작가에 대해 말해 주렴.

4. 더 좋은 독자가 되기 위해 무엇을 해야 한다고 생각하니?

5. 지금 당장 읽고 싶은 책이 있니? 그것에 대해 말해 주렴.

6. 이 책들에 대해 어떻게 알게 되었니?

_____

_____

_____

7. 어떤 점들이 책을 읽고 싶게 하니?

_____

_____

_____

8. 그것들에 대해 말해 주렴.

_____

_____

_____

9. 누가 너를 독서에 관심이 있고 좋아하게 만들었니?

_____

_____

_____

10. 그 분들이 어떻게 했는지 더 말해 주렴.

_____

_____

_____

9) '독서 서클' 관찰 평가

※ 관찰되는 행동에 체크하세요

학생은 독서 서클 활동을 할 준비가 되어 있다. ☐

학생은 모둠 활동에 집중한다. ☐

학생이 토의에 참여한다. ☐

주로 책 내용을 말한다. ☐

주로 읽기 과정을 말한다. ☐

주로 개인적 견해를 말한다. ☐

주로 모둠의 활동 과정에 대해 말한다. ☐

학생은 토론 시 자기 역할을 능숙하게 수행한다. ☐

학생의 기여도는 이해의 깊이를 보여 준다. ☐

학생은 모둠의 다른 구성원의 생각도 존중한다. ☐

학생의 자기 평가 결과

_____

_____

_____

_____

_____

_____

_____

_____

메모

_____

_____

_____

_____

_____

_____

_____

_____

_____

이름: _____ 날짜: _____ 년 _____ 월 _____ 일

독해 안내하기

10) '작가에게 질문하기' 관찰 평가

※ 관찰되는 행동에 체크하세요

학생은 작가에게 질문하기 활동을 할 준비가 되어 있다. ☐

학생은 모둠 활동에 집중한다. ☐

학생은 적극적으로 활동에 참여한다. ☐

학생은 편집자(수정자)의 입장에서 활동한다. ☐

학생은 의미 있는 질문을 만들어 낸다. ☐

학생은 의미 있는 응답을 제시한다. ☐

학생은 의미 있는 결론을 도출한다. ☐

학생은 작가에게 질문하기 활동에 능숙하게 참여한다. ☐

학생의 기여도는 이해의 깊이를 보여 준다. ☐

학생은 모둠의 다른 구성원의 생각도 존중한다. ☐

학생의 자기 평가 결과

_____

_____
_____
_____
_____
_____
_____
_____

메모

_____

_____
_____
_____
_____
_____
_____
_____
_____
_____

이름: _____ 날짜: _____ 년 _____ 월 _____ 일

독해 안내하기

11) '상보적 교수법' 관찰 평가

※ 관찰되는 행동에 체크하세요

학생은 상호 교수를 할 준비가 되어 있다. ☐

학생은 모둠 활동에 집중한다. ☐

학생은 상호 교수에 적극적으로 참여한다. ☐

학생은 원활하게 예측하기에 참여한다. ☐

학생은 원활하게 의미 있는 질문을 만들어 낸다. ☐

학생은 원활하게 의미를 명료화한다. ☐

학생은 원활하게 글을 요약한다. ☐

학생은 전략 프롬프트를 사용한다. ☐

학생의 기여도는 이해의 깊이를 보여 준다. ☐

학생은 모둠의 다른 구성원의 생각도 존중한다. ☐

학생의 자기 평가 결과

_____

_____

_____

_____

_____

_____

_____

_____

메모

_____

_____

_____

_____

_____

_____

_____

_____

_____

이름: _____ 날짜: _____ 년 ____ 월 ____ 일

12) 독자 자기 인식 척도

아래에는 읽기에 관한 여러 문장이 나와 있습니다. 각각의 문장을 주의 깊게 읽어 주세요. 그리고 나서 그 문장에 얼마나 동의하는지 적절한 곳에 표시하세요.

가	나	다	라	마	
매우 그렇다	그렇다	보통이다	그렇지 않다	매우 그렇지 않다	

[GP] 1. 나는 책을 잘 읽는다고 생각한다.	가	나	다	라	마
[SF] 2. 선생님은 내가 읽을 때 듣는 것을 좋아하신다.	가	나	다	라	마
[SF] 3. 선생님은 내 읽기가 꽤 괜찮다고 생각하신다.	가	나	다	라	마
[OC] 4. 나는 다른 친구들보다 더 빨리 읽는다.	가	나	다	라	마
[PS] 5. 나는 소리 내 읽기를 좋아한다.	가	나	다	라	마
[OC] 6. 내가 책을 읽을 때, 다른 친구들보다 낱말을 더 잘 이해할 수 있다.	가	나	다	라	마
[SF] 7. 우리 반 친구들은 내가 읽어 주는 것을 듣기 좋아한다.	가	나	다	라	마
[PS] 8. 나는 책을 읽을 때, 기분이 좋아진다.	가	나	다	라	마
[SF] 9. 우리 반 친구들은 내가 책을 꽤 잘 읽는다고 생각한다.	가	나	다	라	마
[PR] 10. 내가 책을 읽을 때, 예전처럼 노력하지 않아도 잘 읽힌다.	가	나	다	라	마
[OC] 11. 나는 책을 읽을 때, 다른 친구들보다 낱말을 더 많이 알고 있는 것 같다.	가	나	다	라	마
[SF] 12. 우리 가족은 나를 좋은 독자라고 생각한다.	가	나	다	라	마
[PR] 13. 나는 점점 더 독서를 잘하고 있다.	가	나	다	라	마

[OC] 14. 나는 내가 읽은 것 뿐만 아니라 다른 친구들이 읽어 준 것도 잘 이해한다.	가	나	다	라	마
[PR] 15. 책을 읽을 때, 누군가의 도움이 예전보다 덜 필요하다.	가	나	다	라	마
[PS] 16. 독서는 나의 마음을 행복하게 해 준다.	가	나	다	라	마
[SF] 17. 선생님은 나를 좋은 독자라고 생각하신다.	가	나	다	라	마
[PR] 18. 책을 읽는 것이 예전보다 더 쉽다.	가	나	다	라	마
[PR] 19. 전보다 책을 더 빨리 읽는다.	가	나	다	라	마
[OC] 20. 나는 우리 반의 다른 친구들보다 더 잘 읽는다.	가	나	다	라	마
[PS] 21. 책을 읽으면, 마음이 좀 차분해진다.	가	나	다	라	마
[OC] 22. 나는 다른 친구들보다 책을 더 많이 읽는다.	가	나	다	라	마
[PR] 23. 나는 읽은 것을 예전보다 더 잘 이해한다.	가	나	다	라	마
[PR] 24. 나는 낱말을 예전보다 더 잘 알 수 있다.	가	나	다	라	마
[PS] 25. 나는 읽을 때, 편안함을 느낀다.	가	나	다	라	마
[PS] 26. 독서는 나를 편히 쉬게 해 준다고 생각한다.	가	나	다	라	마
[PR] 27. 나는 예전보다 지금 더 잘 읽는다.	가	나	다	라	마
[PR] 28. 책을 읽으면, 예전보다 낱말을 더 많이 알 수 있다.	가	나	다	라	마
[PS] 29. 책을 읽으면, 기분이 좋아진다.	가	나	다	라	마
[SF] 30. 다른 친구들은 내가 책을 잘 읽는다고 생각한다.	가	나	다	라	마
[SF] 31. 우리 가족은 내가 꽤 잘 읽는다고 생각한다.	가	나	다	라	마
[PS] 32. 나는 독서를 즐긴다.	가	나	다	라	마
[SF] 33. 우리 가족은 내가 읽어 주는 것을 듣기 좋아한다.	가	나	다	라	마

독해 안내하기

검사 시행, 채점, 해석을 위한 지침

독자의 자기 인식 척도(The Reader Self-Perception Scale, RSPS)는 학생들이 독자로서 자신에 대해 어떻게 느끼는지에 대한 평가를 제공합니다. 척도는 4가지 차원(향상도-PR, 관찰 비교-OC, 사회적 피드백-SF, 생리학적 상태-PS)에 따라, 자기 인식을 평가하는 33개의 문항으로 구성되어 있습니다. 학생들은 5점 척도로 각 문항에 얼마나 동의하는지를 표시해야 합니다. 이 척도에서 얻은 정보는 학생들의 독서에 대한 자존감을 높이고, 궁극적으로는 그들의 독서 동기를 증가시키는 방법을 고안하는 데 사용될 수 있습니다. 아래의 지시사항은 앞으로 교사가 무엇을 해야 하는지 알려 줍니다.

검사 시행

유의미한 결과를 얻기 위해, 학생들은 다음과 같이 해야 합니다. (1) 해야 할 일을 정확하게 이해하고, (2) 모든 문항을 완료할 충분한 시간을 가져야 하며, (3) 정직하고 사려 깊은 응답을 해야 합니다. 학생들에게 독서에 관한 설문을 받고 있다는 것을 간략하게 설명하고, 이것은 시험이 아니며 정답이 없다는 것을 강조해서 말해 줍니다. 또한 학생들이 대답한 내용은 보안이 유지되므로, 가능한 한 정직하게 답해야 한다고 말합니다. 그리고 학생들에게 이름, 학년, 반을 쓰라고 요청합니다. 지시 사항을 소리 내 읽고, 한 모둠의 학생들과 함께 예시 문제를 통해 연습해 봅니다. 응답 유형에 대해 언급하고, 학생들이 응답 척도를 이해했는지 확인한 후 진행합니다. 학생들이 이해하지 못하는 낱말이나 문장에 대해서는 손을 들어 질문해도 된다고 알려 줍니다.

그런 다음, 학생들은 각 문항을 읽고 응답란에 동그라미를 쳐야 합니다. 자신의 속도대로 문항을 읽어 가며, 모든 문항에 응답해야 한다는 점을 상기시킵니다. 모든 문항이 완료되면, 학생들은 멈추고 연필을 내려놓은 뒤 추가 지시사항을 기다려야 합니다. 늦게 완료하는 학생들이 먼저 끝낸 학생들 때문에 방해받지 않도록 주의합니다.

채점

RSPS 점수를 매기려면, RSPS 채점 시트를 활용합니다. 척도 아래의 문항 번호에 다음과 같은 값을 입력합니다. (매우 그렇다 – 5점, 그렇다 – 4점, 보통이다 – 3점, 그렇지 않다 – 2점, 매우 그렇지 않다 – 1점) 각 열을 합하여 네 개의 척도 각각에 대한 점수를 얻습니다.

해석

각 척도는 총점과 관련하여 해석합니다. 예를 들어, RSPS는 5점 척도를 사용하고 '향상도' 척도는 9개의 문항으로 구성되므로, 이 부분에 대한 총점은 45점(9×5=45)입니다. 따라서 대략 중간(22-23점)에 해당하는 점수는 학생이 향상도와 관련하여 자신을 다소 무관심한 독자로 인식하고 있음을 나타냅니다. 각 척도는 총점(향상도 45점, 관찰 비교 30점, 사회적 피드백 45점, 생리학적 상태 40점)이 다르므로, 이에 따라 해석해야 합니다.

<채점 시트>

학생 이름 _____ 담당 교사 _____

학　　년 _____ 날　　짜 _____

응답별 점수

가 = 5 / 나 = 4 / 다 = 3 / 라 = 2 / 마 = 1

척도

일반적 인식 (GP)	향상도 (PR)	관찰 비교 (OC)	사회적 피드백 (SF)	생리학적 상태 (PS)
1. (　　)	10. (　　)	4. (　　)	2. (　　)	5. (　　)
	13. (　　)	6. (　　)	3. (　　)	8. (　　)
	15. (　　)	11. (　　)	7. (　　)	16. (　　)
	18. (　　)	14. (　　)	9. (　　)	21. (　　)
	19. (　　)	20. (　　)	12. (　　)	25. (　　)
	23. (　　)	22. (　　)	17. (　　)	26. (　　)
	24. (　　)		30. (　　)	29. (　　)
	27. (　　)		31. (　　)	32. (　　)
	28. (　　)		33. (　　)	
원점수	(　　)/45	(　　)/30	(　　)/45	(　　)/40

점수 해석

	향상도 (PR)	관찰 비교 (OC)	사회적 피드백 (SF)	생리학적 상태 (PS)
높음	44+	26+	38+	37+
평균	39	21	33	31
낮음	34	16	27	25

13) 학생 자기 성찰과 목표 설정

취미나 특별한 관심사

이 활동은 취미나 특별한 관심사 중 하나에 대해 성찰하는 기회를 주기 위해 고안되었습니다. 자기 성찰은 여러분이 무엇을 했는지, 얼마나 잘했는지, 다음 번에 더 잘하기 위해 무엇을 할 수 있는지에 대해 생각하는 것입니다. 성찰을 위해, 여러분의 취미나 특별한 관심사에 집중해 보세요. 그런 다음, 마지막으로 한 활동에 대해 생각해 보세요. 잘 이루어졌나요? 다음 번에 활동을 개선하기 위해 여러분이 할 수 있는 것은 무엇인가요? 새로운 목표는 무엇인가요?

내 취미나 특별한 관심사는…

취미나 특별한 관심사로 배운 것은…

마지막으로 했던 활동은…

다음에 더 잘하기 위해 할 수 있는 한 가지는…

취미나 특별한 관심사에 대한 새로운 목표는…

14) '독해 안내하기'에서의 학생 자기 성찰과 목표 설정

이 활동은 독서에 대한 자기 성찰을 돕기 위해 고안되었습니다. 자기 성찰은 여러분이 무엇을 했는지, 얼마나 잘했는지, 다음 번에 더 잘하기 위해 무엇을 할 수 있는지에 대해 생각하는 것입니다. 성찰을 위해, 여러분이 [독해 안내하기]에서 배운 것에 대해 생각해 보세요. 그리고 마지막에 한 활동을 떠올려 보세요. 잘 이루어졌나요? 다음 번에 더 잘하기 위해 할 수 있는 한 가지는 무엇입니까? 새로운 목표는 무엇입니까?

내가 읽은 것은......

내가 배운 것은......

마지막으로 했던 활동은......

다음에 더 잘하기 위해 할 수 있는 한 가지는......

새로운 목표는......

특별 질문 여러분이 새로운 목표에 도달하기 위해 선생님이 어떤 도움을 주기를 바라나요?

15) 성찰과 목표 설정

이번 목표

한 일

배운 것

질문하고 싶은 것

나의 목표 달성 정도

다음 목표

이름: _____ 날짜: _____ 년 _____ 월 _____ 일

독해 안내하기

16) 티켓 제시(Tickets Out)

오늘 배운 것 중에서 가장 중요한 것은?

오늘 배운 것 중에서 질문하고 싶은 것은?

17) 쓰기 활동(필자) 자기 인식 척도

아래에는 쓰기에 관한 여러 문장이 나와 있습니다. 각각의 문장을 주의 깊게 읽어 주세요. 그러고 나서 그 문장에 얼마나 동의하는지 적절한 곳에 표시하세요.

가	나	다	라	마	
매우 그렇다	그렇다	보통이다	그렇지 않다	매우 그렇지 않다	

[OC]	1. 나는 우리 반의 다른 아이들보다 글을 잘 쓴다.	가	나	다	라	마
[PS]	2. 나는 글쓰기가 나의 내면을 느끼게 해 줘서 좋다.	가	나	다	라	마
[GPR]	3. 글을 쓰는 것이 예전보다 더 쉽다.	가	나	다	라	마
[OC]	4. 글을 쓸 때, 나는 우리 반의 다른 아이들보다 글 구성을 잘한다.	가	나	다	라	마
[SF]	5. 우리 가족은 나를 좋은 작가라고 생각한다.	가	나	다	라	마
[GPR]	6. 나는 점점 글을 잘 쓰고 있다.	가	나	다	라	마
[PS]	7. 글을 쓸 때, 나는 차분해진다.	가	나	다	라	마
[OC]	8. 내 글은 다른 아이들의 글보다 더 재미있다.	가	나	다	라	마
[SF]	9. 선생님은 내 글이 꽤 괜찮다고 생각하신다.	가	나	다	라	마
[SF]	10. 친구들은 나를 좋은 작가라고 생각한다.	가	나	다	라	마
[OC]	11. 내 글의 문장과 단락은 친구들 것 만큼이나 매끄럽다.	가	나	다	라	마
[GPR]	12. 나는 글을 쓸 때, 예전보다 도움이 덜 필요하다.	가	나	다	라	마
[SF]	13. 우리 가족은 내가 글을 꽤 잘 쓴다고 생각한다.	가	나	다	라	마
[GPR]	14. 나는 예전보다 지금 더 글을 잘 쓴다.	가	나	다	라	마
[GEN]	15. 나는 내가 좋은 작가라고 생각한다.	가	나	다	라	마
[OC]	16. 나는 다른 아이들보다 문장 배열을 더 잘한다.	가	나	다	라	마
[GPR]	17. 글쓰기 능력이 점점 향상되고 있다.	가	나	다	라	마

[GPR]	18. 내 글은 전보다 더 낫다.	가	나	다	라	마
[GPR]	19. 글을 잘 쓰는 것이 전보다 더 수월하다.	가	나	다	라	마
[GPR]	20. 내 글에서 조직력은 많이 향상되었다.	가	나	다	라	마
[OC]	21. 내가 글을 쓸 때 사용하는 문장들은 다른 아이들 것보다 주제에 더 알맞다.	가	나	다	라	마
[SPR]	22. 내 글에서 사용하는 어휘들은 전에 사용한 것보다 더 낫다.	가	나	다	라	마
[OC]	23. 나는 다른 아이들보다 더 자주 글을 쓴다.	가	나	다	라	마
[PS]	24. 나는 글을 쓸 때, 긴장이 풀린다.	가	나	다	라	마
[SPR]	25. 내 설명이 전보다 더 재미있다.	가	나	다	라	마
[OC]	26. 내 글에서 사용하는 어휘들은 다른 아이들 것보다 더 낫다.	가	나	다	라	마
[PS]	27. 나는 글을 쓸 때, 편안함을 느낀다.	가	나	다	라	마
[SF]	28. 선생님께서는 나를 좋은 작가라고 생각하신다.	가	나	다	라	마
[SPR]	29. 내 문장은 현재 주제에 더 알맞다.	가	나	다	라	마
[OC]	30. 내 글은 친구들의 글보다 더 명확해 보인다.	가	나	다	라	마
[SPR]	31. 글을 쓸 때, 문장과 단락이 전보다 더 잘 어울린다.	가	나	다	라	마
[PS]	32. 글쓰기는 나를 기분 좋게 한다.	가	나	다	라	마
[SF]	33. 선생님은 내 글이 꽤 좋다고 생각하신다.	가	나	다	라	마
[SPR]	34. 문장의 배열이 지금 더 논리적이다.	가	나	다	라	마
[PS]	35. 나는 글쓰기를 즐긴다.	가	나	다	라	마
[SPR]	36. 내 글은 예전보다 지금 더 분명해졌다.	가	나	다	라	마
[SF]	37. 내 친구들은 내가 글을 잘 쓴다고 말할 것이다.	가	나	다	라	마
[SPR]	38. 나는 내 글에서 사용할 어휘를 더 신중하게 선택한다.	가	나	다	라	마

검사 시행, 채점, 해석을 위한 지침

필자의 자기인식 척도(The Writer Self-Perception Scale, WSPS)는 학생들이 필자로서의 자신에 대해 어떻게 느끼는지에 대한 평가를 제공합니다. 본 척도는 5가지 차원(일반적 향상도- GPR, 구체적 향상도-SPR, 관찰 비교-OC, 사회적 피드백-SF, 생리학적 상태-PS)으로 자신의 활동을 인식하고 가늠해 볼 수 있습니다. 총 38개의 문항으로 구성되어 있습니다. 학생들은 5점 척도로 각 문항에 얼마나 동의하는지를 표시해야 합니다. 이 척도로부터 산출된 정보는 학생들이 쓰기 활동에 대한 자존감을 높이는 데에 활용될 수 있습니다. 궁극적으로는 글쓰기 동기를 증가시키는 방법을 고안하는 데 사용되어야 할 것입니다. 아래의 사항은 앞으로 교사가 무엇을 해야 하는지를 알려 줍니다.

검사 시행

유의미한 결과를 얻기 위해, 학생들은 다음과 같이 해야 합니다. (1) 해야 할 일을 정확하게 이해하고, (2) 모든 문항을 완료할 충분한 시간을 가져야 하며, (3) 정직하고 사려 깊은 응답을 해야 합니다. 학생들에게 글쓰기에 관한 설문을 받고 있다는 것을 간략하게 설명하고, 이것은 시험이 아니며 정답이 없다는 것을 강조해서 말해 줍니다. 또한 학생들이 대답한 내용은 보안이 유지되므로, 가능한 한 정직하게 답해야 한다고 말합니다. 그리고 학생들에게 이름, 학년, 반을 쓰라고 요청합니다. 지시사항을 소리 내 읽고, 한 모둠의 학생들과 함께 예시 문제를 통해 연습해 봅니다. 응답 유형에 대해 언급하고, 학생들이 응답 척도를 이해했는지 확인한 후 진행합니다. 학생들이 이해하지 못하는 낱말이나 문장에 대해서는 손을 들어 질문해도 된다고 알려 줍니다.

그런 다음, 학생들은 각 문항을 읽고 응답란에 동그라미를 쳐야 합니다. 자신의 속도대로 문항을 읽어 가며, 모든 문항에 응답해야 한다는 점을 상기시킵니다. 모든 문항이 완료되면, 학생들은 멈추고 연필을 내려놓은 뒤 추가 지시사항을 기다려야 합니다. 늦게 완료하는 학생들이 먼저 끝낸 학생들 때문에 방해받지 않도록 주의합니다.

채점

WSPS 점수를 매기려면, WSPS 채점 시트를 활용합니다. 척도 아래의 문항 번호에 다음과 같은 값을 입력합니다.(매우 그렇다 – 5점, 그렇다 – 4점, 보통이다 – 3점, 그렇지 않다 – 2점, 매우 그렇지 않다 – 1점) 각 열을 합하여 다섯 개의 척도 각각에 대한 점수를 얻습니다.

해석

각 척도는 총점과 관련하여 해석합니다. 예를 들어, WSPS는 5점 척도를 사용하고 '일반적 향상도' 척도는 8개의 문항으로 구성되므로, 이 부분의 총점은 40점(8×5=40)입니다. 따라서 평균(35점)에 근접한 점수는 필자로서 자신에 대한 학생의 인식이 일반적 향상도 측면에서 평균 범위에 있음을 나타냅니다. 나머지 척도의 총점이 다르므로(구체적 향상도 35점, 관찰 비교 45점, 사회적 피드백 35점, 생리학적 상태 30점), 채점 시트의 높은 값, 평균 값, 낮은 값을 사용하여 적절히 해석해야 합니다.

<채점 시트>

학생 이름 _____ 담당 교사 _____

학 년 _____ 날 짜 _____

응답별 점수

가 = 5 / 나 = 4 / 다 = 3 / 라 = 2 / 마 = 1

척도

일반적 향상도 (GPR)	구체적 향상도 (SPR)	관찰 비교 (OC)	사회적 피드백 (SF)	생리학적 상태 (PS)
3. ( )	22. ( )	1. ( )	5. ( )	2. ( )
6. ( )	25. ( )	4. ( )	9. ( )	7. ( )
12. ( )	29. ( )	8. ( )	10. ( )	24. ( )
14. ( )	31. ( )	11. ( )	13. ( )	27. ( )
17. ( )	34. ( )	16. ( )	28. ( )	32. ( )
18. ( )	36. ( )	21. ( )	33. ( )	35. ( )
19. ( )	38. ( )	23. ( )	37. ( )	
20. ( )		26. ( )		
		30. ( )		
( )/40	( )/35	( )/45	( )/35	( )/30

점수 해석

	일반적 향상도 (GPR)	구체적 향상도 (SPR)	관찰 비교 (OC)	사회적 피드백 (SF)	생리학적 상태 (PS)
높음	39+	34+	37+	32+	28+
평균	35	29	30	27	22
낮음	30	24	23	22	16

[독해 안내하기]
수업 지도안 사례

1) 자기 질문하기: "'나는 궁금해요" 진술문' 기법 활용하기

교사 주도 전체 집단 지도

먼저 '자기 질문하기' 전략이 무엇인지 학생과 복습했습니다. 이 전략은 우리가 읽고 있는 것에 질문함으로써, 글을 더 잘 이해할 수 있게 도와 준다고 말했습니다. "나는 궁금해요" 진술문("I Wonder" Statements) 활동이 무엇인지 설명하고, 직접 책을 읽으며 사고구술을 통해 시범보였습니다. 먼저 표지를 보며 궁금해 했습니다. 그리고 왜 궁금해 하는지 알려 주었습니다. 몇 페이지 동안 이 과정을 계속했습니다. 학생들은 제가 궁금해 하는 것에 대한 답을 토의하고 싶어 했습니다. 저는 학생들에게 작가가 그 대답을 곧 들려 줄 것이라고 말했습니다. 작가가 대답을 해 주지 않으면, 나중에 우리가 그것을 상의해 보자고도 했습니다. 시범을 보인 뒤에 남은 부분을 읽어 주고, 학생들이 모둠원과 자신의 생각을 이야기해 보도록 했습니다. 책이 끝났을 때, 우리가 궁금해 하는 것이 해결되었는지 또는 그렇지 않은지 상의했습니다. 그리고 글을 이해하는 데에 중요한 부분과 덜 중요한 부분에 대해 이야기를 나누었습니다. 그리고 나서 궁금해 하는 것이 글을 더 잘 이해하는 데 도움이 되었는지 성찰해 보았습니다. 아래에 제시하는 "나는 궁금해요" 진술하기는 전체 집단 대상의 학습 사례입니다.

> 책: Kettelman, H. (2000). *Armadillo Tattletale*. New York: Scholastic.
>
> 책 요약: 아르마딜로(Armadillo)[1]는 한때 귀가 매우 길었다. 그러나 그는 귀를 다른 이의 말을 엿듣는 데 사용하고, 들은 이야기를 말하고 다녔다. 그래서 악어(Alligator)가 그에게 귀를 다듬는 방법을 가르쳐 주었다.
>
> "나는 궁금해요" 진술문: 나는 ……가 궁금해요.

---

1   아메리카 대륙에 사는 가죽이 딱딱한 동물. 공격을 받으면 몸을 공 모양으로 오그림.

… 표지의 그림에서 왜 그의 귀가 짧은지

… 다른 동물이 아르마딜로에게 화를 낸다면, 어떻게 될지

… 만약 Egret이 Blue Jay에 관해 한 말을 아르마딜로가 Blue Jay에게 한다

면, 어떻게 될지

… 왜 아르마딜로는 Egret이 한 말에 대해 거짓말을 하였는지

… 만약 아르마딜로가 약속을 지킨다면, 어떻게 될지

… 왜 그는 남의 말을 엿듣고 이야기하고 다니는지

… 그가 Toad에게는 무엇을 말할지

… 만약 그가 수업을 듣는다면, 어떻게 될지

… 왜 동물들이 아르마딜로가 말한 것을 믿는지

교사 안내 소집단 지도

학생을 소집단으로 구성한 뒤, 책을 읽을 때 자기 질문하기의 중요성에 대해 설명했습니다. 또한 이해하기 위해 우리가 사용하는 모든 전략을 상기해 보도록 했습니다. 그런 뒤, 학생이 『왕자와 매맞는 아이』를 읽을 때 궁금해 하도록 안내했습니다. 먼저 학생은 표지를 보고 "나는 궁금해요" 문장을 완성하며, 서로 궁금한 것이 무엇인지 공유했습니다. 그리고 저는 즉시 학생이 표면만 보는 것을 넘어 제목과 표지가 제공해 주는 정보에 대해 생각하도록 안내했습니다. 저는 학생이 본문의 한 부분을 읽고, 궁금해 하도록 안내했습니다. 그리고 왜 그것이 궁금했는지에 대한 지원을 제공했습니다. 불행하게도 학생은 약간 걱정스러워 했고, 궁금한 점에 대해 깊이가 거의 없었습니다. 그러므로 저는 학생에게 더 많은 방법을 제시해 주어야겠다고 느꼈습니다. 비계를 제공하면서, 학생에게 시범을 계속 보여 주었습니다. 학생이 글의 한 부분을 묵독하도록 했습니다. 학생은 읽기를 끝낸 뒤에 극적으로 말했습니다. "나는 궁금해요"라고요. 학생은 교사인 제가 궁금해 하는 것들과 그에 대한 답변을 책 속에서 찾아 말하려고 안달이었습니다. 저는 학생이 능숙하게 궁금해 할 때까지 이 과정을 계속했습니다. 저는 학생이 그 장을 끝내고, 다음 장에 대해 궁금한 점을 이야

독해 안내하기

기하도록 했습니다. 이어서 자기 질문하기의 중요성과 그것이 어떻게 글을 이해하는 데 도움이 되었는지 성찰했습니다. 우리는 읽는 동안 질문에 대해 생각하는 방법과 새로운 읽기 목표를 설정하는 방법에 대해 이야기했습니다.

> **책**: Fleischman, S. (1990). 『왕자와 매맞는 아이』. New York: Troll.
>
> **책 요약**: 평민인 지미와 왕자인 브래트는 악당들로부터 탈출하기 위해 도망치고 신분을 바꾼다.
>
> **"나는 궁금해요" 진술문**: 나는 ⋯⋯가 궁금해요
>
> ⋯ 악당들이 브래트 왕자를 때렸다면, 어떻게 되었을지
>
> ⋯ 왜 병사들이 짐마차를 검문하지 않았는지

학생 주도 독해 센터

학생은 다양한 센터에서 독립적으로 읽을 때, [독해 안내 일지]에 궁금한 점을 기록하면서 "나는 궁금해요" 기법을 사용했습니다. 저는 관찰하면서 학생이 자기 질문하기 전략을 효과적으로 사용하고 있는지 판단할 수 있었습니다. 대부분의 학생이 꽤 깊이 있는 궁금한 점(질문)을 쓸 수 있었지만, 여전히 몇몇 학생은 시범을 보여주는 것이 필요했습니다. 저는 이 전략에 대해 직접교수법을 추가할 필요를 느꼈습니다.

다른 집단의 학생은 장르 센터와 탐구 센터를 방문하여, 접착 메모지에 궁금한 점(질문)을 썼습니다. 학생은 글에 적극적으로 몰입하고, 대화를 나누었습니다. 몇몇 학생은 그림책을 골라서 읽었습니다. 책에서 뭔가 궁금하게 만드는 부분이 있을 때, 궁금한 점(질문)을 접착 메모지에 적어 책의 그 부분에 붙여 두었습니다. 그러면 다른 친구가 와서 그 책을 읽을 때, 접착 메모지를 보고 친구가 궁금해 한 점에 대한 자신의 생각을 적었습니다. 저는 이 활동이 일으킨 학생의 활발한 토의를 보고 만족했습니다. 이 활동에 사용한 그림책의 목록과 학생들의 사례는 아래와 같습니다.

책: Nickle, J.(1998). *The ant bully*. New York: Scholastic.

책 요약: Lucas는 이웃의 조무래기들에게 괴롭힘을 당했다. Lucas는 개미에게 하소연을 했다. 개미는 Lucas에게 해결 방법을 알려 주었다.

"나는 궁금해요" 진술문:

개미가 조무래기처럼 Lucas에게 했다면, 어떻게 되었을지 궁금하다.

책: kettleman, H.(2000). *Armadilo Tattletale*. New York: Scholastic.

책 요약: 아르마딜로는 한 때 긴 귀를 가지고 있었지만, 그 귀를 이야기를 엿듣고 고자질하는 데 사용했다. 악어는 그의 긴 귀를 다듬으면서 그에게 교훈을 주었다.

"나는 궁금해요" 진술문:

- 왜 모든 사람이 그를 믿었는지 궁금하다.
- 왜 독수리가 이 그림에 있는지 궁금하다.
- 왜 등장인물들이 그의 큰 귀를 알아차리지 못했는지 궁금하다.

책: Teague. M.(1994). *Pigsty*. New York: Scholastic.

책 요약: 웬델의 방은 너무 지저분해서, 돼지 두 마리가 그와 함께 살기로 했다. 마침내 웬델은 지저분한 돼지들 때문에 화가 나게 되고, 웬델은 그의 방을 청소하게 되었다.

"나는 궁금해요" 진술문:

- 돼지들이 웬델의 방에 있을지 없을지 궁금하다.
- 앞으로 그에게 무슨 일이 일어날지 궁금하다.
- 웬델이 자기 방을 청소할지, 돼지가 도울지 안도울지 궁금하다.
- 엄마가 확인할지 안할지 궁금하다.
- 엄마가 웬델 방에 돼지가 있는 것을 아는지 궁금하다.

독해 안내하기

참고: 일부 질문은 후속 읽기를 통해 답이 나왔습니다. 하지만 몇몇 학생은 관련된 정보를 읽은 후에도 이런 질문을 했습니다. 저는 이런 학생에게는 독해 점검하기에 대한 비계를 제공하려고 메모해 두었습니다.

학생 주도 독해 루틴

모둠 학생은 『왕자와 매맞는 아이』를 읽으면서, 상보적 교수법에 참여하고 있었습니다. 그들은 궁금한 점을 [독해 안내 일지]에 기록하고, 다른 친구와 토의했습니다. 학생은 답변하기 위해 본문 내용을 활용하고, 본문을 보고 알아낼 수 없는 것은 가능한 답변에 무엇이 있는지 토의했습니다.

책: Fleischman, S. (1990). 『왕자와 매맞는 아이』. New York: Troll.

책 요약: 평민인 지미와 왕자인 브래트는 악당들로부터 탈출하기 위해 도망치고 신분을 바꾼다.

"나는 궁금해요" 진술문:

… 베스티가 그들을 다시 도와줄지 궁금하다

… 어떻게 노상강도 '코 베가는 빌리'가 바로 수영하는 법을 배울 수 있었는지 궁금하다.

… 지미가 벌을 받을지 궁금하다.

교사 주도 전체 집단 성찰과 목표 설정

우리는 먼저 왜 자기 질문하기 전략이 글의 이해를 위한 중요한 전략인지에 대해 검토했습니다. 그리고 학생이 글을 읽을 때 가졌던 몇 가지 궁금한 점과 글을 읽은 뒤 어떻게 이런 질문에 답했는지를 이야기해 보았습니다. 간혹 몇몇 궁금한 점은 해결되지 않았는데, 이때는 어떻게 해야 할지에 대해서도 토의해 보았습니다. 우리는 "나는 궁금해요" 진술문이 자기 질문하기 전략을 활용하는 방법으로 어떤지에 대해 이야기를 나누었습니다. 학생은 그것이 질문을 떠오르게 하는 쉬운 방법이면서,

친구들 사이에 궁금한 점을 서로 들어볼 수 있는 좋은 방법이라고 했습니다. 이어서 자기 질문하기 전략이 글의 내용을 이해하는 데 얼마나 도움이 되었는지, 더 좋은 질문을 하기 위해 무엇을 할 수 있는지 성찰하도록 격려했습니다. 끝으로 "나는 궁금해요" 진술문을 사용하는 능력을 평가하고, 새로운 개인 목표를 세웠습니다.

평가

저는 이 수업 내내 비형식적 평가를 했습니다. 학생이 연습하고 적용하는 것을 관찰하고, [독해 안내 일지]에 답해 놓은 것을 살펴보았습니다. 또한 목표를 세우고 그 목표를 잘 관리하는지 등을 관찰했습니다.

독해 안내하기: 자기 질문하기 – "나는 궁금해요" 진술문

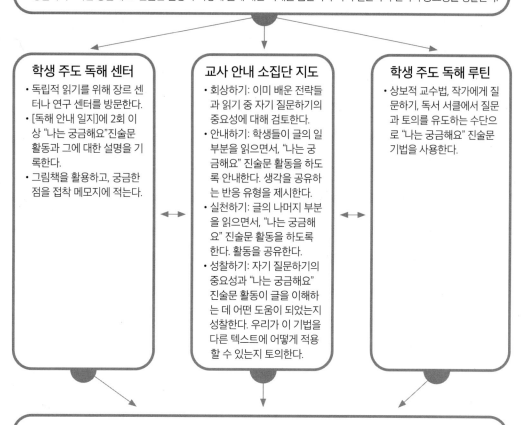

교사 주도 전체집단 지도
- 설명하기: 자기 질문하기 전략과 "나는 궁금해요"진술문 활동을 설명한다.
- 시범보이기: 읽어 주기와 사고구술을 사용하여, 자기 질문하기 전략의 하나인 "나는 궁금해요" 진술문의 활동 방법을 시범보인다.
- 안내하기: 학생들이 "나는 궁금해요"진술문 활동을 하도록 안내한다.
- 실천하기: 모둠별로 "나는 궁금해요" 진술문 활동을 수행하도록 하고, 교사는 관찰한다.
- 성찰하기: "나는 궁금해요" 진술문 활동이 어떻게 글에 대한 이해를 돕는지와 자기 질문하기 전략의 중요성을 성찰한다.

학생 주도 독해 센터
- 독립적 읽기를 위해 장르 센터나 연구 센터를 방문한다.
- [독해 안내 일지]에 2회 이상 "나는 궁금해요"진술문 활동과 그에 대한 설명을 기록한다.
- 그림책을 활용하고, 궁금한 점을 접착 메모지에 적는다.

교사 안내 소집단 지도
- 회상하기: 이미 배운 전략들과 읽기 중 자기 질문하기의 중요성에 대해 검토한다.
- 안내하기: 학생들이 글의 일부분을 읽으면서, "나는 궁금해요" 진술문 활동을 하도록 안내한다. 생각을 공유하는 반응 유형을 제시한다.
- 실천하기: 글의 나머지 부분을 읽으면서, "나는 궁금해요" 진술문 활동을 하도록 한다. 활동을 공유한다.
- 성찰하기: 자기 질문하기의 중요성과 "나는 궁금해요" 진술문 활동이 글을 이해하는 데 어떤 도움이 되었는지 성찰한다. 우리가 이 기법을 다른 텍스트에 어떻게 적용할 수 있는지 토의한다.

학생 주도 독해 루틴
- 상보적 교수법, 작가에게 질문하기, 독서 서클에서 질문과 토의를 유도하는 수단으로 "나는 궁금해요" 진술문 기법을 사용한다.

교사 주도 전체집단 성찰과 목표 설정
- 공유하기: 일지에 기록한 궁금한 점들과 이러한 궁금한 점들이 읽기를 마친 후 명확해지거나 변했는지를 공유한다.
- 성찰하기: 자기 질문하기와 "나는 궁금해요" 진술문이 글을 이해하는 데 얼마나 도움이 되었고, 더 나은 질문을 하기 위해 무엇을 할 수 있는지 성찰한다.
- 새로운 목표를 설정하기: 새로운 목표를 설정하거나 기존의 목표를 확장한다.

2) 연결하기: '두 칸 기록장' 기법 활용하기

다양한 추리 서적이 다음의 [독해 안내하기] 지도에 사용되었습니다.

교사 주도 전체집단 지도

먼저 연결하기 전략의 목표를 상기시키고, '두 칸 기록장'(Double-Entry Journals)에 대해 설명했습니다. 두 칸 기록장은 아이디어와 응답, 인용문과 응답, 예측과 확인 등 여러 가지 방법으로 연결하기 전략을 활용할 수 있게 해 준다는 점을 강조했습니다. 그런 다음 저는 학생에게 스포츠 경기, 텔레비전 쇼, 책 등의 결과를 예측해 본 적이 있는지 물어보았습니다. 논의를 하면서, 저는 학생이 말한 여러 가지 내용을 기록했습니다. 많은 학생이 책이 어떻게 끝날지에 관해 예측해 본 적이 있었습니다. 이를 통해 저는 학생들이 이미 예측하기에 대한 배경지식을 가지고 있다는 것을 깨달았습니다. 그래서 저는 지도 계획을 약간 수정하고, 책의 표지와 제목을 바탕으로 예측하는 방법을 시범보이며 예측하기를 복습했습니다. 그런 뒤 검증하기(확인하기) 과정도 시범을 보였습니다. 많은 학생이 검증하기 과정에는 익숙하지 않아 보였기 때문에, 사고구술을 통해 예측을 검증하는 방법을 설명하는 데 공을 들였습니다. 저의 예측과 확인을 기록하기 위해 두 칸 기록장을 실물화상기로 보여 주기도 했습니다. 다음으로 새 책을 소개하며, 제목을 읽고, 특정 장(章)에서 선택한 사진을 보여 주고, 책 뒷면에 있는 정보를 읽었습니다. 그리고 짝끼리 협의하며 그 책이 무엇에 관한 책이라고 예측하는지 (두 칸 기록장의 왼쪽에) 써 보도록 했습니다. 그 후 학생은 첫 번째 장(章)의 시작 부분을 읽어 나갔습니다. 저는 학생 자신의 예측이 바뀌었는지, 만약 바뀌었다면 본문의 어떤 내용으로 인해 바뀌었는지 생각하면서, 예측을 검증하도록 안내했습니다. 반응에 대해 토의한 후에, 학생은 두 칸 기록장의 오른쪽에 검증한 내용을 적었습니다. 그리고 두 칸 기록장의 왼쪽에 새롭게 예측한 것을 적어 보게 했습니다. 이어지는 토의 활동에서, 전날 수업을 마무리하면서 우리가 정한 학급 목표를 재차 강조했습니다. 그리고 독서하면서 연결하기 위해 두 칸 기록장을 어떻게 활용할 수 있는지 이야기해 보았습니다.

책: Adler, D.A.(1981). *Cam Jansen and the mystery of the dinosaur bones*. New York: Scholastic.

책 요약: Cam은 누가, 왜 공룡 뼈를 가져갔는지 찾는다.

두 칸 기록장 예시

예측	확인
책 소개: 우유 배달부가 자전거를 타고 학교를 지나가다가, 버스에 오르는 아이들을 볼 것 같아요. 아이들은 브라키오사우르스의 뼈를 보기 위해 파리에 있는 박물관에 갈 것 같아요. 에릭은 기억력이 아주 좋기 때문에, 공룡이 어떻게 생겼는지 항상 기억할 거예요. 경비원들은 에릭이 도마뱀을 집으로 데려가려고 하기 때문에, 소리를 지르는 거예요. 이제 저는 캠과 에릭이 미스터리를 푸는 것을 도울 것이라고 생각해요. 아마도 공룡뼈 일부가 사라졌으니, 뼈를 찾는 것을 도울 거예요. 그들은 계속해서 그림 속의 엽서를 보네요. 아마도 누군가가 그들에게 단서를 남기려고 한 것 같아요. 우유 배달부의 트럭 그림이 많이 나온 것으로 봐서, 우유 배달부가 그들을 도울 것 같아요.	제가 예측한 것들은 대부분 확인되지 않은 것으로 보여요. 책 표지와 책 속의 그림을 보면, 학생들이 박물관에 가서 공룡 뼈를 보고 있다는 것은 알 수 있어요. 하지만 그림에서 우유 배달부는 트럭을 타고 있고, 아이들 중 한 명은 자전거를 타고 있어요. 에릭의 기억력에 관해서는 제가 틀린 것 같아요. 책 뒷면에 캠이 사진을 찍는 듯한 기억력을 가지고 있다고 쓰여 있어요. 그림에서 경비원이나 도마뱀은 보지 못했기 때문에, 이제 경비원들이 에릭에게 도마뱀을 가져갔다고 소리칠 거라고 생각하지 않아요.

교사 안내 소집단 지도

한 모둠에서, 능숙한 독자가 사용하는 전략에 대해 복습한 뒤, 예측하기와 두 칸 기록장에 초점을 맞춰 지도했습니다. 학생에게 <전체집단 지도> 상황에서 했던 예측을 다시 살펴보라고 요구했고, 이를 새로운 예측을 위한 모델로 사용했습니다. 그리고 우리는 *Cam Jansen and the Mystery of the Dinosaur Bones* 1장과 2장을 함께 읽어 나갔습니다. 장의 각 부분을 읽은 후, 우리는 예측한 내용이 본문에서 확인이 되는지에 대해 토의하고, 그렇게 생각한 까닭을 설명했습니다. 학생은 그 내용을 두 칸 기록장의 확인 칸에 적었습니다. 그리고 1장과 2장의 정보를 바탕으로 새로운 예측을 하며, 예측 칸에 적었습니다. 학생들이 이 과정을 성공적으로 수행했을 때, 두 칸 기록장이 어떻게 글의 내용을 이해하는 데 도움을 주었는지 이야기해 보았습니다. 끝으로, 두 칸 기록장을 다른 상황에서도 어떻게 사용할 수 있을지 논의했습니다.

학생 주도 독해 센터

학생은 두 칸 기록장 활동을 다른 상황에서도 적용해 보기 위해 각자 선택한 독해 센터에 갔습니다. 예를 들어, 몇몇 학생은 미스터리 센터를 방문했고, 예측과 확인을 기록하는 동일한 과정을 수행하며, 새로운 두 칸 기록장을 만들었습니다. Cam Jansen 시리즈, Brown 백과사전 시리즈, Bunnicula 시리즈, Bailey School House Kids 시리즈 등과 같은 다양한 추리 서적에서 책을 골랐습니다. 어떤 학생은 글쓰기 센터를 방문하여 '이야기의 첫인상'을 썼습니다. 학생은 자신의 이야기를 쓰기 전에, 두 칸 기록장에 단서로부터 예측한 것을 기록했고, 원작을 읽은 후에 확인한 것을 기록했습니다.

학생 주도 독해 루틴

모둠별로 독립적 읽기 수준에 맞는 추리 책을 골라 읽었습니다. 각 부분을 읽기 전에 예측을 작성했고, 읽은 후에 이를 확인했습니다. 모둠 구성원은 두 칸 기록장을 독서 서클에서 자료로 활용했습니다.

책: Howe, J.(1982). *Howliday Inn*. New York: Macmillan.

독해 안내하기

책 요약: 가족이 휴가를 갈 때, 그들은 반려동물을 하숙집에 맡긴다. 동물들은 하숙인들이 하나둘씩 사라지는 것을 지켜본다. 그들은 밤새 울부짖는 소리를 많이 들었기 때문에, 이 집의 이름을 Howliday Inn 이라고 지었다.

두 칸 기록장

예측	확인
해롤드와 체스터는 Howliday Inn 에 가게 된다. 그곳은 매우 소름끼치는 곳이다. 그들이 머무는 방은 어둡고 으스스하며, 밤에 이상한 소리도 난다. 아마도 귀신이 있을 것이다. 그리고 거기서 영원히 길을 잃을 것이다.	Howliday Inn은 그렇게 나쁜 곳 같지는 않다. 해롤드와 체스터는 밖에 장난감과 음식 접시가 있는 우리(cages)를 가지고 있지만, 그곳이 여전히 완벽해 보이지는 않는다. 그곳에서 일하는 사람들은 조금 이상해 보이기도 한다.

교사 주도 전체 집단 성찰과 목표 설정

우리는 예측과 검증하기 활동이 글의 내용과 우리 자신을 연결하는 데 어떻게 도움이 되었는지에 대해 이야기했습니다. 많은 학생은 이 기법이 글에서 다음 부분을 읽어야 하는 이유를 제공한다고 말했습니다. 그리고 학생에게 두 칸 기록장을 사용하여 성공적으로 연결하기 목표를 달성했는지, 예측을 잘할 수 있었는지 물었습니다. 학생들은 긍정적으로 답변했습니다. 제가 어떻게 그 답변을 뒷받침할 수 있는지 물었더니 두 칸 기록장을 보여 주겠다고 제안했습니다. 두 칸 기록장을 모둠별로 공유하고 나서 몇몇 학생은 학급 전체에게도 보여 주었습니다. 그리고 두 칸 기록장이 어떻게 우리가 연결하는 것을 가능하게 하고, 이야기를 이해하는 데 도움이 되는지 말해 보았습니다. 끝으로 우리는 향상된 점을 평가해 보고, 새로운 수업 목표를 설정한 뒤에, '티켓 제시'(Ticket Out) 활동을 했습니다.[2]

---

2   '티켓 제시'(Ticket Out)의 방법에 대해서는 이 책의 4장을 참조할 수 있다.

평가

저는 학생들이 연결하기를 위해 두 칸 기록장을 활용하는 능력을 관찰했습니다. 그리고 토의에서 대화에 깊이가 있는지를 관찰했습니다. 또한 두 칸 기록장을 검토해 보았습니다.

독해 안내하기: 연결하기 - 두 칸 기록장

교사 주도 전체집단 지도
- 설명하기: 연결하기(텍스트-자신, 텍스트-텍스트, 텍스트-세상) 전략을 설명한다. 두 칸 기록장이 무엇인지 설명한다. 그리고 예측한 내용과 글의 내용을 관련지어 보는 것을 포함하여, 다양한 상황에서 두 칸 기록장을 사용할 수 있다는 것을 설명한다.
- 시범보이기: 서사체 텍스트를 읽어 주고 사고구술하면서, 두 칸 기록장을 사용하는 방법을 시범보인다.(실물화상기 사용)
- 안내하기: 학생이 글의 다른 부분을 들은 후에, 두 칸 기록장 활동을 해 보도록 안내한다.
- 실천하기: 교사가 새로운 책을 제공해 주면, 짝끼리 두 칸 기록장을 작성해 본다.(교사는 관찰한다)
- 성찰하기: 글을 읽어가며 예측한 내용을 기록하는 도구로서 두 칸 기록장을 사용하는 것에 관해 성찰한다.

학생 주도 독해 센터
- 미스터리 센터나 글쓰기 센터처럼 자기가 선택한 센터에 가서 두 칸 기록장을 사용해 본다.

교사 안내 소집단 지도
- 회상하기: 모든 전략을 회상하고, 연결하기 및 두 칸 기록장에 초점을 둔다.
- 안내하기: 학생이 글을 읽으면서, 두 칸 기록장을 활용해 보도록 안내한다.
- 실천하기: 학생이 글을 읽으며 지속적으로 내용을 예측하도록 격려한다. 교사는 관찰한다.
- 성찰하기: 두 칸 기록장이 연결하기 전략을 사용하고 내용을 예측하는 데 얼마나 도움이 되는지 성찰한다. 우리가 읽는 다른 글에 어떻게 적용할 수 있을지 토의한다.

학생 주도 독해 루틴
- 독서 서클에서 다양한 추리 소설을 읽으면서, 예측한 내용과 책의 내용 사이에 어떤 연관이 있는지 두 칸 기록장에 기록한다. 책의 내용에 맞게 또 예측해 본다.
- 연관 지은 내용을 토의에 활용한다.

교사 주도 전체집단 성찰과 목표 설정
- 공유하기: 작성된 두 칸 기록장을 공유하고, 이를 활용하는 능력을 평가한다.
- 성찰하기: 두 칸 기록장이 연결하기에 얼마나 도움이 되었고, 글에 몰입하는 데 어떤 영향을 주었는지 성찰한다.
- 새로운 목표를 설정하기: 새로운 목표를 설정하거나 기존의 목표를 확장한다. '티켓 제시' 활동을 한다.

3) 시각화하기: '늘어나는 스케치' 기법 활용하기

교사 주도 전체집단 지도

먼저 저는 글을 잘 이해하기 위해 시각화하기 전략을 사용해야 한다는 목표를 학생에게 상기시키며, 수업을 시작했습니다. 당시 우리는 과학 시간에 곤충을 공부하고 있었기 때문에, 시각화하기를 시범보이기 위해 Insectlopedia(Florian, 1999)[3]에 나온 시를 선택해서 사용했습니다. 'The Black Widow Spider'를 학생에게 읽어 주기 전에, 우리가 이전에 이야기를 읽으며 해 본 적이 있는 '늘어나는 스케치'(Sketch to Stretch) 활동을 복습했습니다. 그런 뒤, 제목을 읽지 않고 시를 읽었습니다. 저는 그 시가 무슨 말을 하고 있는지 마음속으로 그림을 그려 보고 있다고 학생에게 말했습니다. 마음속에 무엇이 떠오르는지 학생들에게 사고구술했습니다. 시 속의 구체적 정보가 잘 포함되었는지 확인하면서 거미 그림을 그리고, 겁을 먹은 듯한 제 모습도 그렸습니다. 그리고 저는 거미가 무서워서 이 그림을 그리게 되었고, 이 시는 저를 좀 두렵게 만들었다는 점도 말했습니다. 저는 떠오르는 생각을 그리기 위해 훌륭한 화가가 될 필요는 없다고 강조했습니다. 학생이 이미지를 그리는 데 도움이 될 수 있는 기본적인 도형을 그리는 방법을 시연했습니다. 그리고 저의 시각화하기와 그림에 대해 전체 학생과 토의했습니다. 그런 다음 Insectlopedia(곤충사전)에서 다른 시를 골라 '늘어나는 스케치'의 전 과정을 안내했습니다. 그리고 학생들이 각 모둠에서 활동하고 있는 것을 관찰했습니다. 학생은 시를 하나 더 골라 그림을 그린 다음, 짝에게 그것을 보여 주었습니다. 마지막으로 독서를 하는 데에 '늘어나는 스케치' 활동이 어떻게 도움이 되는지 전체 학생과 토의했습니다.

시: Florian, D.(1999). "The Black Widow Spider." *Insectlopedia*. New York: Scholastic.

---

3   곤충에 관한 백과사전의 일종이다.

교사 안내 소집단 지도

먼저 하나의 소집단에서 그동안 배운 독해 전략을 복습하고, 시각화하기와 '늘어나는 스케치' 활동을 다시 언급했습니다. 저는 시를 읽어 주고, 인상 깊은 것을 그려 보라고 학생에게 안내했습니다. 학생은 자신의 그림과 생각을 서로 나누었습니다. 다음으로, 저는 다양한 시를 제공하고, 학생은 하나를 선택했습니다. 학생이 독립적으로 시를 읽도록 지도한 뒤, 그 시가 어떤 생각을 하게 했는지 그려 보도록 했습니다. 모든 학생이 그림에 소질이 있는 것은 아니라는 점을 깨닫고, 그리려는 노력을 칭찬해 주었습니다. 또한 전체 집단 활동 시간에 배웠던 몇 가지 그리기 기법을 사용해 보라고 권했습니다. 그리고 학생이 요청하면 도와주기도 했습니다. 마침내 학생은 자신이 그린 그림을 공유했습니다. 우리는 시각화하기의 중요성과 '늘어나는 스케치' 활동이 자신만의 해석을 하는 데 얼마나 도움이 되는지 성찰하면서, 그 시간을 마무리했습니다. 학생은 시에 대해 각자가 해석한 내용을 토의하는 것을 매우 즐겼습니다.

시: Schertle, A. (2001). "The Barn." *A lucky thing*. Ill. W. Minor. New York: Scholostic.

'늘어나는 스케치' 활동 반응: Erin은 구름에서 지붕 위로 비가 떨어지는 그림을 그렸다. 스케치(그림)에 대해 말할 차례가 되자, 그는 "폭풍이 몰아칠 것이고, 집이 파손될 것이다."라고 말했다. John은 동물 두 마리가 건물 안으로 들이닥치는 그림을 그렸다. 스케치에 대해 말할 차례가 되자, 그는 "폭풍 속에서 두 동물이 빌딩 안으로 들이닥쳐서 집이 무너질 것이다."라고 말했다.

시: Sierra, J. (1998). "My Father's Feet." *Antarctic antics: A book of penguin poems*. Ill. W. Minor. New York: Scholostic.

'늘어나는 스케치' 활동 반응: Charlene는 털로 덮여 있는 큰 동물의 발을 그렸다. 그녀는 그림에서 '따뜻함'을 표현하려 했다고 말했다.

학생 주도 독해 센터

학생들은 시 센터를 방문하여, 시 제목으로 삼행시(acrostics)를 쓰거나 정의 시 (definition poem)를 썼습니다. 시를 쓴 후, 늘어나는 스케치 활동에 참여하며, 개별적으로 수행한 다른 친구와 그림을 공유했습니다. 학생의 시와 그림은 학급 시집에 수록될 것입니다.

학생 주도 독해 루틴

학생들은 이 활동을 모둠별로 하였고, 각 모둠은 '늘어나는 스케치' 활동을 하기 위해 시 한 편을 선택했습니다. 선택한 시를 조용히 읽고, 그림을 그린 후에, 독서 서클 친구들과 공유했습니다. 모둠의 다른 친구들이 그림에 대한 생각을 말한 후에, 그림을 그린 친구가 마지막에 자신의 생각을 말했습니다. 학생들이 활동한 사례는 아래에 나와 있습니다. 두 번째 적용을 위해 학생들은 모둠 시를 쓰고, 각자 그림을 그렸습니다. 그런 뒤 늘어나는 스케치 활동을 하면서 공유했습니다.

시: Volavkova, H.(Ed.).(1993.). "The Butterfly." *I never saw another butterfly*. Newyork: Shocken Books

'늘어나는 스케치' 활동 반응:

교사 주도 전체 집단 성찰과 목표 설정

우리는 시각화와 그림 그리기가 어떻게 글을 이해하는 데 도움이 되는지 성찰하는 것으로 시작했습니다. 학생들은 이 활동이 우리가 떠올리는 것을 보여 줄 수 있어서 도움이 된다고 생각하는 것 같습니다. 많은 학생이 '늘어나는 스케치'를 통해 그림을 그릴 수 있는 기회를 얻어서 즐거웠다고 말했습니다. 다음으로 학생은 짝과 활동하면서 자신의 그림을 공유하고, 그림으로 전달하고자 했던 생각을 설명했습니다. 끝으로, 시각화를 통해 글을 이해하는 것이 얼마나 향상되었는지 평가하기 위해 모였습니다. 우리 모두가 점점 좋아지고 있다고 느꼈습니다. 그리고 시각화를 사용하는 방법에 대한 더 많은 아이디어를 가지고 있었습니다. 우리는 '열린 마음 인물화' 활동을 배우는 것으로 목표를 넓혀갈 수 있겠다고 의견을 모았습니다.

평가

비형식적 평가 방법에 해당하는 '관찰'을 사용하여, 학생들의 그림이 전하는 메시지와 토의 참여 정도를 평가하였습니다.

독해 안내하기: 시각화하기 - 늘어나는 스케치

교사 주도 전체집단 지도

- 설명하기: '늘어나는 스케치' 기법은 이야기와 시에 모두 사용될 수 있다는 것을 설명한다.
- 시범보이기: 곤충에 관한 시를 읽으면서, 이 기법을 시범보인다. 이 시에 대해 마음속에 떠오르는 이미지를 사고구술한다. 그림을 그리고, 왜 이렇게 그렸는지 말한다.
- 안내하기: 교사가 읽어 주는 또 다른 시로 '늘어나는 스케치' 활동을 해 보도록 안내한다.
- 적용하기: 짝끼리 시를 골라 이 활동을 수행하고, 교사는 관찰한다.
- 성찰하기: 시가 주는 느낌을 그려 보는 활동이 시에 대한 이해의 폭을 넓혔는지 성찰해 본다.

학생 주도 독해 센터

- 시 센터에서 곤충 또는 자기가 고른 주제에 맞는 삼행시, 정의 시 등을 써 본다.
- 그림을 그리고, 공유하며, 토의한다.
- 스케치를 전시하여, 서로의 생각을 주고받도록 한다.

교사 안내 소집단 지도

- 회상하기: 시각화하기 전략과 '늘어나는 스케치' 기법을 검토한다.
- 안내하기: 이 기법을 통해 시를 읽고, 시에 대한 개인적 해석을 하도록 안내한다.
- 실천하기: 학생이 선택한 시를 읽고 그림을 그린 후, 그림과 생각을 공유한다.
- 성찰하기: 시각화하기 전략의 중요성과 '늘어나는 스케치' 기법이 시각화하기에 얼마나 도움이 되었는지 성찰한다. 다른 장르에 어떻게 적용할 수 있을지 토의한다.

학생 주도 독해 루틴

- 독서 서클에서 시를 읽는다.
- 시를 읽고, '늘어나는 스케치' 활동을 한다.
- 그림을 공유하고, 그림에 관련된 토의에 참여한다.

교사 주도 전체집단 성찰과 목표 설정

- 공유하기: 단계 2의 결과물을 공유하고, 이를 활용하는 능력을 평가한다.
- 성찰하기: 시각화하기 전략과 '늘어나는 스케치' 기법이 이해에 어떤 도움을 주는지 성찰한다.
- 새로운 목표를 설정하기: 새로운 목표를 설정하거나 기존의 목표를 확장한다.

4) 낱말이 어떻게 작용하는지 알기: '개념도' 기법 활용하기

여기에서 사용된 책은 Seymour Simon의 사진과 삽화가 있는 정보 텍스트입니다.

교사 주도 전체집단 지도

저는 학생들에게 우리가 그동안 사용해 온 독해 전략을 상기시키고, 낱말이 어떻게 작용하는지 알아보는 활동에 초점을 맞췄습니다. 그리고 나서 '개념도'(Concept of Definition Map)를 소개하고, 인쇄물을 나눠 주었습니다. 본 수업을 위한 도서를 읽기 전에, 실물화상기로 '개'라는 낱말을 사용하여 만든 예시 개념도를 보여 주면서, 사고구술을 하였습니다. 그리고 나서 학생들이 '늑대'에 대해 아는 것을 브레인스토밍하게 하고, 다양한 응답을 들어 보았습니다. 우리는 그 정보를 늑대에 대한 개념도를 작성하는 데 사용했습니다. 그리고 의도적으로 한 칸을 비워 두고, 학생들에게 본문을 읽어 가면서 다른 예들을 찾을 수 있다고 말해 주었습니다. 또한 개념도를 수정하거나 추가할 수 있다고도 말해 주었습니다. 저는 늑대라는 책을 읽어 주었고, 저와 학생들은 읽은 뒤에 정보를 추가하거나 수정하였습니다. 학생들은 본문에서 정보를 찾는 것을 도우며, 개념도를 완성하고 싶어 했습니다. 우리는 "툰드라 늑대"라는 종을 의도적으로 비워 둔 칸에 추가했습니다. 학생들은 "그레이(gray)", "팀버(timber)"라는 말이 같은 종의 늑대를 가리키는 말이라는 것을 알게 되었습니다. 그래서 "그레이"를 삭제하고, "멕시칸 늑대"를 추가했습니다. 그런 뒤, '개념도' 만들기가 우리가 읽은 내용을 이해하는 데 어떻게 도움이 되는지 성찰했습니다.

책: Simon, S. (1992). *Wolves*. New York: Scholastic.

교사 안내 소집단 지도

소집단에서 독해 전략과 본 차시 목표를 다시 살펴보았습니다. 개념도를 복습한 후에, 저는 '뱀'에 관한 개념도를 완성해 보라고 학생에게 안내했습니다. 책을 읽으면서 개념도에 있는 정보를 깊이 생각하도록 했습니다. 저는 본문을 미리 보고, 학생과 함께 본문을 통해 답할 수 있는 질문을 만들었습니다. 그 후 저는 학생들이 본문을 독립적으로 읽도록 안내했습니다. 읽은 뒤에, 우리는 개인적 반응에 대해 토의했고, 본문을 읽고 알게 된 것을 바탕으로 개념도를 수정하였습니다. 그런 다음, 짝과 함께 선택한 동물에 대한 개념도를 만들었습니다. 그리고 자신이 읽은 글이 동물에 대한 지식을 얼마나 넓혀 주었는지 토의했습니다. 끝으로 우리는 개념도가 어떻게 읽기에 도움이 되었고, 언제 이것을 또 사용할 수 있는지 성찰했습니다.

책: Simon, S. (1992). *Snakes*. New York: Scholastic.

학생 주도 독해 센터

몇몇 학생은 시 센터를 방문하여 삼행시, 오행시, 정의 시, 다이아몬드 시를 지었습니다. 이때 개념도를 사용했습니다. 어떤 학생은 글쓰기 센터를 방문하여 완성한 개념도를 바탕으로 이야기를 만들었습니다. 탐구 센터를 방문하여 다양한 수준의 탐구 주제를 개발하기도 했습니다. 일부는 탐구를 촉진하기 위해 '질문을 문단으로'(QuIP) 도해조직자를 사용했습니다. (부록A 참고)

학생 주도 독해 루틴

학생들은 모둠별로 개념도를 만들었습니다. 이는 독서 서클 또는 작가에게 질문하기에서 읽고 있는 책과 관련된 것입니다. 학생들은 또한 자신의 개념도를 어떻게 수정했는지에 대한 의견을 나누었습니다. 그리고 이를 [독해 안내 일지]에 기록하였습니다.

책: Simon, S. (1995). *Sharks*. New York: Scholastic.

개념도:

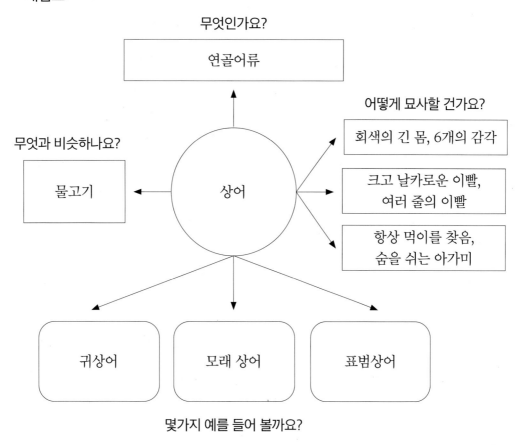

교사 주도 전체 집단 성찰과 목표 설정

학생들은 자신이 만든 개념도를 공유했습니다. 그리고 낱말이 어떻게 작용하는지 이해하는 데 이 개념도가 얼마나 기여했는지 모둠별로 이야기했습니다. 이런 두 가지 협의 내용은 우리가 목표를 얼마나 달성했는지와 새로운 목표는 무엇으로 할지 토의하는 데 도움이 되었습니다.

평가

학생들의 이해도를 평가하기 위해 지속적으로 관찰했습니다. 또한 학생들이 완성한 개념도를 검토하여 피드백을 해 주었습니다. 토의 역시 평가의 한 부분이었습니다. 반응 태도와 개념도를 다듬는 데 사용한 근거들도 평가 자료로 활용했습니다.

독해 안내하기

독해 안내하기: 낱말이 어떻게 작용하는지 알기 - 개념도

교사 주도 전체집단 지도

- 설명하기: '낱말이 어떻게 작용하는지 알기' 전략과 '개념도'에 대해 설명한다.
- 시범보이기: 사고구술을 하면서, '개'에 관한 개념도를 어떻게 완성하는지 시범보인다.(실물화상기 사용)
- 안내하기: '늑대'에 관한 개념도를 만들도록 안내한다.
- 실천하기: 학생에게 책을 읽어 준 후에, 개념도를 완성하게 한다. 교사는 관찰한다.
- 성찰하기: 개념도가 어떻게 글을 이해하는 데 도움이 되었는지 성찰한다.

학생 주도 독해 센터

- 시 센터나 탐구 센터를 방문한다.
- 완성된 개념도를 바탕으로 시를 써 본다. 또는 탐구 센터에서 새로운 주제를 정해 개념도를 만들어 본다.

교사 안내 소집단 지도

- 회상하기: 지금까지 배운 모든 전략과 '개념도' 만들기 기법을 상기시킨다.
- 안내하기: '뱀'에 관한 개념도를 만들도록 안내한다.
- 실천하기: 짝과 함께 선택한 동물로 개념도를 만들어 보게 한다.(교사는 관찰한다.)
- 성찰하기: 개념도가 글을 이해하는 데 얼마나 도움이 되었는지 성찰한다. 다른 글에 어떻게 적용할 수 있을지 토의한다.

학생 주도 독해 루틴

- 독서 서클이나 작가에게 질문하기에서 읽고 있는 책을 골라 개념도를 만든다.
- 완성한 개념도를 이용하여 토의한다. 자신이 배운 것을 친구에게 설명한다. 그리고 개념도를 어떻게 수정했는지 설명한다.

교사 주도 전체집단 성찰과 목표 설정

- 공유하기: 완성한 개념도를 공유하고, 글을 이해하는 데 도움이 되었는지 토의한다.
- 성찰하기: 학급의 목표와 개인별 목표를 달성했는지 성찰한다.
- 새로운 목표를 설정하기: 새로운 목표를 설정하거나 기존의 목표를 확장한다.

5) 점검하기: '끼워 넣기' 기법 활용하기

교사 주도 전체집단 지도

저는 점검하기가 무엇이고, 어떻게 독해에 도움이 되는지부터 설명했습니다. 그다음, '끼워 넣기'(INSERT) 방법을 소개하고 설명했습니다. 이때 '정부 조직'이라는 사회 교과에 관련된 텍스트를 사용하였습니다. 저는 학생들이 '끼워 넣기'의 개념과 사용 방법을 알고, 제가 시범보이는 것을 볼 수 있도록 직접교수법으로 지도했습니다. 저는 브레인스토밍을 통하여 이미 아는 것의 목록을 만들었습니다. 그리고 학생들에게 기호 체계[4]를 보여 주기 위해 차트를 사용했습니다. 제가 읽어 가면서 어떻게 기호를 끼워 넣는지 학생들이 잘 보면서 따라오도록 실물화상기로 보여 주었습니다. 글에서 확실한 부분(✔), 새로운 부분(+), 자신의 생각과 다른 부분(-), 혼란스러운 부분(?)을 표시하는 방법을 시범보였습니다. 저는 주기적으로 멈춰서 글에 대해 얼마나 이해했는지 요약했습니다. 그리고 학생들과 지금까지의 과정에 대해 토의했습니다. 다음으로, 학생들이 짝과 함께 '대통령직'에 관한 텍스트를 읽으면서, '끼워 넣기' 방법을 사용해 보도록 안내했습니다. 또한 '끼워 넣기' 방법과 기호가 적힌 인쇄물을 배부했습니다. 미리 보기(previewing) 후, 우리는 브레인스토밍을 통하여 대통령직에 대해 이미 아는 것의 목록을 만들었습니다. 그리고 텍스트의 첫 번째 단락을 읽으면서, 읽은 부분에 기호를 넣었습니다. 또한 기호를 넣은 부분과 그 이유에 대해 이야기했습니다. 나머지 부분도 단락별로 읽으면서, 기호를 표시했습니다. 저는 학생이 활동하는 것을 관찰했습니다. 그리고 학생과 함께 주기적으로 멈춰서, 내용 이해도와 기호 사용 등에 대해 토의했습니다. 다 읽은 다음, 표시한 기호를 사용하여, 텍스트의 내용에 관해 토의하고, 질문에 답하며, 새로운 질문을 만들어 보았습니다. 끝으로, '끼워 넣기' 방법을 통해 배운 것들을 성찰했습니다.

---

4   '끼워 넣기' 기법에 사용되는 '✔, -, +, ?' 등과 같은 기호를 말한다. 부록 A를 참조.

교사 안내 소집단 지도

학생들에게 능숙한 독자가 사용하는 독해 전략을 상기시키고, '점검하기' 전략과 '끼워 넣기' 방법을 복습했습니다. 그 다음, 학생들이 정부 주요 부처에 관한 텍스트를 읽도록 안내했습니다. 이미 알고 있는 것을 브레인스토밍하게 했습니다. 그리고 학생이 글의 첫 번째 단락을 읽을 때, '끼워 넣기' 차트를 참고하여 기호로 표시하게 했습니다. 그리고 나서 학생들은 글을 단락별로 읽어 나갔고, 잠시 멈춰 이해한 내용과 기호 사용에 관해 이야기를 나누기도 했습니다. 우리는 독해 센터과 독해 루틴에서 '끼워 넣기'를 사용할 수 있는 방법을 협의하면서 마무리했습니다.

학생 주도 독해 센터

탐구 센터에서 학생은 자신의 탐구 주제와 관련된 기사에 '끼워 넣기' 방법을 적용했습니다. 그리고 기사에서 이해한 내용, '끼워 넣기'가 학습에 어떻게 도움이 되었는지, 텍스트가 얼마나 유용했는지를 일지에 기록했습니다. 예를 들어, 탐구 주제가 존 애덤스였던 Aurora 학생은 기사를 사용했습니다. 이 기사는 David McCullough가 쓴 John Adams라는 책에서 발췌한 내용을 포함했습니다. 다음은 Aurora 학생이 탐구 자료인 기사에 대해 평가한 부분입니다.

10점 만점으로 점수를 매긴다면, 이 기사는 9점이다. 기사에는 전에 내가 몰랐던 내용이 많았다. 글쓴이는 글의 목적과 자료의 출처를 분명히 밝혔다. 기사의 상당 부분은 존 애덤스의 삶에 대한 책에서 나왔고, 책 작가는 자료의 출처로 가족 간의 편지를 사용했다. 나는 많은 것을 배웠고, 끼워 넣기 방법의 좋은 점을 많이 사용했다. 왜냐하면 기사가 새로운 내용을 많이 포함하고 있었기 때문이다. 그리고 나를 혼란스럽게 하는 것이 별로 없어서 물음표(?) 기호는 사용하지 않았다.

학생 주도 독해 루틴

학생들은 탐구 프로젝트를 위한 기사를 읽을 때, '끼워 넣기' 방법을 사용했습니다. 그리고 모둠에서 프로젝트와 '끼워 넣기'에 대해 이야기를 나누었습니다. 또한 탐구 자료에 관한 통찰을 얻기 위해 '작가에게 질문하기' 형식을 사용했습니다. 학생들은 [독해 안내 일지]에 프로젝트를 뒷받침하는 정보를 기록했습니다.

교사 주도 전체집단 성찰과 목표 설정

우리는 '점검하기'와 '끼워 넣기'가 어떻게 독해를 돕는지에 대해 이야기했습니다. 학생들은 다양한 상황에서 적용해 본 '끼워 넣기'를 모둠에서 공유했습니다. 학생들이 다양한 적용 방법을 이야기할 때 흥미로웠습니다. 그 다음, 우리는 전체집단 토의로 되돌아와서, 독해를 효과적으로 점검하는 것이 얼마나 향상되었는지 분석했습니다. 우리는 목표를 계속 유지하기로 하고, '무언가를 말해요'(Say Something)라는 새 방법에 집중하면서 이해도를 넓히기로 했습니다.

평가

저는 관찰, 학생의 글, 토의 등의 비형식적 평가 방법을 사용했습니다. 학습 목표를 달성했는지 평가할 때, 학생들의 지식과 적용 능력을 보고 저 또한 많이 배웠습니다.

독해 안내하기

독해 안내하기: 점검하기 - 끼워 넣기

교사 주도 전체집단 지도

- 설명하기: 점검하기 전략과 본 차시 목표인 '끼워 넣기' 기법을 설명한다.
- 시범보이기: 설명문을 읽어 주고 사고구술하면서, 끼워 넣기 기법을 시범보인다. (실물화상기 사용)
- 안내하기: 짝과 함께 끼워 넣기 기법을 사용하여, 다른 설명문을 한 단락 정도 읽도록 안내한다.
- 실천하기: 나머지 단락도 끼워 넣기 기법을 사용하면서 읽도록 한다.(교사는 관찰한다.)
- 성찰하기: 끼워 넣기 기법이 어떻게 독해를 점검하는 데 도움이 되었는지 성찰한다.

학생 주도 독해 센터

- 탐구 센터에서 프로젝트 주제와 관련된 정보 텍스트를 고른다.
- 끼워 넣기 기법을 활용하며 글을 읽는다
- 토의한다.
- 알게 된 정보를 '질문을 문단으로'(QuIP) 활동의 기초 자료로 활용한다. 이 활동은 탐구 보고서를 쓰기 위한 도해 조직자 활동이다. 글이 얼마나 유용했는지 성찰한다.

교사 안내 소집단 지도

- 회상하기: 점검하기 등 능숙한 독자가 사용하는 독해 전략을 복습한다.
- 안내하기: 설명문을 한 단락 읽으며, 끼워 넣기 기법을 사용하도록 안내한다.
- 실천하기: 학생들이 나머지 부분을 끼워 넣기 기법으로 계속 읽어 나가도록 한다.
- 성찰하기: 이 기법이 글을 집중해서 읽는 데 효과적이었는지 성찰하고, 언제 이 방법을 또 사용할 수 있을지 토의한다.

학생 주도 독해 루틴

- 탐구 프로젝트와 관련된 기사를 끼워 넣기 방법으로 읽는다.
- 탐구 자료를 깊이 이해하기 위해 '작가에게 질문하기' 양식을 사용한다.
- [독해 안내 일지]에 탐구 관련 정보를 기록한다.

교사 주도 전체집단 성찰과 목표 설정

- 공유하기: 끼워 넣기 기법을 활용한 예를 공유하고, 이를 활용하는 능력을 평가한다.
- 성찰하기: 독해 점검하기의 중요성에 관해 성찰한다. 끼워 넣기 기법을 포함한 다양한 점검하기 기법에 대해 이야기를 나눈다.
- 새로운 목표를 설정하기: 새로운 목표를 설정하거나 기존의 목표를 확장한다.

6) 요약하기: '노랫말 요약' 기법 활용하기

교사 주도 전체집단 지도

저는 학생들에게 우리 반의 목표를 상기시키는 것으로 시작했습니다. 이야기를 요약하기 위해 너무도 익숙한 '이야기 지도'(story map)를 사용하는 것 대신, '노랫말 요약'(Lyric Summaries) 활동이 학생들에게 흥미와 동기를 부여할 수 있을 것이라고 판단했습니다. 학생들과 함께 이야기의 구성 요소를 복습했습니다. 그리고 나서 제가 『늑대가 들려주는 아기돼지 삼형제 이야기』를 읽어 줄 테니, 구성 요소와 관련된 내용을 주의 깊게 들어 보라고 말했습니다. 그 후 등장인물, 배경, 문제 상황, 주요 사건 및 결말에 대해 토의했습니다. PPT 자료를 사용하여, 학생들에게 '징글벨' 음악을 들려 주고, 따라 부르게 했습니다. 그 다음, '징글벨'의 노랫말을 바꾸어서 『늑대가 들려주는 아기돼지 삼형제 이야기』의 내용을 간추리는 것을 시범보였습니다. (노랫말은 미리 준비해 두었지만, 노랫말의 창작 과정을 학생들에게 보여 주었습니다.) 저만의 버전을 만들어, 학생들과 함께 재미있게 불렀습니다. 그리고 제가 이야기를 노랫말로 잘 간추렸는지 토의했습니다. 그리고 나서 학생들을 몇 개의 모둠으로 나누고, 똑같은 이야기를 '반짝반짝 작은 별'의 노랫말로 써 보라고 했습니다. 학생들은 이 활동에 익숙해지면서, 자신의 '노랫말 요약'을 완성했습니다. 저는 학생들이 수행하는 것을 관찰했습니다. 우리는 이야기의 구성 요소들이 잘 포함되었는지 확인했고, 노래를 불렀습니다. 끝으로, 요약을 잘하는 비결은 무엇인지, 이야기를 노랫말로 어떻게 요약하는지 복습했습니다. 학생들은 음악을 이런 방법으로 활용하는 것을 매우 좋아했습니다.

노래: 징글벨

책: Scieszka, J. (1996). 『늑대가 들려주는 아기돼지 삼형제 이야기』. New York: Penguin Putnam.

책 요약: 늑대는 자기와 아기 돼지 삼형제 사이에 일어난 일을 자신의 관점

에서 이야기한다.

노랫말 요약:

Alexander T. wolf,

Had no sugar for his cake.

To his neighbors he did go,

Sneezing all the way.

Huff! Snuff! Huff!

Straws and sticks fell down,

Two little piggies died.

"I was framed!" said the wolf.

"In jail I'll sleep tonight."

Huff and Puff, Huff and Puff,

Hear what l have to say.

Oh how great it is to eat

Two ham dinners in one day!

교사 안내 소집단 지도

학생들은 노랫말로 요약하는 활동을 매우 기대하고 기다렸습니다. 이야기를 요약하는 것을 이렇게 좋아했던 적이 없습니다. 우리는 먼저 독자가 글을 잘 이해하기 위해 사용하는 독해 전략과 이야기를 간추리기 위해 노랫말로 요약하는 활동의 요지를 복습했습니다. 다음으로, 학생들에게 제 도움을 받아 *The Hoboken Chicken*

Emergency 이야기를 노랫말로 요약해 보도록 했습니다. 우리는 책 읽기를 끝마쳤습니다. 먼저, 이야기의 주요 구성 요소를 나열했습니다. 그러고 나서 학생들이 1절을 만들어 보도록 안내했습니다. 노랫말에 관한 우리의 생각을 어떻게 곡조에 맞춰 나갈지 이야기했습니다. 다음으로, 학생들은 '노랫말 요약'을 완성했습니다. 학생이 필요로 할 때만 간혹 도움을 주었는데, 제가 도와준 것은 곡조에 맞게 다른 말로 바꾸어 보는 정도였습니다. 노랫말로 만든 뒤에, 우리는 이야기의 구성 요소가 모두 포함되었는지 확인했습니다. 그 후, 이 활동이 요약하는 데 얼마나 도움이 되었는지 성찰했습니다. 그리고 다른 상황에서 이런 방법으로 요약하는 목표를 설정했습니다.

[독해 안내 모형]의 단계 3에서 전체집단 성찰과 목표 설정이 이루어지는 동안, 모둠은 반 친구들에게 노래를 불러 주었습니다. 우리는 이야기를 효과적으로 요약하기 위한 구성 요소에 대해 복습했고, 학생들은 읽은 책의 내용에 맞게 잘 요약했는지 꼼꼼히 들었습니다. 친구들이 잘했다는 데 대체로 동의하였습니다. 학생들은 이 활동을 매우 재미있어했습니다.

노래: "Up on the Housetop"

책: Pinkwater, D. M. (1984). *The Hoboken chicken emergency*. New York: Simon & Schuster.

책 요약: 266 파운드나 나가는 닭은 모든 이들이 자신을 날씬하다고 생각할 때까지 Hoboken 마을로 공격해 들어갔다.

노랫말 요약:

Up in the treetop Cluck, Cluck, Cluck!

Here comes a man with a big fire truck!

Down the ladder Henrietta comes,

With Arthur at her side saying hup, Hup, Hup.

Cluck, Cluck, Cluck!

독해 안내하기

Who wouldn't know?

That Henrietta runs around at night,

Don't be screaming you will give her a fright.

The mayor got a chicken snatcher

Who made the wrong trap and didn't catch her,

Another chicken snatcher came and said

"Don't you treat her like she's dead!"

Cluck, Cluck, Cluck!

Henrietta was good.

Cluck, Cluck, Cluck

Like she should.

Now Henrietta lives with Arthur,

She won't live with any other!!!

학생 주도 독해 센터

학생들은 글쓰기 센터를 방문했습니다. 센터에서 읽었던 그림책이나 이전에 읽었던 책을 노랫말로 요약한 뒤, 그것을 PPT로 만들었습니다. PPT에는 노랫말 외에도, 인터넷에서 다운받은 관련 사진과 배경 음악이 포함되었습니다. 친구들은 결과물을 본 뒤, 말이나 글로 반응해 주었습니다. 학생들은 마음속에 이야기를 간직할 수 있게 된 듯했습니다. 말할 필요도 없이 이 활동은 큰 인기였습니다. 다음은 학생 활동의 한 가지 예입니다.

노래: "Grandma Got Ran Over by a Reindeer"

책: Dorris, M. (1994). 『마음으로 깨어나는 이야기』. New York: Hyperion.

책 요약: 알곤킨족 인디언 소년과 소녀의 눈에 비친 추수 감사절의 모습이 서술되어 있다.

노랫말 요약:

Moss was upset about the strangers,

He wanted to run very far away.

On his way he met a girl named Trouble,

She dared him to go into the woods.

He accepted it and went inside

Now he talks to a porcupine.

The porcupine showed him something to

Eat and a good place to sleep!

학생 주도 독해 루틴

학생들은 독서 서클, 상보적 교수법, 작가에게 질문하기, 독자 극장에서 읽었던 책을 사용하여, '노랫말 요약'을 했습니다. 사용한 곡들은 'Old McDonald Had a Farm'부터 디스코 히트곡인 'I Will Survive'까지 매우 다양했습니다. 그리고 학생들은 전체 친구들에게 공연할 시간을 달라고 했습니다. 우리는 [독해 안내 모형]의 단계 3에서 공연을 했습니다.

교사 주도 전체집단 성찰과 목표 설정

우리는 좋은 요약의 구성 요소에 대해 먼저 검토했습니다. 그리고 나서 모둠별로 노랫말로 요약한 것을 공유했습니다. 학생들은 이야기의 구성 요소를 노랫말로 포함시키는 능력에 대해 상호 평가했습니다. 요약하기가 왜 중요한 전략인지, 좋은 이야기 요약에는 무엇이 들어가야 하는지, 노랫말 요약이 이야기를 이해하는 데 얼마나 도움이 되었는지 성찰했습니다. 학생들은 이야기를 요약하는 능력에 관한 개인적 강점과 약점을 기록하고, 후속 학습 목표를 설정했습니다. 이때 '자기 성찰 및 목표 설정' 양식을 사용하였습니다(부록 E의 365-366쪽 참고). 저는 학생들의 열정에 주목하여, '노랫말 요약' 활동을 다시 할 계획을 세웠습니다.

평가

저는 관찰과 학생의 '노랫말 요약' 결과물을 기본 평가 자료로 사용했습니다. 또한 이 활동에서 학생의 참여도가 높다는 점에 주목했습니다.

독해 안내하기: 요약하기 - 노랫말 요약

교사 주도 전체집단 지도

- 설명하기: '요약하기' 전략과 '노랫말 요약' 방법에 대해 설명한다. 이야기의 주요 구성 요소를 복습한다.
- 시범보이기: 이야기의 주요 내용을 익숙한 노래의 가사로 쓰면서, 글을 요약하는 방법을 시범보인다.(사고구술한다.)
- 안내하기: 같은 이야기를 '반짝 반짝 작은별'의 노랫말로 요약해 보도록 안내한다.
- 실천하기: 학생은 노랫말을 만들어 요약하고, 교사는 관찰한다.
- 성찰하기: 요약을 잘하기 위해 필요한 것이 무엇인지, 음악을 활용하는 것이 얼마나 재미있고 유용한지 되돌아본다.

학생 주도 독해 센터

- 글쓰기 센터에 간다. 그림책이나 이전에 읽었던 책을 노랫말로 요약하고, 이를 PPT로 만든다.
- 어울리는 사진과 배경 음악을 인터넷에서 다운받아 PPT에 포함시킨다.
- 완성한 PPT를 친구들에게 보여 준다. 친구들은 말이나 글로 피드백한다.

교사 안내 소집단 지도

- 회상하기: 요약하기를 포함한 모든 전략을 검토하고, 노랫말 요약 활동에 초점을 둔다.
- 안내하기: 친숙한 텍스트에 대한 노랫말 요약을 시작하도록 안내한다.
- 실천하기: 학생은 노랫말 요약을 완성한다. 교사는 이를 관찰한다.
- 성찰하기: 이야기를 잘 요약하기 위한 구성 요소를 정리한다. 다른 상황에서 노랫말 요약을 하는 것에 대해 토의한다.

학생 주도 독해 루틴

- 상보적 교수법, 독서 서클, 작가에게 질문하기, 독자 극장에 참여한다.
- 모둠원이 좋아하는 곡을 선택하고, 읽은 책을 노랫말로 요약한다.

교사 주도 전체집단 성찰과 목표 설정

- 공유하기: 노랫말 요약을 공유하고, 이에 대한 능력을 평가한다.
- 성찰하기: 요약하기가 왜 중요한지, 좋은 요약에 포함되어야 할 것들은 무엇인지, 노랫말 요약이 이야기를 이해하는 데 얼마나 도움이 되었는지 성찰한다.
- 새로운 목표를 설정하기: 새로운 목표를 설정하거나 기존의 목표를 확장한다.

가) [독해 안내하기] 지도안 개발 틀

교사 주도 전체집단 지도

독해 전략:

학습 목표 :

기법:

글 :

지도 단계

• 설명하기

• 시범보이기

• 안내하기

• 실천하기

• 성찰하기

- -

교사 안내 소집단 지도

독해 전략:

기법:

글:

과정

 • 회상하기

 • 안내하기

 • 실천하기

 • 성찰하기 및 확장하기

독해 센터

독해 루틴

성찰과 목표 설정

평가

[독해 안내하기] 수업 계획 양식

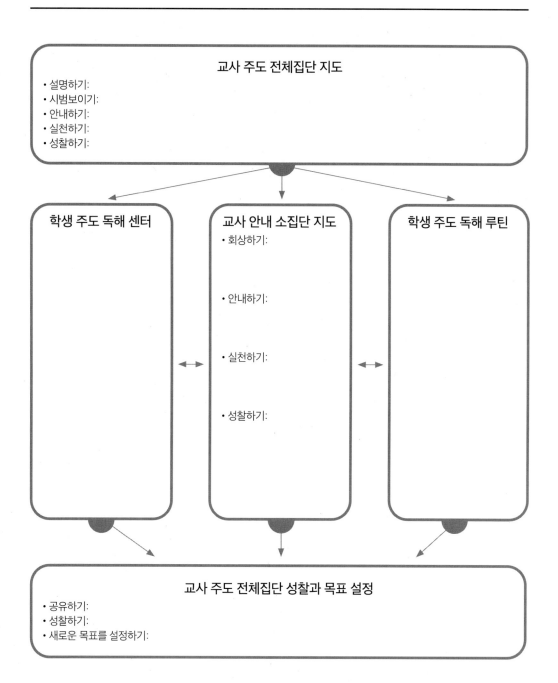

교사 주도 전체집단 지도

- 설명하기:
- 시범보이기:
- 안내하기:
- 실천하기:
- 성찰하기:

학생 주도 독해 센터

교사 안내 소집단 지도
- 회상하기:

- 안내하기:

- 실천하기:

- 성찰하기:

학생 주도 독해 루틴

교사 주도 전체집단 성찰과 목표 설정

- 공유하기:
- 성찰하기:
- 새로운 목표를 설정하기:

[독해 안내하기] 활동 시간

60분 기준		90분 기준
20-25분	**단계 1** 교사 주도 전체집단 지도	20-25분
20-25분	**단계 2**	40-50분
20-25분 (한 모둠)	교사 안내 소집단 지도	40-50분 (두 모둠)
선생님을 만나지 않는 학생들은 독해 센터나 독해 루틴에 참여한다	독해 센터 독해 루틴	선생님을 만나지 않는 학생들은 독해 센터나 독해 루틴에 참여한다
10분	**단계 3** 교사 주도 전체집단 성찰과 목표 설정	10분

REFERENCES

Almasi, J.F. (1996). A new view of discussion. In LB. Gambrell & J.F. Almasi (Eds.), *Lively discussions! Fostering engaged reading* (pp. 2-24). Newark, DE: International Reading Association.

Alvermann, D. (1991). The discussion web: A graphic aid for learning across the curriculum. *The Reading Teacher*, 45, 92-99.

Anderson, R.C. (1994). Role of reader's schema in comprehension, learning, and memory. In R.B. Ruddell, M.R. Ruddell, & H. Singer (Eds.), *Theoretical models and processes of reading* (4th ed., pp. 469-482). Newark, DE: International Reading Association.

Anderson, R.C., & Pearson, P.D. (1984). A schema-theoretic view of basic processes in reading comprehension. In P.D. Pearson, R. Barr, M.L Kamil, & P. Mosenthal (Eds.), *Handbook of reading research* (Vol. 1, pp. 225-253). New York: Longman.

Askew, B.J., & Fountas, I. (1998). Building an early reading process: Active from the start! *The Reading Teacher*, 52, 126-134.

Au, K.H., Carroll, JH., & Scheu, JA. (1997). *Balanced literacy instruction: A teacher's resource book*. Norwood, MA: Christopher-Gordon.

Au, K.H., & Raphael, T.E. (1998). Curriculum and teaching in literature-based programs. In T.E. Raphael & K.H. Au (Eds.), Literature-based instruction: *Reshaping the curriculum* (pp. 123-148). Norwood, MA: Christopher-Gordon.

Baker, L, Afflerbach, P., & Reinking, D. (1996). Developing engaged readers in school and home communities: An overview. In L Baker, P. Afflerbach, & D. Reinking (Eds.), *Developing engaged readers in school and home communities* (pp. xiii-xxvii). Hillsdale, NJ: Erlbaum.

Baker, L, & Wigfield, A. (1999). Dimensions of children's motivation for reading and their relations to reading activity and reading achievement. *Reading Research Quarterly*, 34, 452-481.

Barrentine, S.J. (1999). *Reading assessment: Principles and practices for elementary teachers*. Newark, DE: International Reading Association.

독해 안내하기

Baumann, J.F., & Kameenui, E.J. (1991). Research on vocabulary instruction: Ode to Voltaire. In J. Flood, J.M. Jensen, D. Lapp, &J.R. Squire (Eds.), *Handbook on teaching the English language arts* (pp. 604-632). New York: Macmillan.

Bean, T.W. (1997). ReWrite: A music strategy for exploring content area concepts. *Reading Online* [Online]. Available : http ://www.readingonline.org/literacy/bats/index.html.

Bean, T.W. (2000). Music in the content areas. In M. Mclaughlin & M.E. Vogt (Eds.), *Creativity, innovation, and content area teaching* (pp. 91-103). Norwood, MA: Christopher-Gordon.

Beck, I.L., & McKeowri, M.G. (1991). Conditions of vocabulary acquisition. In R. Barr, M.L. Kamil, P. Mosenthal, & P.D. Pearson (Eds.), *Handbook of reading research* (Vol. 2, pp. 789-814). White Plains, NY: Longman.

Beck, I.L., McKeowri, M.G., Hamilton, R.L, & Kucan, L. (1997). *Questioning the author: An approach for enhancing student engagement with text.* Newark, DE: International Reading Association.

Blachowicz, CL (1986). Making connections: Alternatives to the vocabulary notebook. *Journal of Reading,* 29, 643-649.

Blachowitcz, CL., & Fisher, P. (2000). Vocabulary instruction. In M.L. Kamil, P.D. Pearson, & R. Barr (Eds.), *Handbook of reading research* (Vol. 3, pp. 503-523). Mahwah, NJ: Erlbaum.

Blachowicz, CL, & Lee, J.J. (1991). Vocabulary development in the whole literacy classroom. *The Reading Teacher,* 45, 188-195.

Bottomley, D.M., Henk, W.A., & Melnick, S.A. (1997/1998). Assessing children's views about themselves as writers using the Writer Self-Perception Scale. *The Reading Teacher,* 51, 286-296.

Brabham, E.G., & Villaume, S.K. (2000). Continuing conversations about literature circles. *The Reading Teacher,* 54, 278-281.

Brooks, J.G., & Brooks, M.G. (1993). *In search of understanding: The casef or constructivist classrooms.* Alexandria, VA: Association for Supervision and Curriculum Development.

Brown, K.J. (1999/2000). What kind of textfor whom and when? Textual scaffolding for beginning readers. *The Reading Teacher,* 53, 292-307.

Brown, L.A. (1993). Story collages: Help for reluctant writers. *Leaming,* 22(4), 22-25.

Buehl, D. (2001). *Classroom strategiesfor interactive learning* (2nd ed.). Newark, DE: Intemational Reading Association.

Busching, B.A., & Slesinger, B.A. (1995). Authentic questions: What do they look like? Where do they lead? *Language Arts,* 72, 341-351.

Chmrdello, A.V. (1998). DId you ask a good question today? Alternative cognitive and metacognitive strategies. *Journal of Adolescent & Adult Literacy*, 42, 210-219.

Clay, M.M. (1985) *The early detection of reading difficulties: A diagnostic survey with recovery procedures* (3rd ed.). Portsmouth, NH: Heinemann.

Clay, M.M. (1991). Introducing a new storybook to young readers. *The Reading Teache*r, 45, 264-273.

Clemmons, J., Laase, L., Cooper, D., Areglado, N., & Dill, M. (1993). *Portfolios in the classroom.* Jefferson City, MO: Scholastic.

Cooper, J.D., & Kiger, N.D. (2001). *Literacy assessment: Helping teachers plan instruction.* Boston: Houghton Mifflin.

Courtney, A.M., & Abodeeb, T.L. (2001). *Journey of discovery: Building a classroom community through diagnostic-reflective portfolios.* Newark, DE: International Reading Association.

Covey, S.R. (1989). *The 7 habits of highly effective people.* New York: Simon & Schuster.

Cunningham, P. (1995). *Phonics they use.* New York: HarperCollins.

Cunningham, P., & Allington, R. (1999). *Classrooms that work: They can all read and write* (2nd ed.). New York: Addison-Wesley.

Dahl, K.L., & Farnan, N. (1998). *Children's writing: Perspectives from research.* Newark, DE: International Reading Association.

Daniels, H. (1994). *Literature circles: Voice and choice in the student-centered classroom.* York, ME: Stenhouse.

Darling-Hammond, L.D., Ancess, J., & Falk, B. (1995). *Authentic assessment in action: Studies of schools and students at work.* New York: Teachers College Press.

Davey, B. (1983). Think-aloudmodeling the cognitive processes of reading comprehension. *Journal of Reading,* 27, 44-47.

Dewey, J. (1933). *How we think: A restatement of reflective thinking to the educative process.* Lexington, MA: D.C. Heath.

Dixon-Krauss, L. (1996). *Vygotsky in the classroom: Mediated literacy instruction and assessment.* White Plains, NY: Longman.

Duffy, G.G., Roehler, LR., Sivan, E., Rackliffe, G., Book, C., Meloth, M., Vavrus, L.G., Wesselman, R., Putnam, J., & Bassiri, D. (1987). Effects of explaining the reasoning associated with using reading strategies. *Reading Research Quarterly*, 22, 347-368.

Durkin, D. (1978/1979). What classroom observations reveal about reading comprehension instruction. *Reading Research Quarterly*, 14, 481-533.

Fawson, P.C., & Reutzel, D.R. (2000). But I only have a basal: Implementing guided reading in the early grades. *The Reading Teacher*, 54, 84-97.

Fielding, L.G., & Pearson, P.D. (1994). Reading comprehension: What works. *Educational Leadership,* 51(5), 62-68.

Forman, E.A., & Cazden, CB. (1994). Exploring Vygotskian perspectives in education: The cognitive value of peer interaction. In R.B. Ruddell, M.R. Ruddell, & H. Singer (Eds.), *Theoretical models and processes of reading* (4th ed., pp. 391-413). Newark, DE: International Reading Association.

Fountas, I.C., & Pinnell, G.S. (1996). *Guided reading: Good first teaching for all children.* Portsmouth, NH: Heinemann.

Fountas, I.C., & Pinnell, G.S. (1999). *Matching books to readers: Using leveled books in guided reading,* K-3. Portsmouth, NH: Heinemann.

Gambrell, L.B. (1996a). Creating classroom cultures that foster reading motivation. *The Reading Teacher*, 50, 14-25.

Gambrell, L.B. (1996b). What research reveals about discussion. In L.B. Gambrell & J.F. Almasi(Eds.), *Lively discussions! Fostering engaged reading* (pp. 25-38). Newark, DE: International Reading Association.

Gambrell, L.B. (2001). *It's not either/or but more: Balancing narrative and informational text to improve reading comprehension.* Paper presented at the 46th Annual Convention of the International Reading Association, New Orleans, Louisianna.

Gambrell, L.B., & Almasi, J.F. (Eds.). (1996). *Lively discussions! Fostering engaged reading.* Newark, DE: International Reading Association.

Gambrell, L.B., Palmer, B.M., Codling, R.M., & Mazzoni, S.A. (1996). Assessing motivation to read. *The Reading Teacher*, 49, 518-533.

Gaskins, I.W., Ehri, L.C., Cress, C., O'Hara, C., & Donnelly, K. (1996). Procedures for word learning: Making discoveries about words. *The Reading Teacher*, 50, 2-18.

Gilles, C. (1998). Collaborative literacy strategies: "We don't need a circle to have a group." In K.G. Short & K.M. Pierce (Eds.), *Talking about books: Literature discussion groups in K-8 classrooms* (pp. 55-68). Portsmouth, NH: Heinemann.

Goldman, S.R., & Rakestraw, J.A. (2000). Structural aspects of constructing meaning from text. In M.L. Kamil, P.D. Pearson, & R. Barr (Eds.), *Handbook of reading research* (Vol. 3, pp. 311-335). Mahwah,

NJ: Erlbaum.

Goodman, Y.M. (1997). Reading diagnosisQualitative or quantitiative? *The Reading Teacher*, 50, 534-538.

Goodman, Y.M., Watson, D.J., & Burke, C. (1987). *Reading miscue inventory*. Katonah, NY Richard C. Owen.

Griffin, P.E., Smith, P.G., & Burrill, LE. (1995). *The American literacy profile scales: A framework for authentic assessment*. Portsmouth, NH: Heinemann.

Gunning, T.G. (1998). *Best books for beginning readers*. Boston: Allyn & Bacon.

Guthrie, J.T., & Alvermann, D. (Eds.). (1999). *Engaged reading: Processes, practices, and policy implications*. New York: Teachers College Press.

Guthrie, J.T., & Wigfield, A. (1997). *Reading engagement: Motivating readers through integrated curriculum*. Newark, DE: International Reading Association.

Guthrie, J.T., & Wigfield, A. (2000). Engagement and motivation in reading. In M.L. Kamil, P.D. Pearson, & R. Barr (Eds.), *Handbook of reading research* (Vol. 3, pp. 403-422). Mahwah, NJ Erlbaum.

Haggard, M.R. (1986). The vocabulary self-collection strategy: Using student interest and world knowledge to enhance vocabulary growth. *Journal of Reading*, 29, 634-642.

Hansen, J. (1998). *When learners evaluate*. Portsmouth, NH: Heinemann.

Harris, T.L., & Hodges, R.E. (Eds.). (1995). *The literacy dictionary: The vocabulary of reading and writing*. Newark, DE: International Reading Association.

Harvey, S. (1998). *Nonfiction matters: Reading, writing, and research in grades 3-8*. Portland, ME: Stenhouse.

Harvey, S., & Goudvis, A. (2000). *Strategies that work: Teaching comprehension to enhance understanding*. York, ME: Stenhouse.

Henk, W.A., & Melnick, S.A. (1995). The Reader Self-Perception Scale (RSPS): A new tool for measuring how children feel about themselves as readers. *The Reading Teacher*, 48, 470-482.

Hiebert, E.H. (1994). Becoming literate through authentic tasks: Evidence and adaptations. In R.B. Ruddell, M.R. Ruddell, & H. Singer (Eds.), *Theoretical models and processes of reading* (pp. 391-413). Newark, DE: International Reading Association.

Hiebert, E.H., Pearson, P.D., Taylor, B.M., Richardson, V., & Paris, S.G. (1998). *Every child a reader*. Ann Arbor, MI: Center for the Improvement of Early Reading Achievement (CIERA).

Hill, B.C., & Ruptic, C.A. (1994). *Practical aspects of authentic asessment: Putting the pieces together.* Norwood, MA: Christopher-Gordon.

Hill, B.C., Ruptic, C.A., & Norwick, L. (1998). *Classroom based assessment.* Norwood, MA. Christopher-Gordon.

Houghton Mifflin. (2001). Leveled reading passages assessment kit. Boston: Author.

Hoyt, L., & Ames, C. (1997). Letting the learner lead the way. *Primary Voices*, 5, 16-29.

Hunt, L.C. (1996/1997). The effect of self-selection, interest, and motivation upon independent, instructional, and frustration levels. *The Reading Teacher*, 50, 278-282.

International Reading Association. (1999). *Using multiple methods of beginning reading instruction: A position statement of the International Reading Association.* Newark, DE: Author.

International Reading Association. (2000). *Excellent reading teachers: A position statement of the International Reading Association.* Newark, DE: Author.

Johnson, D.D., & Pearson, P.D. (1984). *Teaching reading vocabulary* (2nd ed.). New York: Holt, Rinehart and Winston.

Kamil, M.L., Mosenthal, P.B., Pearson, P.D., & Barr, R. (Eds.). (2000). *Handbook of reading research* (Vol. 3). Mahwah, NJ: Erlbaum.

Kaywell, J. (Ed.). (1993). *Adolescent literature as a complement to the classics.* Norwood, MA: Christopher-Gordon.

Keene, E., & Zimmermann, S. (1997). *Mosaic of thought: Teaching comprehension in a reader's workshop.* Portsmouth, NH: Heinemann.

Klein, A. (1995). Sparking a love for reading: Literature circles with intermediate students. In B.C Hill, NJ. Johnson, & K.L. Noe (Eds.), *Literature circles and response.* Norwood, MA: Christopher-Gordon.

Langer, J. (1981). From theory to practice: A prereading pian. *Journal of Reading*, 25, 152-156.

Lasear, D. (1991). *Seven ways of teaching: The artistry of teaching with multiple intelligences.* Palatine, IL: Skylight.

Leslie, L., & Caldwell, J.A. (2000). *Qualitative Reading Inventory-3.* New York: Longman.

Lewin, L. (1998). *Great performances: Creating classroom-based assessment tasks.* Alexandria, VA. Association for Supervision and Curriculum Development.

Lindquist, T. (1995). *Seeing the whole through social studies.* Portsmouth, NH: Hememann.

Lipson, M.Y. (2001). *A fresh look at comprehension.* Paper presented at the Reading/Language Arts Symposium, Chicago, Illinois.

Lipson, M.Y., & Wixson, K. (1997). *Assessment and instruction of reading and writing disability:* An interactive approach (2nd ed.). New York: Longman.

Macon, J.M. (1985, November). *Ideas for literature response.* Paper presented at the Annual Meeting of the California Reading Association, Anaheim, California.

Macon, J.M. (1991). *Literature Response.* Paper presented at the Annual Literacy Workshop, Anaheim, CA.

Maring, G., Furman, G., & Blum-Anderson, J. (1985). Five cooperative learning strategies for mainstreamed youngsters in content area classrooms. *The Reading Teacher,* 39, 310-313.

McGinley, W., & Denner, P. (1987) Story impressions: A prereading/prewriting activity. *Journal of Reading,* 31, 248-253.

McKeown, M.G., Beck, I.L., & Worthy, M.J (1993). Grappling with text ideas: Questioning the author. *The Reading Teacher,* 46, 560-566.

McLaughlin, E.M. (1987). QuIP: A writing strategy to improve comprehension of expository structure. *The Reading Teacher,* 40, 650-654.

McLaughlin, M. (1995). *Performance assessment: A practical guide to implementation.* Boston: Houghton Mifflin.

McLaughlin, M. (2000a). Assessment for the 21st century: Performance, portfolios, and profiles. In M. McLaughlin & M.E. Vogt (Eds.), *Creativity and innovation in content area teaching* (pp 301-327). Norwood, MA: Christopher-Gordon.

McLaughlin, M. (2000b). Inquiry: Key to critical and creative thinking in the content areas. In M. McLaughlin & M.E. Vogt (Eds.), *Creativity and innovation in content area teaching* (pp 31-54). Norwood, MA: Christopher-Gordon.

McLaughlin, M. (2002). Dynamic assessment. In B. Guzzetti (Ed.), *Literacy in America: An encyclopedia.* Santa Barbara, CA: ABC.

McLaughlin, M., & Vogt, M.E. (1996). *Portfolios in teacher education.* Newark, DE: International Reading Association.

McLaughlin, M., & Vogt, M.E. (Eds.). (2000). *Creativity and innovation in content area teaching.* Norwood, MA: Christopher-Gordon.

McMillan, J.H. (1997). *Classroom assessment: Principles and practice for effective instruction.* Needham Heights, MA: Allyn & Bacon.

McTighe, J., & Lyman, F.T. (1988). Cueing thinking in the classroom: The promise of theory-embedded tools. *Educational Leadership,* 45(7), 18-24.

Miholic, V. (1994). An inventory to pique students' metacognitive awareness of reading strategies. *Journal of Reading*, 38, 84-86.

Minick, N. (1987). Implications of Vygotsky's theories for dynamic assessment. In C.S. Lidz (Ed.), *Dynamic assessment: An interactional approach for evaluating learning potential* (pp. 116-140). New York: Guilford.

Morrow, L.M. (1985). Retelling stories: A strategy for improving children's comprehension, concept of story, and oral language complexity. *The Elementary School Journal*, 85(5), 647-661.

Mowery, S. (1995). *Reading and writing comprehension strategies.* Harrisburg, PA: Instructional Support Teams Publications.

National Commission on Teaching and America's Future. (1997). *Doing what matters most: Investing in quality teaching* [Online]. Available: http://www.tc.columbia.edu/~teachingcomm.

National Reading Panel. (2000). *Teaching children to read: An evidence-based assessment of the scientific research literature on reading and its implications for reading instruction.* Washington, DC National Institutes of Health.

Newmann, F.M., & Wehlage, G.G. (1993). Five standards for authentic instruction. *Educational Leadership*, 50, 8-12.

Noe, K.L, & Johnson, N.J. (1999). *Getting started with literature circles.* Norwood, MA: Christopher-Gordon.

Ogle, D. (1986). K-W-L: A teaching model that develops active reading of expository text. *The Reading Teacher*, 39, 564-570.

Ogle, D. (2000). Making it visual: A picture is worth a thousand words. In M. Mclaughlin & M.E. Vogt (Eds.), *Creativity and innovation in content area teaching* (pp. 55-71) Norwood, MA. Christopher-Gordon.

Palincsar, A.S., & Brown, A.L (1984). Reciprocal teaching of comprehension-fostering and monitoring activities. *Cognition and Instruction*, 1, 117-175.

Palincsar, A.S., & Brown, A.L (1986). Interactive teaching to promote independent learning from text. *The Reading Teacher*, 39, 771-777.

Pearson, P.D. (2001). *Comprehension strategy instruction: An idea whose time has come again.* Paper presented at the annual meeting of the Colorado Council of the International Reading Association, Denver, Colorado.

Pennsylvania Department of Education. (1998) *Reading rubric for student use* [Online]. Available: http://www.pde.psu.edu/connections.

Peterson, R., &. Eeds, M. (1990). *Grand conversations: Literature groups in action.* New York: Scholastic.

Pinciotti, P. (2001a). *Art as a way of learning: Explorations in teaching.* Bethlehem, PA: Northampton Community College.

Pinciotti, P. (2001b). *Book arts: The creation of beautiful books.* East Stroudsburg, PA: East Stroudsburg University of Pennsylvania.

Raphael, T. (1986). Teaching children Question-Answer Relationships, revisited. *The Reading Teacher,* 39, 516-522.

Rasinski, T.V. (1999). Making and writing words using letter patterns. *Reading Online* [Online] Available: http://www.readingonline.org/articles/words/rasinski_index.html.

Readence, J., Bean, T., &Baldwin, R. (2000). *Content area reading: An integrated approach* (7th ed.) Dubuque, IA: Kendall Hunt.

Richard-Amato, P.A. (1988). *Making it happen: Interaction in the second language classroom.* New York: Longman.

Richardson, J.S. (2000). *Read it aloud! Using literature in the secondary content classroom.* Newark, DE: International Reading Association.

Rigby. (2001). PM benchmark introduction kit. Crystal Lake, IL: Author.

Roehler, L.R., & Duffy, G.G. (1984). Direct explanation of comprehension processes. In G.G. Duffy, L.R. Roehler, & J. Mason (Eds.), *Comprehension instruction: Perspectives and suggestions* (pp. 265-280). New York: Longman.

Roehler, L.R., & Duffy, G.G. (1991). Teachers' instructional actions. In R. Barr, M.L. Kamil, P. Mosenthal, & P.D. Pearson (Eds.), *Handbook of reading research* (Vol. 2, pp. 861-883). White Plains, NY: Longman.

Rosenblatt, L.M. (1978). *The reader, the text, and the poem: The transactional theory of the literary work.* Carbondale, IL: Southern Illinois University Press.

Ruddell, M.R. (2001). *Teaching content reading and writing* (3rd ed.). New York: John C. Wiley.

Ruddell, R.B. (1995). Those influential literacy teachers : Meaning negotiators and motivation builders. *The Reading Teacher*, 48, 454-463.

Samway, K.D., & Wang, G. (1996). *Literature study circles in a multicultural classroom.* York, ME: Stenhouse.

Schmitt, M.C. (1990). A questionnaire to measure children's awareness of strategic reading processes. *The Reading Teacher*, 43, 454-461.

Schon, D. (1987). *Educating the reflective practitioner.* San Francisco : Jossey-Bass.

Schwartz, R. & Raphael, T. (1985). Concept of definition: A key to improving students' vocabulary. *The Reading Teacher*, 39, 198-205.

Short, K.G., & Burke, C. (1996). Examining our beliefs and practices through inquiry. *Language Arts,* 73, 97-103.

Short, K.G., Harste, J.C., & Burke, C. (1996). *Creating classrooms for authors and inquirers.* Portsmouth, NH: Heinemann.

Sippola, A.E. (1995). K-W-L-S. *The Reading Teacher,* 48, 542-543.

Smith, F. (1997). *Reading without nonsense.* New York: Teachers College Press.

Snow, C.E., Burns, M.S., & Griffin, P.G. (Eds.). (1998). *Preventing reading difficulties in young children.* Washington, DC: National Academy Press.

Stahl, S., & Kapinus, B. (1991). Possible sentences : Predicting word meaning to teach content area vocabulary. *The Reading Teacher,* 45, 36-43.

Stauffer, R. (1975). *Directing the reading-thinking process.* New York: Harper & Row.

Szymusiak, K., & Sibberson, F. (2001). *Beyond leveled books.* Portland, ME: Stenhouse.

Tierney, R.J. (1990) Redefining reading comprehension. *Educational Leadership,* 47(6), 37-42.

Tierney, R.J. (1998). Literacy assessment reform: Shifting beliefs, principled possibilities and emerging practices. *The Reading Teacher,* 51, 374-390.

Tierney, R.J., & Pearson, P.D. (1994). A revisionist perspective on learning to learn from text: A framework for improving classroom practice. In R.B. Ruddell, M.R. Ruddell, & H. Singer (Eds.), *Theoretical models and processes of reading* (pp. 514-519). Newark, DE: International Reading Association.

Tierney, R.J., & Readence, J. E. (2000). *Reading strategies and practices* (5th ed.). Needham Heights, MA: Allyn & Bacon.

Tompkins, G.E. (1997). *Literacy for the 21st century: A balanced approach.* Upper Saddle River, NJ: Merrill.

Tompkins, G.E. (2001). *Literacy for the 21st century: A balanced approach* (2nd ed.). Upper Saddle River, NJ: Prentice Hall.

Vacca, R.T., & Vacca, J.L. (1999). *Content area reading: Literacy and learning across the curriculum* (6th ed.). New York: Longman.

Vaughn, J., & Estes, T. (1986). *Reading and reasoning beyond the primary grades.* Boston: Allyn & Bacon.

Vogt, M.E. (1996). Creating a response-centered curriculum with literature discussion groups In L.B. Gambrell & J.F. Almasi (Eds.), *Lively discussions! Fostering engaged reading* (pp 181-193). Newark, DE:

International Reading Association.

Vogt, M.E. (2000). Active learning: Dramatic play in the content areas. In M. McLaughlin & M.E. Vogt (Eds.), *Creativity and innovation in content area teaching* (pp. 55-71). Norwood, MA: Christopher-Gordon.

Vygotsky, L.S. (1978). *Mind in society: The development of higher psychological processes.* (M. Cole, V John-Steiner, S. Scribner, & E. Souberman, Eds. and Trans.). Cambridge, MA: Harvard University Press. (Original work published 1934)

Waldo, B. (1991). Story pyramid. In J.M. Macon, D. Bewell, & M.E. Vogt (Eds.), *Responses to literature: Grades* K-8 (pp. 23-24). Newark, DE: International Reading Association.

Weaver, B.M. (2000). *Leveling books K-6: Matching readers to text.* Newark, DE: International Reading Association.

Wood, K. (1984). Probable passages: A writing strategy. *The Reading Teacher, 37,* 496-499.

CHILDREN'S LITERATURE CITED

Abercrombie, B. (1995). *Charlie Anderson.* New York: Aladdin.

Adler, D.A. (1981). *CamJansen and the mystery ofthe dinosaur bones.* New York: Scholastic.

Adler, D.A. (1994). *A picture book of Anne Frank.* New York: Holiday House.

Angelou, M. (1994). "On the Pulse of Morning." *In The collected poems of Maya Angelou.* New York: Random House.

Archambault, J., & Martin, B. Jr. (1987). *Knots on a counting rope.* New York: Henry Holt.

Base, G. (1996). *Animalia.* New York: Puffin Books.

Brown, M.W. (1990). *The Important Book.* New York: Harper Trophy.

Bulla, C.R., & Williams, R. (1990). *Squanto: Friend of the Pilgrims.* New York: Scholastic.

Bunting, E. (1995) *Terrible things: An allegory of the Holocaust.* New York: Jewish Publication Society.

Charlip, R. (1993). *Fortunately.* New York: Aladdin.

Cohlene, T., & Reasoner, C. (1991). *Littlefirefly: An Algonquin legend.* New York: Troll.

Demi. (1990). *The empty pot.* New York: Henry Holt.

Dorris, M. (1994). *Guests.* New York: Hyperion.

Dorris, M. (1997). *Sees behind trees*. New York: Hypenon.

Dorris, M. (1999). *Morning girl*. New York: Hyperion.

Fleischman, S. (1990). *The whipping boy*. New York: Troll.

Florian, D. (1999). *Insectlopedia*. New York: Scholastic.

Gardiner, JR. (1988). *Stone fox*. New York: Harper Trophy.

George, E., & Speare, G. (1984). *The sign of the beaver*. New York: Bantam Doubleday Dell.

Gibbons, G. (1992). *Stargazers*. New York: Scholastic.

Goodrich, F. (1993). *The diary of Anne Frank*. San Diego, CA: HBJ School.

Henkes, K. (1991). *Chrysanthemum*. New York: Greenwillow.

Howe, J. (1982). *Howliday Inn*. New York: Macmillan.

Kettleman, H. (2000). *Armadillo tattletale*. New York: Scholastic.

Konigsburg, E.L. (1998). *The view from Saturday*. New York: Aladdm.

Levitt, M. (1990). *The weighty word book*. Boulder, CO: Manuscripts LTD.

Lowry, L. (1990). *Number the stars*. Boston: Houghton Mifflin.

McDonough, Y.Z. (1997). *Anne Frank*. New York: Henry Holt.

Nickle, J (1998). *The ant bully*. New York: Scholastic.

Paulsen, G. (1987). *Hatchet*. New York: Simon & Schuster.

Perl, L, & l.azan, M.B. (1999). *Four perfect pebbles*. New York: Camelot.

Pinkwater, D.M. (1984). *The Hoboken chicken emergency*. New York: Simon & Schuster.

Polacco, P. (1998). *Thank you, Mr. Falkner*. New York: Philomel.

Schertle, A. (2001). *A lucky thing*. New York: Scholastic.

Sciezka, J. (1996). *The true story of the three little pigs*. New York: Penguin Putnam.

Sierra, J (1998) *Antarctic antics: A book of penguin poems*. San Diego, CA: Gulliver Books, Harcourt Brace.

Simon, S. (1979). *Animal fact/Animal fable*. New York: Crown.

Simon, S. (1992). *Snakes*. New York: Scholastic.

Simon, S. (1993). *Wolves*. New York: HarperCollins.

Simon, S. (1995) *Sharks.* New York: Scholastic.

Teague, M. (1994). *Pigsty.* New York: Scholastic.

Van Allsburg, C. (1984). *The mysteries of Harris Burdick.* Boston: Houghton Mifflm.

Viorst, J. (1981). *If I were in charge of the world and other worries.* New York: Atheneum.

Volavkova, H. (Ed.). (1993). *I never saw another butterfly.* New York: Shocken Books.

Yolen, J. (1990). *The devil's arithmetic.* New York: Penguin.

지은이

모린 맥러플린(Maureen McLaughlin)
East Stroudsburg University of Pennsylvania 교수

메리 베스 앨런(Mary Beth Allen)
East Stroudsburg University of Pennsylvania 교수

옮긴이

천경록
광주교육대학교 교수
(현) 국어교육학회 회장

조용구
광주교육대학교 강사
(주)책과미래 대표

고원
광주계림초등학교 교사
광주교대 독서교육센터 협력연구원

광주교육대학교 독서교육센터 연구총서 2

독해 안내하기 초·중등(3-8학년) 독해 안내 모형
Guided Comprehension: A Teaching Model for Grades 3-8

초판 1쇄 인쇄 2023년 9월 5일
초판 1쇄 발행 2023년 9월 20일

지은이   모린 맥러플린(Maureen McLaughlin) 메리 베스 앨런(Mary Beth Allen)
옮긴이   천경록 조용구 고원
펴낸이   이대현
편집   이태곤 권분옥 임애정 강윤경
디자인   안혜진 최선주 이경진
마케팅   박태훈

펴낸곳   도서출판 역락
출판등록 1999년 4월 19일 제303-2002-000014호
주소   서울시 서초구 동광로 46길 6-6 문창빌딩 2층 (우06589)
전화   02-3409-2060
팩스   02-3409-2059
홈페이지 www.youkrackbooks.com
이메일   youkrack@hanmail.net

ISBN 979-11-6742-544-7 93370